和谐话语的政治哲学建构

——以西方共同体主义为中心

韩升 著

人民出版社

责任编辑：钟金铃
版式设计：顾杰珍
封面设计：汪　莹

图书在版编目（CIP）数据

和谐话语的政治哲学建构：以西方共同体主义为中心/韩 升 著.
　－北京：人民出版社，2015.7
ISBN 978－7－01－014860－1

Ⅰ.①和…　Ⅱ.①韩…　Ⅲ.①政治哲学-研究　Ⅳ.①D0

中国版本图书馆 CIP 数据核字（2015）第 106393 号

和谐话语的政治哲学建构

HEXIE HUAYU DE ZHENGZHI ZHEXUE JIANGOU

——以西方共同体主义为中心

韩 升 著

人民出版社 出版发行
（100706　北京市东城区隆福寺街 99 号）

环球印刷（北京）有限公司印刷　新华书店经销

2015 年 7 月第 1 版　2015 年 7 月北京第 1 次印刷
开本：710 毫米×1000 毫米 1/16　印张：17
字数：260 千字　印数：0,001-2,000 册

ISBN 978－7－01－014860－1　定价：42.00 元

邮购地址 100706　北京市东城区隆福寺街 99 号
人民东方图书销售中心　电话（010）65250042　65289539

目　录

序

孔 明 安

  西方共同体主义是当今世界的一股重要的社会政治哲学思潮,和谐理论是当代中国顺利实现社会转型和未来发展的重要诉求,韩升博士的新作《和谐话语的政治哲学建构——以西方共同体主义为中心》致力于将两者结合起来加以探讨,具有非常重要的理论意义和现实意义。人民出版社能够将该书列入出版计划,是对这项研究的充分认可。我对韩升新作的出版感到非常高兴,并充满期待,愿意对该书及其中涉及的一些问题谈谈自己的看法和理解。

  我与韩升博士数年前以文相识。2008 年适逢我在复旦大学国外马克思主义研究基地做访问研究,使我得以与韩升进行了细致的沟通交流。韩升专注于研究查尔斯·泰勒社会政治哲学思想多年,并取得了一定的成绩。毫无疑问,查尔斯·泰勒是当今哲学界的一位重量级的人物,他的社会治哲学思想在当代思想世界中独树一帜,既具有厚重的德国思想积淀(尤其是黑格尔思想),又不乏英美思想强烈的实践旨趣。韩升的博士论文致力于研究查尔斯·泰勒的政治哲学思想,后以《生活于共同体之中——查尔斯·泰勒的政治哲学》(中国社会科学出版社 2010 年版)为题出版。值得一提的是,韩升还于 2013 年在复旦大学出版社翻译出版了露丝·阿比编辑的查尔斯·泰勒思想研究文集——《查尔斯·泰勒》。另外,韩升还撰写发表了一些有关查尔斯·泰勒思想的研究性论文。可以说,对查尔斯·泰勒的研究构成了本书写作的重要前提和基础。

　　韩升的这部新作立足于已有的研究基础,放大了泰勒政治哲学思想的视阈,将之扩展到了整个西方共同体主义之中,甚至就其中的某些重要问题论及了许多其他流派的思想家,可以说,该书具有宏大的思想视野和深厚的理论根基。更为重要的是,该书将西方共同体主义政治哲学研究的落脚点放在和谐问题上,具有明确的现实指向和实践意义。和谐问题说到底是个共同体成员如何协同生活的问题,或者说是在当今这个个体化日趋严重的时代自我如何与他者协作共存的问题。在这一点上,西方共同体主义为我们的和谐建设实践提供了非常重要的借鉴与启示。韩升在该书中关注了这一点,并将之提到了非常重要的位置来加以探讨,这是非常值得肯定的。

　　这部著作是围绕西方共同体主义对和谐问题进行的系统政治哲学研究。政治哲学突出了共同体生活的实践智慧,强调突破技术化的行为(behavior)研究局限而进入蕴涵伦理自由的行动(action)关照层面来研究人类的社会交往。在这一点上,政治哲学为我们时下盛行的定量化政治科学研究提供了价值支撑和评价的背景与依据,也可以说,政治哲学使我们的"政治"更富有人文性,使我们在面对艰难的政治困局与无措的政治选择时更多了几分自由裁量的信心。这一点在包括查尔斯·泰勒、迈克尔·桑德尔等在内的西方共同体主义者那里表现得非常清楚。比如,他们指出,强调程序主义的自由主义政治哲学所捍卫的公共政策价值中立性是虚构的和带有意识形态欺骗性的,共同体主义的政治哲学就要直面共同体生活的真实问题,揭示和澄清这种思想、理论和实践背后的价值偏向和文化视阈。也正是在这样一种意义上,我们会说,西方共同体主义是在对程序主义的自由主义的批判中而发展起来的,是西方自由主义阵营内部自我反思与批判的结果。应该说,这种政治哲学的态度是审慎的,在批判宏大政治理论规划之空洞性和虚幻性的同时,保留了我们营造面向未来营造和谐共同体生活的信念和希望。站在这种政治哲学的层面上来看待和谐问题,就是要放弃虚假的标准化、齐一化和所谓的普世主义情怀与追求,就是要放弃在人类历史的"终结"中实现完美同一的"幼稚"抑或是隐藏在这种"幼稚"背后的意识形态欺骗。基于这种政治哲学的和谐观念,是对世界文化多样性、差异性的真诚与尊重,是对人类形态各异的本真性生活样态的接纳与肯定,是在视阈融合中所达成的彼此包容与默契,或者用西方共同体主义查尔斯·泰勒的话来说就是实现了平等主体之间的相互承认。阅读该书稿就会发现,这种政治哲学的观念和思路贯穿始终。

我们这个时代需要共同体意识,这是一种积极的现代性观念。我们需要的共同体意识是对传统生活样态的尊重更是对传统的扬弃和对未来的共同想象,是对现代契约精神的坚守更是对契约规范空间中人性自由发挥的充分包容。这种共同体意识打破了传统等级社会僵化封闭的秩序格局,以一种全新的陌生人伦理构思了现代生活应有的协同合作状态。由此而展开的共同体生活是生动丰满的,是富有人情味的,远远脱离了传统社会生活的枯燥乏味以及由此对人性自由发展的束缚与禁锢。同时,这种共同体生活并非原子式个体自我的简单聚集,并非基于相互生理需要满足而达成的纯粹契约性结合,而是渗透了对人的精神性归属的人文关照,将对物化逻辑的超越和对虚无主义的批判作为自己的应有之义。可以说,这种具有很强的文化意味的现代共同体生活在传统与未来之间展现了人是一种积极的充满张力的创造性存在。西方共同体主义政治哲学在对程序自由主义的批判中渗透了这种积极的、充满和谐意象的现代共同体意识。

从西方共同体主义政治哲学这个角度来研究和谐问题,对于我们这个强调共同体文化传统的民族而言,显得尤其重要。因为我们生活于其中的共同体具有更多的传统意味,或者消极一点说就是难以与现代法权观念相匹配,至少我们现在正处于的从传统伦理社会向现代市民社会过渡的转型时期是这样的;而西方共同体主义所强调的共同体则是奠基在现代市民社会充分发展的基础之上的,更多的带有世界历史的韵味和进步意义。当然,我们这样讲,并不是要放弃本土文化共同体一味追求所谓西方现代频率和节奏,而是要重视西方共同体主义这一"有意义的他者",积极挖掘其可能蕴涵的促成和谐共同体生活的正能量,在"他者的镜像"中完成自我文化共同体的创造性转型。当今时代是一个开放、包容、交融的全球普遍交往的时代,任何思想和行动的自我封闭都是悲剧性的,唯有批判性的积极接纳才是发展之道。我们有理由相信,西方共同体主义能够成为有益于我们在全球化背景下构思和谐共同体生活的重要外生思想资源。在该书稿中,渗透着这种真诚面对积极他者的学习态度和对"当今时代我们如何更好地共同生活"这一问题的认真思虑。

面对这样一个重要的论题,韩升在论述过程中并没有显得过于凌乱,而是沉着冷静地找到了一条相对清晰的线索来加以贯穿全书的内容。我们看到,韩升在概述了西方共同体主义的基本政治哲学观念之后进行了思想提升,以"共同体生活的实践智慧"来奠定自我研究的政治存在论倾向。在此基础上,韩升先后将和谐问题与西方共同体主义的文化现代性观点、积极自由观点、社会民主观点、权利的道德奠基观点等密切关联起来进行了深入的理论分析和思想探究,最后落脚于以西方共同体主义这一有意义的思想他者来反观中国和谐发展中的许多现实问题,很好地呈现了本书研究的问题意识和实践旨趣。应该说,本书在布局谋篇上思路是非常清晰的,能够很好地表达和展现韩升想要传递的思想观点和理论主旨。同时,我们看到,韩升在研究方法的选择和运用也是比较妥帖得当的,贯穿全书的"了解之同情"方法避免了过于生硬的理论说教和信条灌输,使这种西方共同体主义的中国问题研究显得生动而有说服力,这也保证了本书在论述过程中的娓娓道来、自然展开。

当然,将共同体主义政治哲学这一纯粹西方的思潮与中国社会发展中的和谐问题联系起来探讨和研究,本身就是一种富有挑战性的尝试。只要是尝试就难免缺憾,但正因为有了缺憾,尝试才更显示出其意义所在。尝试是对未知可能性领域的充满信心的积极探索,需要勇气、担当和智慧。对于已经复兴但仍需深化的政治哲学研究领域而言,这种尝试意义非凡;对于急需理论澄清和实践引导的国内社会转型发展而言,更是如此。我们在该书中看到韩升所展现出来的理论勇气和思想冒险,这是值得肯定和令人欣赏的。不可否认的是,该书的研究并非尽善尽美,尚有许多值得更为深入探究的地方,甚至还有一些值得商榷之处,这些都是韩升在以后的研究工作中需要加以修正和完善的。我们应该宽容地对待这种冒险与尝试可能存在的某些不足和缺陷,以一种更加积极的鼓励性态度来看待和评价一位青年学者积数年之功而完成的这项研究成果。我完全相信韩升能够围绕这一论题进行更深刻和更广博的研究,而且我也有理由期待呈现在面前的这部书稿能够在和谐理论的研究领域内激发起思想共鸣,并促成更为完善和更为成熟的研究作品的诞生。

构思和谐,促成和谐,我们一直在路上,人类对社会和谐追求的脚步永远不会停止。政治哲学理论层面的和谐研究是人类和谐实践进程中的重要引导,它不是简单的建言献策和盲目的意识形态宣传鼓动,而是基于现实处境和理论传承作出的冷静审慎的反思,这是我们当下最需要的问题意识。在学术工业化高度发达的当今时代,能够沉下心积数年之心力来对某一重要的理论论题进行深入研究,是值得称赞的。韩升具有这种严谨的学术精神和扎实的研究态度,能够稳下心神对所感兴趣的研究论题展开剖析、论证和阐述,我们在这部书稿中再次见证了这一点。可以说,这部著作凝聚和沉淀了韩升数年的学术生命,是其自身思想观念和真实生活世界的充分体现。我相信,这部著作会成为韩升学术研究和理论探索的一个新的起点。

导　论

　　和谐问题近几年来受到了全社会的普遍关注,有关社会和谐的分析探讨也是目前学术界的研究热点之一。这种状况既是数千年来人类追求社会和谐之努力的世代传承与历史延续,又深刻反映了我国当前阶段社会发展中所出现的一些亟待加以协调解决的现实问题——社会成员在收入分配和财富占有上的日益分化,行业差距、地区差距和城乡差距在拉大,人们的社会心理在社会转型的急剧变化中出现失衡,现代化进程中较为严重的自我认同危机的发生,同时经济、政治、文化、社会、生态等各个方面的发展也出现了不协调的现象。自从党的十六届四中全会把构建社会主义和谐社会作为奋斗目标以来,社会和谐的理念就得到了我国社会各界的普遍认同和积极拥护,和谐社会建设的议题引起了全社会的广泛关注和普遍探讨。本书基于西方共同体主义对和谐问题所展开的政治哲学研究就是在这样一种关注和谐、倡导和谐、反思和谐、构建和谐的宏观社会语境中展开的。

　　促成本书的一个重要原因是我对西方共同体主义者查尔斯·泰勒政治哲学思想的理论研究与实践反思。查尔斯·泰勒是一位具有强烈现实关怀的政治哲学家,在现代性政治文化的研究方面颇有建树,其学术兴趣集中于对现代和谐共同体生活的系统反思。我系统阅读了泰勒的相关著作以及对泰勒思想进行研究的相关著述,完成了自己的博士论文《查尔斯·泰勒对共同体生活的追求》(复旦大学2008年版),后在此基础上经过修改、丰富与完善出版了《生活在共同体之中——查尔斯·泰勒的政治哲学》(中国社会科学出版社2010年版),并在《哲学动态》、《马克思主义与现实》、《现代哲学》、《理论探讨》等期刊上发表了有关泰勒政治哲学思想研究的系列论文。在研读泰勒思想的同时,我注意将之放到西方共同体主义思想的传承流变乃至整个西方思想世界的大背景中进行思考,力求点面结合、更为深入地反思和谐共同体生活的构建问题。在阅读大量有关西方共同体主义思想文献的同时,我深深意识到西方文化传统中的共同体思想本身就内涵着对社会和谐的向往与追求,若能深度挖掘西方共同体思想与社会和谐理念之间的内在关联将有助于我们深入理解社会和谐的丰富内涵。于是,我便产生了深入挖掘西方共同体主义思想之和谐意蕴的想法。

与此同时,我发现,我国目前有关社会和谐的著述非常丰富,《构建和谐社会的政治哲学阐释》(欧阳英著,江苏人民出版社 2010 年版)、《和谐社会研究:从政治学到政治科学》(张国清著,人民出版社 2006 年版)、《正义与和谐——政治哲学视野内中的社会资本》(黎珍著,人民出版社 2008 年版)、《权利与社会和谐:一种政治哲学的研究》(李海青著,山东人民出版社 2009 年版)、《和谐社会的政治形态研究》(李龙强著,光明日报出版社 2013 年版)等著作的研究在这方面进行了有益的探索。但遗憾的是,相关论著大多以阐述和谐社会的重要性或为其建言献策为主,真正客观、系统、深入地对和谐问题进行探讨的论著并不多。尤其是从政治哲学这一形而上层面对和谐问题进行集中研究和系统论述的著述更是少之又少,专门从西方共同体主义政治哲学入手挖掘和谐问题之思想资源的研究则几乎没有。而且我意识到,在我国国内关于西方共同体主义的研究资料十分丰富(麦金太尔、迈克尔·沃尔泽、迈克尔·桑德尔和查尔斯·泰勒等西方共同体主义者的著作大都已有中译本,韩震、韩水法、童世骏、刘小枫、应奇等学者都曾对西方共同体主义进行过诠释,并产生了相当一批诸如博士论文这样专门而系统的研究),但却大多局限于理论引介和学理探究层面,大都未与我国当前有关社会和谐的现实问题加以联系。这更加坚定了我将社会和谐问题与西方共同体主义思想结合起来加以深入阐释的决心。

学界前辈的研究基础令我受益匪浅,在批判性地借鉴和吸收已有著作的基础上进行的大胆尝试和审慎判断贯穿本书写作的全过程。基于上述的研究初衷,本书希望能站在政治哲学这一形而上的层面上,将对和谐问题的理论探讨和西方共同体主义政治哲学结合起来,立足于中国传统的政治文化和现实的政治实践,对西方共同体主义的大量文本和研究性文献进行深入阅读和积极反思,提供一份视野开阔、思想深入、理论探讨与实践分析相结合的研究成果,以丰富我们关于社会和谐理念的想象,从而为积极寻求推进我们社会主义和谐社会建设的合适路径略尽绵力。

在本书中,我们将系统考察西方共同体主义及其在共同体、现代性、自由、民主、权利等问题上的基本政治哲学理念,并以此观照我国当前社会发展进程中出现的诸如从传统伦理社会到现代市民社会的和谐转型、和谐政治模式、和谐发展道路以及面对危机的和谐伦理构思等现实问题,最终落脚于"人文教育"这一政治哲学的根本主题,而这也正是人类在现代性危机中实现自我拯救从而走上与他者和谐共契之路的阿基里斯之踵。

本书是立足于我国社会主义和谐社会建设的实践对西方共同体主义政治哲学理论展开的阐释,具体的研究过程中在坚持马克思主义基本研究方法的同时,积极借鉴西方学术界所运用的一些研究方法,力求对所研究的对象进行多角度、全方位、宽领域的探讨和分析。具体而言,在研究过程中我们主要运用了以下方法:

一是理论与实践相结合的方法。在我国当前阶段对西方共同体主义政治哲学的研究,不仅仅是一个哲学探究和理论阐发的问题,更应该是一个具体行动和政治实践的问题。本书致力于在对西方共同体主义政治哲学进行理论阐释和理念建构的同时,积极为丰富我们的政治文明建设和社会主义和谐社会建设实践的路径选择开阔视野,为我们的具体政治行动和制度建设提供更有力的价值支撑和更广阔的咨政空间。

二是"了解之同情"的方法(由陈寅恪在《冯友兰中国哲学史上册审查报告》中提出,即伽达默尔所谓的"视域融合")。这是一种不同于近代主客二分的认识论立场的存在论态度,是将西方共同体主义认同为自身历史存在的条件,是自身历史生命的一部分;西方共同体主义归根结底也在自己的世界里延伸,因而研究者能与西方共同体主义处在同一境界,这样不但能对待其有切身关切和感受,而且自然而然地将自身问题同西方共同体主义的旨趣加以联系。在学术交流日益普遍化和深入化的当今时代,这种研究方法尤为重要。

三是事实研究与价值判断相结合的方法。在具体研究过程中将事实描述与价值评价密切地联系起来,对客观政治现实和西方共同体主义的介绍内涵着研究者自身的价值判断,对自身理论观点的阐发同样展现着研究者对客观政治现实和西方共同体主义思想的理论观照。我们不想当然也不能得出某种能为所有人普遍接受和认可的权威性结论,而只是当然也只能是努力就某些概念和某些问题形成一些不同的理解,以此促成一种平等讨论、相互交流、紧张而活泼的和谐构思状态。

四是概念史的追溯与规范论证相结合的方法。追踪共同体、自我、自由、民主、权利等政治哲学关键词的概念史,努力发掘其最新的意义衍生与扩展,展开对西方共同体主义政治哲学术语的谱系学研究;同时,结合自身对大量社会现实问题的理解和把握,展开规范论述,以期为未来的政治实践提供理论支撑。

五是比较性阐释的方法。在研究过程中,既要对比西方共同体主义与中国传统政治文化,又要对比西方共同体主义与西方自由主义,同时还要对诸如查尔斯·泰勒、麦金太尔、迈克尔·沃尔泽、迈克尔·桑德尔等西方共同体主义阵营内部的思想家进行对比性研究,在纵向追溯与横向比较中加以全面探讨。

六是历史与逻辑相统一的研究方法。要将事物自身发展的历史过程与我们自身的理性思维规律结合起来进行分析和探讨。追踪西方共同体主义的发展史和西方国家政治实践的当前发展的最新动态,结合我国政治发展的实践进行逻辑分析和规范论证,从而把握事物发展的规律和趋势,为未来的实践行动提供理论支撑和价值目标。

七是经典文本研读与调查研究相结合的方法。经典文本能够面对面地为我们提供与我们迥异的断言、理念和论证,从而使我们从未质疑过的思想倾向中解放出来,并通过其丰厚底蕴和涵养为我们开启全新的视阈。因而,要大量研读西方政治哲学的经典文本,形成相应的读书笔记,并随时记录阅读体会和思考心得。"没有调查,就没有发言权。"仰望苍穹的冥神沉思也需立足于现实生活的大地之上。因而,要进行一定的调查研究,积极投身于沸腾的现实生活世界而又不堕入流俗,增强朴素而理智的现实关怀,结合研究者对政治实践的理解和对政治生活的感悟进行理论阐发。

本书大胆运用上述研究方法对西方共同体主义与和谐问题的关联进行系

统而深入的研究。这种研究有助于推进我国社会的和谐转型,并从根本上服务于我们和谐社会建设的实践。西方共同体主义产生于西方政治实践之中,但在当前充满对话与交流的全球化时代许多问题是共通的:西方共同体主义对极端个人主义的批判,为我们提供了一面反观市场经济发展进程中自我定位的他者之镜;西方共同体主义对于政府在道德教化中作用的重视,将有助于我们重思和谐政治建设过程中政府的职能和权限问题;西方共同体主义对市民社会的思考,让我们看到市民社会的建设不是一个纯粹技术性问题,而是一个市民文化和市民精神的培育问题,启蒙和教育对于我国和谐政治建设意义重大;西方共同体主义对于现代公共领域的分析,将引发我们对和谐政治建设中的非政府组织问题进行深入剖析。理论的力量就在于通过激发共鸣而产生巨大的感召力,从而吸引人们将理论所蕴涵的理想通过实践行动变成现实存在。要努力发掘西方共同体主义与我国本土政治文化的契合点,在二者对话与交流的空间中加深我们对于和谐的形而上之思,从而赋予我们营造和谐的行动以巨大的力量——这应是相关研究的发展趋势。本书所进行的理论探索和实践反思,也将致力于此!

费孝通先生曾言:"各美其美,美人之美,美美与共,天下大同。"①在全球化开放时代坚持文化自信、追求文化自觉不是故步自封、妄自尊大,而是在为本土文化正本清源的基础上积极融入世界多元文化体系,重视思想他者的价值与意义,在交流与融合中实现共同进步、协调发展。这也正是我们对待包括西方共同体主义在内的一切西方思想文化的基本态度。同时,西方共同体主义重视社会性团体、强调共有价值观的理论倾向,与我国倡导和谐、注重协作互补的文化传统颇有相似之处。"如果没有文化他者的存在,那么传统就仅仅是一种未经反思的智慧。"②对西方共同体主义和我国文化传统加以积极比较鉴别,将推进我国文化传统汲取文化他者的积极因素,在新的时代条件下实现自我反思和自我超越,从而焕发更强大的生命力。深入把握和理解西方共同体主义政治哲学,对于我国在这样一个重视对话与交流的时代走向政治文

---

① 转引自刘梦溪:《论国学》,世纪出版集团、上海人民出版社 2008 年版,第 213 页。

② 吴冠军:《多元现代性——从"9·11"灾难到汪晖"中国的现代性"论说》,上海三联书店 2002 年版,第 366 页。

明具有重要意义。文明是一种饱含开放、宽容和相互理解的多元文化和谐共融的状态,这是我们在全球化的背景下所共同构建的和谐世界的应有之义。

本书立足于我国目前正在进行社会主义和谐社会建设的伟大实践,正视促进社会和谐中的现实问题,把和谐问题放到政治哲学的视阈中进行形而上的系统思考和全面研究,致力于从西方共同体主义入手深入挖掘和谐社会思想的外生资源,从文化他者的角度丰富我们关于社会和谐的理解和想象。西方共同体主义所致力于追求的"共同体"本身就是一种作为价值理想而存在的和谐有序的生活状态,深度挖掘西方共同体主义的理论内涵将有助于拓宽和谐社会理论研究的空间,并将为社会主义和谐社会建设的伟大实践起到重要的引导和辅助作用。

本书以和谐为主线,将全景式地展现当代西方共同体主义政治哲学的思想概貌,会在很大程度上满足那些渴望了解西方共同体主义政治哲学的人们的需要,并使我们对西方自由主义政治哲学内部存在的争论和对话有进一步的理解,在此基础上我们可以加深对当代西方政治实践之困境的认识。本书所展开的研究将深入挖掘西方共同体主义中所内涵的和谐理念,这有助于我们培育中西学术界进行交流与对话的生长点,从而在学术移植和本土化研究的不断磨合中提高我们与西方学术界的对话能力和批判能力,更为重要的是将为我们对和谐问题的全面深入研究提供重要的精神养料、理论佐证和思想支持。

本书密切关注我们正在进行的政治体制改革和政治民主建设的实践,从理论和实践相结合的层面上进一步发掘西方共同体主义政治哲学可能对我们和谐政治建设所具有的价值和意义。学习和了解,是批判和借鉴的前提。在一个注重交流和对话的时代,理论交融与实践借鉴已经成为必然趋势,本着谦逊的态度对他者的政治理念和政治体制加以学习和了解,是我们积极推进和谐政治建设所必不可少的。深入挖掘西方共同体主义政治哲学的内在和谐意蕴,将极大地提高我们的政治理解力和丰富我们的政治想象力,将为我们的政治文明建设提供更为广阔的理论思路和文化视野,从而为我们的政治行动和公共实践赋予更大的思想空间和更强有力的精神支持。

本书结合当前政治哲学研究的最新前沿问题而展开,将为和谐问题的政治哲学探索起到抛砖引玉之功效，会引发相关问题的学术交流与理论争鸣，促进注重对话、充满活力的学术共同体的形成，从而在一定程度上推进我国政治哲学研究在密切把握时代脉搏、充分展现问题意识中实现超越性发展。包括政治哲学在内的人文学科的研究不仅是生理上的精力投入，更为重要的是一种自身信念在社会生活中的体现，是一种生命感悟的加深，是一种对自身完善的永恒追求，以及在这样的一个过程中通过自身与他者的互动趋向于一种相互理解基础上的包容和谐的状态。学术，乃天下公器。我们将秉承学者的使命，恪守学术道德与学术规范，通过严谨的学术研究为目前中国学术的规范化发展尽一点绵薄之力。

本书通过和谐这一条红线将西方共同体主义政治哲学所涉及的基本问题贯穿起来，将使我们能对西方自由主义政治哲学内部存在的争论和对话有更深层次的理解。结合我国文化传统中对集体生活理念和共有价值观的强调，深入挖掘西方共同体主义政治哲学内在的和谐意蕴，将促进我们对本民族文化传统之价值旨归的积极反思并由此推进民族文化的自觉发展。在理解他者和反思自我的协同进程中，加深我们的政治理解力，激发我们的政治想象力，助推我们的政治行动力，努力完善中西政治话语交流体系，积极开辟更为广阔的公共生活空间，这将为我国社会主义和谐社会的建设提供更为丰富的思想资源、更为有力的理论支持和更为坚实的生活基础。

第 一 章

西方共同体主义的和谐旨归

西方共同体主义作为一种重要的政治哲学思潮继承了西方社会思想发展中由来已久的批判传统,这种批判既是对作为西方主流思想话语的自由主义的理论批判,更是对自由主义思想引导的西方政治实践及其后果的现实批判。面对西方社会中普遍存在的自我认同的危机、自我与他者的分裂与对立、社会共同体及其价值依托的瓦解以及政治行动的虚弱无力等,西方共同体主义重归亚里士多德主义的道德传统以化解现代性高度发展所带来的种种社会异化问题,深度挖掘黑格尔思想的时代价值以避免简单线性化思维所带来的难以面对日益复杂化的社会发展的思想肤浅问题,在重塑共同体价值与意义的理论构思与实践行动中充分彰显了自身的和谐旨归。

第一节　西方共同体主义及其中国意义

西方共同体主义(communitarianism,或译为社群主义)是20世纪70年代末80年代初以来在对西方自由主义理论与实践的批判中兴起并得到积极发展的一股重要的政治哲学界思潮,是立足于西方共同体思想的德性传统对现实社会政治问题展开的深刻反思和积极探讨,也是对日显不足与有待完善的西方自由民主制度设计的调理与修补,以及对注重自我反省和自我检视的西方理性文化传统的传承与延续。西方共同体主义的批判性反思渗透于元哲学、伦理学、政治学、社会学、心理学、经济学等领域之中,并在现实的政治行动和社会实践中发挥越来越重要的作用,因为西方共同体主义的一些代表人物正在通过其理论旨向在普通社会民众的日常生活世界中产生越来越大的影响,迈克尔·桑德尔就是其中的重要一例。① 作为思想他者的西方共同体主义以对共同体价值的关注与强调,为我们在这样一个注重交流与对话的全球互动时代开启了构思自我与他者、传统与现代、个人与社会、公民与政府、政府与社会、国家与国家之间彼此互补、和谐共在状态的全新视阈,是我们丰富和谐理论话语体系与激励和谐实践行动的重要思想资源。

一、西方共同体主义概述

作为一种具有极强实践面向的社会政治哲学思潮,西方共同体主义的形成与发展折射出了西方社会政治实践中的诸多现实问题。20 世纪中后期以来,在西方世界里,崇尚自由竞争的新自由主义盛行,自由主义价值中立信条主导的国家和政府对社会经济生活的干预越来越无力,在持续竞争和社会分化中产生的社会弱势群体的利益无法得到维护和保障,各种社会问题开始在一种日常对立的社会情绪中显现,如何积极发挥国家与政府的规治与引导作用以缓和正在变得紧张的社会关系并促进社会整体的协调稳定发展日益成为广大社会成员关注的焦点。与此同时,无节制的个人自由引发了极端个人主义的泛滥和社会责任感的丧失,国家在社会道德教育和公民素质培养方面的缺席加剧了“怎么都行”的后现代主义价值观念,整个西方社会似乎陷入到一种可怕的虚无主义深渊之中。“虚无主义作为一种精神状态,其最显著的表现并不是缺乏坚定的信念,而是本能或情欲方面的混乱。人们不再相信灵魂中多变而相互冲突的各种倾向有着自然的等级,用来替代自然的传统也已崩溃。灵魂变成了一个由定期变换节目的剧团使用的舞台——有时上演悲剧,有时上演喜剧;今天讲爱情,明天谈政治,最后是宗教出场;一会儿是世界大同,一会儿是牢固的忠诚;既有城市,又有乡村;既有个人主义,也有共同体;多愁善感唱罢,残酷无情上场。人们既无原则也无意愿给这一切分出三六九等。

---

① 迈克尔·桑德尔在其广受欢迎的《公正:该如何做是好》(朱慧玲译,中信出版社 2011 年版)以及《金钱不能买什么:金钱与公正的正面交锋》(邓正来译,中信出版社 2012 年版)、《反对完美:科技与人性的正义之战》(黄慧慧译,中信出版社 2013 年版)中所探讨的诸多现实问题已经引起了人们的广泛关注与思考。

所有时代和地点,所有种族和所有文化,都可以登台亮相。"①面对虚无主义的困惑、迷茫与纠结,在交流与对话中重建意义共同体以缓解过分自我关注带来的孤独感,培育强烈公共意识和社会责任感以化解日益碎片化的社会发展困局,已经势在必行。另外,这一时期在西方国家中形成了大量新型的非政府社团组织,这些组织与传统的行业协会、教会团体、人道救助组织等在活动内容、原则和方式上有了很大的改变,它们直接面向环保生态、妇女权益保障、社会边缘群体话语权维护、社会心理救治等新的社会层面,并在社会公共领域中发挥越来越重要的作用——这些新型的社会团体及其开展的大量社会活动对规范理论确认的需要,也是西方共同体主义产生的一个重要社会背景。

西方共同体主义是一个相对松散的学术思想流派,一般以麦金太尔、泰勒、桑德尔、沃尔泽等人为思想代表,他们通过对罗尔斯、诺齐克等人所代表自由主义思想展开批判而联系在一起,是对作为西方主流政治话语的自由主义的一种修正与完善,对于澄清自由主义的基本理论预设、挖掘契约背后的伦理支撑、弥补自由主义过分注重制度规范性可能带来的不足具有重要的价值和意义。尽管他们中的有些人并不以西方共同体主义者自居甚至对这样一种划归表示反感,但他们的确形成了一致看法:"自由主义没有充分考虑到社群(community,即共同体)化社会对于个人在社会中的地位的重要性,也没有考虑到它对道德与政治理念和关于当今世界的价值判断的重要性。"②这种一致看法所表现出来的相对稳定的思想倾向体现在以下几个方面:

一是反对原子主义封闭自足的自我观,批判极端自私而又狭隘的自我关注,强调自我生成的情境预定性、自我存在的交互共融性和自我发展的协调促进性,崇尚由和谐共同体承载和孕育的具有积极他者意识的完满自我观念。二是反对简单的权利优先善的基本论调,批判权利话语序列主导的带有机械性和僵化倾向的政治生活,强调彼此对话和有机互动在社会政治生活中的积极构成作用,主张文化传统和社会公共生活孕育的共同善是个体价值判断和

----

① 艾伦·布卢姆:《美国精神的封闭》,战旭英译,凤凰出版传媒集团、译林出版社 2007 年版,第 110 页。

② 丹尼尔·贝尔:《社群主义及其批评者》,宋琪译,生活·读书·新知三联书店 2002 年版,"引言"第 5 页。

实践行动的前提。三是反对纯粹的消极自由观,对视社会制度规范为完全异在的洪水猛兽并追求彻底退居内心城堡的不动心境界的观点和做法展开批判,主张自由存在于个体对社会规则与政治控制的适应和调整之中,崇尚积极主动的社会行动和政治参与以化解社会与政治碎片化所造成的困局。四是反对政治的碎片化,从存在论的意义上对政治概念作出了"共同体生活的实践智慧"的阐释,对政治冷漠感以及由此导致的"温和专制主义"保持了高度警惕,关注非政府组织在弥合个体自由与政府权力的裂痕方面的积极作为,重视公共领域对现代政治生活中的规治作用,强调政治实践中公民主动参与的价值与意义。五是反对基于价值中立而形成的所谓普世主义原则,重视文化积淀、历史传统、社会习俗基础上形成的多元价值论,尊重特定生活方式和交往方式以及由此而形成的道德意识和伦理观念,努力发掘一般性政治原则、制度背后隐含的信念支撑和意义背景。正是在西方共同体主义对自由主义的批判以及自由主义对共同体主义的回应中,才慢慢形成了如下共识:"政府压根就无法保持中立;自由主义并不是一种普世的人类理想,而是限于西方的、繁荣的、工业化的和民主化的国家的情境;个人是以一种实质性的方式由他置身于其中、从中成长的情境所形成的;合理的良善生活的观念包括感情和团结的纽带;以及理性行为者的欲望本身并不确定具有这些欲望的行为者的好。"①我们在更晚近的自由主义者如威尔·金里卡、查尔斯·拉莫尔等人的论述中看到了这些共识的产生。

尽管西方共同体主义作为一个思想流派而存在的时间并不长,但其思想传统却悠远而绵长。"政治上不同的哲学家如亚里士多德、大卫·休谟、埃德蒙·柏克和卡尔·马克思都可以被认为,至少在回顾历史的意义上,推动了这种共同体主义传统。"②西方共同体主义拥有一种较为浓重的古希腊情结,因为古希腊时代完美地展现了人与自然之间、个体与生命之间、自我与他者之间、部分与整体之间的和谐关联,"对于这个时代的人来说,由于古希腊人代表了人在最崇高状态下的生命样式,其塑造、表现和呈现的渴望与他的自然融

---

① 约翰·凯克斯:《反对自由主义》,应奇译,江苏人民出版社 2003 年版,第 18 页。

② Ruth Abbey, *Charles Taylor*, Acumen Publishing Limited, 2000, p.120.

为一体,与自然的一切融为一体。它是一个自然与人相统一、相和谐的时代。在那个时代里,思想和情感、道德觉悟与感知能力是浑然一体的。在那个时代里,人对其塑造的生命形式,无论是道德的、政治的,还是精神的,都源于他自己的自然存在,而不是由某种原始意志力强加于他的。当然在那个时代里,自然中的生命洪流并不疏离于人的精神;相反,它被具有人的形象的诸神所持存。人同诸神保持着融洽性,而诸神从人那里取得了他的丰功伟绩"。① 在这样一种总体氛围下发生发展的古希腊的城邦生活很好地诠释了"共同体"的本源意义。在古希腊的城邦生活,尽管自然地排除了包括奴隶、外邦人等群体的公民资格(按照现代政治的基本原则来看,这是极其不平等和不公正的,其中某些做法甚至是非常不人道的),但在其中公民个体都认可各自政治地位、生活方式和价值信念并在将自我完全融入城邦共同体中形成了彼此之间的相互承认关系。这是一种靠共同的精神信仰、一致的价值诉求和接近的伦理取向而维系的稳定而有序的共同体生活的基本架构,由此而塑造的是一种休戚与共的家园归宿感。在此种境域中,"被放逐"将不仅仅意味着本城邦公民资格的丧失,更是描述了一种可悲的无家可归的流浪生活;肉体的放逐背后隐藏的是精神上的排斥和观念上的不接纳,来自他者的不承认将最终让自我迷失于流离失所的彷徨之中。"在最紧密的共同体中,至少从奥德赛时代以来,人身上就有一种因素需要表达出来,他觉得自己的发展的受到阻碍,恰恰是因为自己是整体的一部分,但他并没有觉得自己就是一个整体。在最自由、最独立的情况下,人也会渴望无条件的归属。"②我们在查尔斯·泰勒、迈克尔·沃尔泽等西方共同体主义者对现代"少数人群体的承认权"论述中似乎看到了古希腊共同体生活中被放逐者的焦虑不安和现代公共政治生活中孤独个体的彷徨无主,这不是对一个古典历史问题的简单回声,而是对一个困扰人类发展的永恒问题的根本关注。

按照同样深怀古典情结的列奥·施特劳斯的观点,政治哲学以政制而非法律为指导主题,"政制是秩序、形式,它赋予社会其特性。因此,政制是一种

① 查尔斯·泰勒:《黑格尔》,张国清、朱进东译,译林出版社 2002 年版,第 38 页。
② 艾伦·布卢姆:《美国精神的封闭》,战旭英译,凤凰出版传媒集团、译林出版社 2007 年版,第 67 页。

特定的生活方式。……政制意味着那种整全,我们今天习惯于主要用一种支离破碎的方式看待它:政制同时意味着一个社会的生活形式、生活风格、道德品味、社会形式、国家形式、政府形式以及法律精神"。① 这种政制展现了政治哲学的生活共同体根基,也包含了对近现代以来日渐碎片化的公共政治生活的古典主义批判。近现代以来的宗教改革和现代科学技术作为巨大的解放力量使遭到封建幽禁的个体获得无限发展空间的同时,也为其注入了一支原子主义的强心剂,让自我在个体化的道路上健步如飞,把自我想象中处于异己状态的他者和我们原本赖以凭借的群体远远抛在身后,我们在日渐祛魅的世界上张扬着作为个体自我的强大力量,同时似乎也在陷入一个由自我精心设计好的"铁笼"之中,于是"纠结"无可避免地成为了对现代性原子化个体生活的关键词。值得庆幸的是,在现代性的张牙舞爪面前,依然有那么多敏感而深刻的思想家在对我们进行警醒和告诫,他们所传递出来的正是由古希腊城邦生活延续下来的这种的共同体情怀:卢梭执着于"公意"的政治共同体浪漫主义、赫尔德语言哲学背后的生命共同体关注、黑格尔主奴辩证法包含的承认理论、托克维尔对民主理智而冷静的深刻剖析、马克思对资本世界的批判与对未来和谐共同体生活的构思等等,都在对抗着现代性极端的自我关注并积极构思了一种和谐有序的公共生活状态。我们在西方共同体主义者的著述言说和实践行动中时时能够感受到上述先贤哲人的思想穿透力和巨大感召力,可以说,西方共同体主义正是这一共同体思想传统在现时代的延续与发展。

二、思想他者的中国意义

从整体上看,西方共同体主义追求的"共同体"是一种蕴涵了对话双方之承认关系的和谐有序的生活状态,立基于自我与平等他者的和谐关系来构思现时代的社会公共关系,推崇在视阈融合中走向多元主义时代的跨文化共识。在西方共同体主义政治哲学中时隐时显的"和谐"并非人类社会的终极完美显现,而是一种自我与他者在逐步放弃分歧、实现互补中达成的共生、共融、共

---

① 施特劳斯:《什么是政治哲学》,李世祥等译,华夏出版社 2011 年版,第 25 页。

促、共荣状态。综观其形成背景、基本观点、理论旨趣和思想传统,我们发现,西方共同体主义能够成为我国社会和谐转型与现代化发展的重要外生资源。尽管同样作为思想他者,但共同体主义远比西方主流的自由主义话语更能走近同样注重共同体意识的中华文化体系,并能够在学术交流和思想共振中为日益融入全球化浪潮的当代中国提供多方面的借鉴和启示。

西方共同体主义对普世主义的质疑佐证了我国社会主义核心价值体系建设。核心价值包含了对本土文化传统的充分认可与自信,但又不拒绝文化他者所具有的积极因素。西方共同体主义质疑了以普世主义为名的意识形态灌输及其背后隐藏的文化霸权主义观念。"普世主义在今天已不仅仅是一种道德的渴望,亦不单纯地是一种宗教信仰或认识论原则,毋宁说,它是我们时代支配性的意识形态。"①在西方共同体主义者看来,原初状态的虚构性、缺乏道德支撑的权利概念的空洞性、消极自由的虚无主义倾向等都是自由主义普适性追求所无法摆脱的。西方共同体主义者对承认的政治的捍卫与追求内涵着对特定文化模式的社会根基的尊重、对具体国情孕育的社会价值体系的包容,但是这种尊重与包容并非一种盲目的相对主义偏向和狂热的文化情绪化表达,而是在对话与交流的开放性语境中不断发展的积极自我意识及其外显的民族本土文化认同感。由是观之,共同体主义作为一种土生土长的西方思想放弃了普世主义掩盖下的西方文化中心的偏见,从一个积极他者的角度佐证了我们正在积极建设的社会主义核心价值体系:植根于中华本土的民族性特征展现了社会主义核心价值体系的共同体生活根基,执着于马克思主义立场、观点、方法的坚守是对人类社会发展科学规律性的尊重,中国特色社会主义共同理想的主题追求体现了国家富强、民族振兴、人民幸福、社会和谐的价值旨归,"八荣八耻"的荣辱观念是在社会主义法律体系日益完善的情况下对道德自律意识的积极培养,与时俱进的品格与开放包容的气度彰显了坚持与发展、主导性与包容性、发扬传统与立足当代之间的自然张力。

西方共同体主义对公共领域的构思丰富了我国社会管理创新探索的思路。公共领域是现代西方政治哲学研究中的一个重要领域,西方共同体主义

---

① 斯蒂芬·乔森:《普世主义的意识形态》,孙海洋译,《国外理论动态》2012 年第 6 期。

者与阿伦特、哈贝马斯等一起成为了现代公共领域的积极构思者,并在公众舆论的准确界定、民主政治的理性规治、民众自治能力的培养和公共领域对商业化和意识形态化的规避等方面展开有益探索。作为民主政治时代公共话语理性表达的公共领域不仅对西方政治进步和社会发展起到了重要作用,而且具有非常重要的中国意义。"公共领域虽然是一个完全西方的社会话语,但它作为介于政治国家与市民社会之间的一个由私人集合而成的公众领域,在促成国家与社会的间距的同时又沟通了二者,并以公共交往和公众舆论的形式制衡国家权力并为之提供着合法性基础。因而,它对促进国家与社会的间距和良性互动、推动中国民主政治的发展具有一定的借鉴意义。"①基于我国由传统伦理社会向现代市民社会过渡的社会转型现实,我们正在积极探索与我国特殊国情相适应的社会管理创新的方式与途径,在这一进程中深入研究和借鉴西方共同体主义公共领域理论中的有益方面将有助于我们培育生动活泼、形式多样的非政府公共组织,并发挥其在政治权力监督、政府行政行为约束、公民个体权利维护与保障、公共意愿和利益诉求表达等方面的积极作用。

西方共同体主义对历史叙事意识的强调提振了我国民族传统文化复兴的信心。不管是在麦金太尔的《追寻美德:伦理理论研究》、《三种对立的道德探究观》,抑或是在泰勒的《自我的根源:现代认同的形成》、《现代社会想象》、《世俗时代》等著作中,我们都能感受到其中渗透的历史叙事意识。这种历史叙事意识并非一种简单的复古怀旧情绪的自然流露,亦非一种抱残守缺的保守主义政治情怀,而是立足于现实生存处境对过去、当下和未来的文化勾连——这种文化勾连是千百年来共同体生活样态虽历经风雨但依然保持本色并不断向前的根源所在。"这样一种传统的概念,其核心是,过去绝非某种只应被遗弃的东西,相反,现在只有作为对过去的注释与回应才是可理解的;在这些注释与回应中,过去(如有可能且如有必要)得到修正与超越,而这种修正与超越的方式,又反过来使现在被将来某种更为充分恰当的观点所修正与超越成为可能。"②面对汹涌澎湃的全球化浪潮,我们需要一种开放的态度和

---

① 杨仁忠:《公共领域论》,人民出版社 2009 年版,第 336 页。
② A.麦金太尔:《追寻美德:伦理理论研究》,宋继杰译,译林出版社 2003 年版,第 184—185 页。

行动,但开放仍需在修正与超越中坚守自我的本真,而并非要放弃民族文化的历史传承,"毫无节制、不假思索地追求开放,无视开放作为一种自然目标所固有的政治、社会和文化问题,使开放变得毫无意义"。[①] 我们在西方共同体主义者的历史叙事中看到,保持民族独立意识、维系民族固有品格、促成民族文化繁荣是世界多样化和谐发展的前提和根据。在促进社会主义文化大繁荣大发展的历史进程中,实现中华民族传统文化的复兴与繁荣势在必行。目前在神州大地弥漫的传统文化热已经让我们感受到了民族传统文化的魅力和整个民族在经历了困顿与曲折后文化寻根的巨大渴望,我们需要走向历史的深处去发掘并滋养我们民族的文化命脉,我们需要理智与冷静的心态在日趋开放的语境中去维护我们民族文化的本真并据此融入世界的多样性之中。

西方共同体主义对现代性观念的重构警示了我国现代化建设道路的复杂性。尽管不同的西方共同体主义者对现代性的具体态度不同,但批判性重构无疑是其共同选择。在西方共同体主义者看来,现代性不是规范性的简单展开而是对多样性的承认与尊重,作为现代性之具体体现的市场经济、民主政治和公民社会必须要有特定的文化生态样式予以支持才能得以真正实现。因而,在现代化建设实践问题上,果断放弃追求齐一化、标准化的现代化发展模式,积极探索与本国国情相适应的发展道路是后发展国家的明智之举。现代化进程并无任何现成的模式可以直接套用,因为"现代化是一个多层面的进程,它涉及人类思想与行为所有领域里的变革"。[②] 我国在经历了长期探索之后现代化发展的基本方向已然明了,"中国模式"的提法尽管尚存在争议,但毫无疑问的是在现代化发展的道路上我们较以往更加自觉而有信心。当然,面对日益复杂的国内外发展形势,我们仍需要有充分的耐心和足够的冷静来应对未来发展道路上可能面临的困难和挑战。

---

① 艾伦·布卢姆:《美国精神的封闭》,战旭英译,凤凰出版传媒集团、译林出版社 2007 年版,第 13 页。
② 塞缪尔·P.亨廷顿:《变化社会中的政治秩序》,王冠华等译,上海世纪出版集团 2008 年版,第 25 页。

第二节　西方共同体主义的基本政治观念

西方共同体主义者在对共同体、政治、自由、民主、权利等政治哲学关键词的解读与阐释中渗透着其基本的政治观念。积极探讨西方共同体主义的基本政治观念，不仅能够有助于我们深入西方政治话语体系内部了解其基本政治主张和现实政治取向，而且能够增强我们的政治理论鉴别、批判、建构能力，从而在推进政治文明建设的进程中赋予我们更大的政治行动力。

一、作为一种和谐有序的生活状态的"共同体"

近代以来，个人原子化趋势不断增强，社会正逐步变为孤独个体的功利性结合，传统共同体所蕴涵的意义感和认同感正在慢慢消失。查尔斯·泰勒、迈克尔·桑德尔、麦金太尔和迈克尔·沃尔泽等人敏锐地意识到了这个时代难题，通过积极重建我们赖以维系的"共同体"来调解现代人的孤独感，重塑丰富多样的人类生活方式。在西方共同体主义者看来，社会不仅仅是经由契约而联系在一起的公民之间的机械结合，而应是一个成员彼此之间因共有一定习俗和信念而结合在一起的"有机共同体"，在这种有机共同体中蕴涵着和谐生活样式中孕育的为所有成员所共享的理想信念和价值目标。"政治哲学最基本的关怀，是人应该如何活在一起。这是关乎每个人的根本问题。"①故而，对于西方共同体主义而言，具有明确实践指向的政治哲学不仅要关注个体权利的保护和物质利益的增进，而且应该促成和确保一种共同善或共同生活的幸福目标。为了更好地理解西方共同体主义的基本政治观念，我们需要在现代语境下重新诠释和理解"共同体"这个概念。

"共同体"（community）是一个意义宽泛、内涵丰富而又显得相对松散的概念。② 从词源上看，Community 来自希腊语 κοινωνία（拉丁文为 koinōnia），表示一种具有共同利益诉求和伦理取向的群体生活方式。在最一般的意义

① 周保松：《自由人的平等政治》，生活·读书·新知三联书店 2010 年版，第 7 页。
② 参见戴维·米勒、韦农·波格丹诺主编：《布莱克维尔政治学百科全书》，邓正来等译，中国政法大学出版社 2002 年版，第 152—154 页。

上,共同体表明了在漫长历史演变和文化积淀中形成的某种互动关系,在这种互动关系中蕴含着某些积极而有价值的东西。"任何共同体必须是建立在'一致'与'和谐'这个基础之上的。"①根据西方共同体主义者的考察,"共同体"的观念最早见于古代希腊,从历史发生学的意义上讲,古希腊城邦被认为是最本源意义上的共同体。"城邦是监护人,是父母,是导师,纵然从城邦所学的东西可能导致对城邦生活的这样那样的方面提出质疑。"②在古希腊城邦生活中,各个阶层的人们各自遵循属于自己的道德操守和行为准则并安于自己的生活方式,由此在正义大道的观照下自然形成一种稳定有序的和谐生活。

随着文艺复兴和新教改革的发生,资本的力量在个人主义的崛起中加速推进着传统社会向现代社会的过渡。传统社会中人们崇尚"自然",并以此来展开和反思群体生活;现代社会中人们推崇"人为",并由此而改造和建构群体生活。基于此种认识,德国社会学家斐迪南·滕尼斯在《共同体与社会》区分了"共同体"和"社会":"共同体是持久的和真正的共同生活,社会不过是一种暂时的和表面的共同生活。因此,共同体本身应该被理解为一种生机勃勃的有机体,而社会应该被理解为一种机械的聚合和人工制品。"③在滕尼斯看来,共同体是基于血缘、亲族、地域及共同的人生态度、生活经历、观念信仰等因素而形成,换言之,共同体的形成基于自然演化而非以个体利益实现为目的,这出于一种共同的精神归属和情感依托(他称之为"本质意志");社会的形成则基于人为建构并以契约化的个人利益为目的,这出于一种深思熟虑和精打细算(他称之为"选择意志")。由此可见,对于滕尼斯而言,共同体是面向过去而存在的,属于传统时代,在文化上如同生物有机体那样自然和谐;而社会则是面向当下和未来而存在的,属于现时代,是一个为满足彼此需要而建立起来的带有机械性的体系,尽管在其中个人价值得到提升,自我得以凸显,但放纵了的个人欲望却使其充满了分裂、冲突和异化。在现代社会中,关系取

---

① 洪涛:《逻各斯与空间——古代希腊政治哲学研究》,上海人民出版社 1998 年版,第 208 页。

② A.麦金太尔:《追寻美德:伦理理论研究》,宋继杰译,译林出版社 2003 年版,第 168 页。

③ 斐迪南·滕尼斯:《共同体与社会》,林荣远译,商务印书馆 1999 年版,第 54 页。

代了爱成为人们之间的唯一联系,①由此而形成的群体生活难免功利性和机械性。

西方共同体主义并未在传统共同体的没落中对现代生活彻底丧失信心,尽管麦金太尔有启蒙筹划彻底失败的断言,泰勒也有重新解释现代性叙事的努力,但他们并未完全丧失信心而堕入悲观虚无主义的深渊之中,而是采取了一种面向未来的积极态度。对于西方共同体主义而言,尽管社会"碎片化"(fragment)的问题十分严重,但我们依然可以通过重塑共同体来捍卫和确保个体的自我认同与意义归属。通过西方共同体主义的论述我们看到,共同体是一种依靠习俗、情感维系而非人为建构的意义聚合体,能够提供一种支撑个体认同的道德框架和善的视野;共同体是一种由"有意义的他者"组成的对话存在,其中蕴涵了一种对话双方的平等承认关系;共同体是一种自由的处境化,是拯救原子化自由和社会碎片化的出路;共同体是一种展现人的本质存在,恢复人类生活丰富性和多样性,达到美好幸福的生活目的的场所。② 共同体是个体认同的建构者,是一种构成环境、一个有机整体而非原子个体的简单聚合。③ 由此可见,"共同体"既描述了人社会化生成的经验事实,又抒发了个人主义时代冲破认同危机藩篱的深度渴望,更寄托了对现代和谐生活的精神追求。

值得注意的是,这种共同体并非以文化保存为名而进行自我封闭与隔绝。我们看到,在被曲解了的"共同体"之中,"'文化'变成了被围困的堡垒的同义词,在被围困的堡垒内,居民每天都要求证明他们坚贞不渝的忠诚,并有意避免与外来者的亲密接触。'保卫共同体'必须优先于所有其他责任。与'陌生

---

① 艾伦·布卢姆指出:"爱表示某种奇妙、令人振奋和积极的东西,它牢牢植根于激情之中。关系则是灰暗的,难以名状的,它暗示一项计划,没有既定的内容,只有实验性。你若是在关系上下工夫,爱情就只能自顾自了。在关系中首先出现的是麻烦,所以得寻找共同的基础。爱情则为想象力呈现完美的幻觉,把人类交往中的自然分歧置诸脑后。"(艾伦·布卢姆:《美国精神的封闭》,战旭英译,凤凰出版传媒集团、译林出版社2007年版,第78页)

② 参见韩升:《生活于共同体之中——查尔斯·泰勒的政治哲学》,中国社会科学出版社2010年版,第9页。

③ 参见尼古拉斯·布宁、余纪元主编:《西方哲学英汉对照辞典》,人民出版社2001年版,第172页。

人'同席而坐,参观同一地方时与他们勾肩搭背,更别说与他们谈情说爱和跨共同体边界的通婚了,所有这些都是背叛的标志和流放与放逐的理由。这样建立起来的共同体,变成了以分裂、孤立、分离与疏远为根本目标的探险"。①与之相反,西方共同体主义倡导的共同体概念是积极的、正面的,代表了一种基于社会现实的美好生活归属。这种对"共同体"的强调具有丰富的和谐意象:一是强调自我认同的承认之维,自我认同不是独白式的而是来自于他者的平等承认,只有达成相互承认的和谐才能避免认同危机的发生;二是宽容文化他者,以接受文化差异性的"多重现代性"为前提,倡导在视域融合中进行比较文化研究的建设性态度,从而走向多元主义时代的跨文化共识;三是坚持在差异与共识的必要张力中实现和谐,既放弃在封闭保守中顽固坚持所谓个体独特性,也拒绝在为共识而共识的简单同一性追求中忘记了实现社会优良群体生活这一社会治理的基本目标;四是主张和谐并非完美,放弃绝对完美理想主义可能带来的危害,在英美经验主义的基础上为我们描绘了一幅自我与他者逐渐放弃分歧、实现互补、走向和谐的图景。在古希腊城邦为我们所提供的共同体范本的基础上,融合滕尼斯的共同体概念,结合西方共同体主义研究的他者维度,我们可以得出有关共同体的基本认知:共同体是蕴涵了彼此差异的对话个体双方之承认关系的一种和谐、有序、开放、自主的生活状态。

二、政治存在论

西方共同体主义的政治存在论集中展现了这一政治思潮对"何谓政治?"这一根本问题的深入思考。政治是一个极为复杂的概念,根据罗伯特·N.贝拉等人的研究分析,普遍存在着三种基本的政治认识:②一是"社区政治",即政治是一种执行社会群体经过面对面的自由讨论后达成的道德协商一致的事务;二是"利益政治",即政治是根据商定的中立原则对不同利益的追求;三是"国家政治",即政治升华为从事国务活动,国民生活中的头等大事压倒了具体的利益纠葛。西方共同体主义政治存在论思想立足于这些日常生活中的基

---

① 齐格蒙特·鲍曼:《共同体》,欧阳景根译,江苏人民出版社 2003 年版,第 176 页。

② 参见罗伯特·N.贝拉等:《心灵的习性:美国人生活中的个人主义和公共责任》,周穗明等译,中国社会科学出版社 2011 年版,第 264—268 页。

本政治认识,面向现实的政治实践,带着强烈的问题意识致力于从政治哲学这一形而上的层面上展开深入的学理分析。

西方共同体主义在政治概念的理解上具有浓重的古典情怀,亚里士多德"人是政治的存在者"①的观点被其奉为圭臬。对于亚里士多德而言,政治与人的存在本质密切联系,不过政治生活的存在非神即兽,人只有积极参与政治活动、努力融入并被完全接纳进政治共同体中才能真正成为人。在此,政治并非高高在上的神圣法则,更非充满血腥与暴力的高压强制,而是在平等融洽的对谈与话语交流中就共同关注而达成的和谐状态,"成为政治的,生活在城邦中,意即任何事情都要取决于话语和说服,而不是取决于暴力和强迫"。② 在此,政治是远离暴力与强制的,政治内生着生活德性并由此而展开,政治意味着在共享者之间的积极对话并借此而呈现公共之"道"所观照的充满友谊的公共空间。这种古典的"政治"是一种共同分享的面向根源存在的公共空间,由此而来的古典正义内涵着强烈的边界意识与对僭越边界的自觉抵制,这是一种与发源于古代但在近代迅速崛起并成为主流的契约论政治观相对立的空间论政治观。

近代以来,人们的政治理解发生了重大转变,基于个体权利及其维护和保障的契约论观念成为主流。"契约论是社会日渐蜕化为一种利害关系和利益相互利用关系的网络的结果,这种理论视野中的'社会'与'空间'直接对立。契约论将空间中的人原子化,从此人不再是空间的共享者,相反,空间成为个人的环境、其所利用的资源的仓库。……空间理论所强调的是人的认知、喜好和行为的统一,在契约论那里,人以抽象的个体性与世界相对立。空间论与契约论的对立,预示了古典政治学与近代政治学的对立。"③近现代以来,随着基于契约论的代议制民主政治的发展,政治渐渐远离了普通公民的日常生活世界而成为一少部分人的职业,与政治的职业化进程相伴随而生的是权力的

---

① 亚里士多德:《尼各马可伦理学》,廖申白译注,商务印书馆 2003 年版,第 278 页。
② 汉娜·阿伦特:《人的境况》,王寅丽译,世纪出版集团、上海人民出版社 2009 年版,第 16 页。
③ 洪涛:《逻各斯与空间——古代希腊政治哲学研究》,上海人民出版社 1998 年版,第 259 页。

"公属"(带有强制力的公权力来自于普通公民的个人权利让渡)与"私掌"(公权力由少数政治从业者掌握)之间矛盾的加剧。原本属于个人权利代言的公权力在资本催生的巨大欲望的诱惑下面临着堕落为谋取私利之工具的无限可能性,普通公民个体在庞大的"利维坦"面前感受到了巨大的恐惧和不安,但对这种公权力的膨胀越来越无能为力,除了缄默与置身事外很难有什么大的作为,由此政治渐渐远离了人们的真实生活世界,共同分享的"空间"越来越成为一种单方面的维护与监管。西方共同体主义者深刻批判了近现代以来的政治工具化倾向以及由此而来的在普通民众日常生活中的边缘化状态,但是这种批判并非一种面向过去的浪漫主义抒情,而是在清醒意识到代议制民主政治之现实性的基础上对普遍参与、上下互动、有序融入、和谐宽容的生活空间的积极探求。

西方共同体主义在重新诠释古典空间论政治观和批判性反思近现代契约论政治观中所渗透和展现的政治存在论倾向,通过其对人与人之间存在的"承认"关系的强调体现出来。"承认"问题经过 20 世纪众多学者对黑格尔法哲学思想(费希特先于黑格尔在批判康德的先验自我中提出了"承认"概念)的深度挖掘而日益受到人们的重视,并成为政治哲学话语体系中的关键构成:保罗·利科的《承认的过程》、阿克塞尔·霍耐特的《为承认而斗争》以及西方共同体主义者查尔斯·泰勒、迈克尔·沃尔泽等人都对承认问题进行过集中探讨,并产生了很大影响。"承认"反映了人类自我存在中的他者构成意义,通过对主体间性的强调呈现了人类普遍存在的对自身完满性的追求。"人们为了承认而斗争,因为只有以这样的方式,他们才能达到完满。然而,承认必须是相互的。给予我承认的存在必须是我承认为人的存在。因而相互的承认是一种由我们共同完成的承认过程。"①平等主体的充分承认而非部分或被扭曲的承认,是自我避免被忽视、贬损甚至被压制的重要表现,也是确证"我是谁"这一本真性问题的需要。真正的承认不是暴力胁迫下的屈从与臣服,而是来自于平等主体的积极肯定与接纳。"所谓承认,本质上是相互承认,它既取决于承认什么,又取决于被谁承认。一个人被狗或猫承认为人或统治者,这

---

① Charles Taylor, *Hegel*, Cambridge University Press, 1975, p.153.

个承认实在没有多大意义,因为承认者不具有人的本质意义,承认的本质在于,作为一个人,并为另一个人所承认。"①正是通过对承认的普遍追求和持续的"为承认而斗争",人类才能在政治实践中得到积极的自我实现,政治作为一种普遍存在的生活方式才具有了可能。这种承认源自于人类生命的无限本质,彰显的是人类在相互促进中所实现的自我超越、趋向完满的本质追求。与利科和霍耐特相比,西方共同体主义对承认的强调缺少一些学理上的推究但大都具有更为强烈的问题意识和现实针对性。比如查尔斯·泰勒在普林斯顿大学所作的"承认的政治"的演讲,就是以处身其中的加拿大魁北克分离主义运动为生活根基对文化多元主义时代的"少数人群体问题"展开的集中思考。

泰勒的承认政治论剖析了个体认同的他者构成意义,提出自我的本真性理想追求也离不开"有意义的他者"的承认,自我的存在只有通过对话与交往而生成的意义共同体的背景性视野才能得到呈现。在此基础上,泰勒以"所有文化都具有平等价值"为逻辑起点和基本前提进入承认话语的公共性领域,"正如不论种族或文化背景如何,所有的人都必须拥有公民权和平等投票权一样,我们也应该接受各种传统文化都有价值的预设"。② 基于此的"承认的政治"坚持视阈融合的建设性态度,通过强调对话与交往在高扬普遍主义的自由主义与倡导特殊主义的族群主义之间进行审慎推敲,它是在固守种族中心标准的自我封闭的"差异政治"和体现平等价值的同质性要求的"尊严政治"之间对第三条道路的积极探索。"承认的政治"立基于人类的对话性存在本质,是在新的时代条件下对政治问题的公共性面向的捍卫和强调。

三、处境自由观

自由是一个属人的永恒命题,展现了人类的根本生存处境。卢梭说:"人是生而自由的,但却无往不在枷锁之中。"③这种自由的纠结反映的正是人类

---

①　高全喜:《论相互承认的法权——〈精神现象学〉研究两篇》,北京大学出版社 2004 年版,第 156—157 页。

②　Charles Taylor,"The Politics of Recognition", in *Multiculturalism and*"*The Politics of Recognition*",Princeton University Press,1992,p.68.

③　卢梭:《社会契约论》,何兆武译,商务印书馆 1980 年版,第 8 页。

存在状态中理性与激情的分裂,这种分裂伴随着近代原子论哲学的兴起而愈益严重,仿佛只有在完全泯灭他者的激情放纵之中才能感受到自由的实现。原本只有在理性与激情的张力中才能显现的自由越来越成为了不受限制的情欲的奴隶,并随着资本主义的兴起在"私人权利神圣不可侵犯"的保护下无情侵蚀着原本丰富多样的公共生活。所幸的是,尚有一大批思想家在自由问题上保持了冷静与理智,提出主体自由绝不仅仅是一种他者缺席的消极存在状态,这为我们提供了理解自由的别样维度,也使人类生活得以避免在肤浅与轻薄的道路上越滑越远。

西方共同体主义的处境自由观源自于近代以来自由理解上的积极与消极之分。自由理解的明确分殊一般可以追溯到邦雅曼·贡斯当,他在《古代人的自由与现代人的自由之比较》中指出:"古代人的目标是在有共同祖国的公民中间分享社会权力:这就是他们所谓的自由。而现代人的目标则是享受有保障的私人的快乐。他们把对这些私人快乐的制度保障称作自由。"①也就是说,古代人将基于自身的德行和才智积极参与公共政治生活并在其中实现自身对他者的影响视为自由,在这个过程中所谓的个人享受与私欲满足是微不足道的;而现代人则将避免他者干预以彻底享受个人独立性以及实现自我利益的满足视为自由,在其中分享社会政治权力以保有自身的公共取向是相对次要的,或仅仅是为了满足不受限制的彻底放纵的消极自由而存在的。由此可见,古代人浓厚的参与意识与现代人强烈的私域观念是与这种自由理解的分殊密不可分的,积极自由与消极自由的区分在此也初现端倪。以赛亚·伯林在贡斯当的基础提出了"两种自由概念":消极自由探究的是主体免于控制或干涉的领域是什么,是对"主体(一个人或人的群体)被允许或必须被允许不受别人干涉地做他有能力做的事,成为他愿意成为的人的那个领域是什么"②的回答;积极自由关注的是控制或干涉的根据是什么,是对"什么东西或什么,是决定某人做这个、成为这样而不是做那个、成为那样的那种控制或干

---

① 邦雅曼·贡斯当:《古代人的自由与现代人的自由》,阎克文、刘满贵译,商务印书馆 1999 年版,第 33 页。
② 伯林:《自由论》,胡传胜译,译林出版社 2003 年版,第 189 页。

涉的根源"①的回答。在伯林看来,消极自由与多元论相联系,适合于自由社会中的冲突性选择现状和价值标准机会均等的原则,而积极自由则有可能以理性的名义对相互竞争的生活方式和价值观念作出强制性的剪裁甚至阉割,集体目标的强大会对个体选择的自由产生毁灭性影响,由此而走向极权主义的恐怖压制。

　　西方共同体主义者查尔斯·泰勒深受伯林思想的影响,肯定了伯林对两种自由划分的重要性,认为在西方社会文明发展的进程中确实存在这种自由理解的差别。但在泰勒看来,纯粹的消极自由状态是不存在也无法实现的,以他者的缺席和外在障碍的消失作为自由的充分条件在现实的社会条件下只能是一种自我臆想,由此而指导的政治生活必然是萎缩而无生机的。泰勒指出,有意义的自由概念必然包含着对意义与价值的自主区分,即自由必然是一个运用性概念(an exercise-concept)。自由的运用性概念指的是"实质上内含着控制一个人的生活的自由的观点。根据这种观点,只有当一个人能有效决定自身及其生活状况时才是自由的"。② 纯粹消极的自由概念会割断社会交往的通道,以纯粹消极的态度来应对同处于共同体生活中的他者,一味地"退居内心城堡"最终将导致人的心灵的自我封闭,政治冷漠感和社会疏离感会由此而加剧,社会的凝聚力和向心力会越来越弱,公共生活也会变得越来越不可能。

　　极端的消极自由概念源自于霍布斯"人对人就像狼对狼一样"的基本假设,这是一种对人性的失望、悲观和不信任,由此而来的是对自我权利的坚定捍卫和对他者的敌视与排斥以及对人的生存处境的漠视与消解。泰勒之所以将自由视为一个运用性概念,是因为他认为人并非孤零零的原子化个体而是一种处境化的存在:我们所处身其中的社会关系并不能被简单地选择或抛弃,既定的社会处境是我们人格构成和自我完善的前提与基础。我们不能简单消极地看待他者及其社会存在,而是应该在对话与交往之中通过他者之镜来反

---

① 伯林:《自由论》,胡传胜译,译林出版社 2003 年版,第 189 页。

② Charles Taylor,"What's Wrong with Negative Liberty", in *Philosophy and the Human Sciences*, Cambridge University Press, 1985, p.213.

观自身以实现自我超越,自由就是在既定的社会处境中基于社会交往而完善自我选择并由此达致一种真正富有意义和价值的生活,自由"不仅指摆脱外在的限制,而是指自由地去发现、创造和了解——最重要的是,自由意味着遵守内心的道德准则以及创造外在的条件和内心的态度来保护和支持这种顺应良心的自我修养"。① 要实现自由,我们不能消极而顽固地捍卫所谓自身的私域,而是应该以一种开放的态度积极而包容地协调自我与他者之间的关系。融入沸腾的社会共同体生活而非离群索居,对世界保持一种敞开状态,才能逐步实现人性的完善,才能在自我与他者、个体与共同体的日趋和谐中逐步实现人的自由而全面的发展。

四、社会民主观

民主问题是政治哲学研究的重要主题之一,也是西方共同体主义在思考人类和谐共同体生活的进程中集中阐述的论题之一。民主的字面含义是"平民(或人民)的统治",但在人类政治发展史上民主的内涵却充满了歧异,所引发的争论在哲学和意识形态领域中此起彼伏。"在长达两千五百年的历史时期里,民主经受过探讨、辩论、支持、攻击、忽视、建立、实践、毁灭,然后又被重建,然而,在有关民主的一些最基本的问题上似乎没有产生共识。"②在现代政治中,尽管民主的一些具体体现依然会遭到人民的质疑和批判,但民主作为一种积极的政治话语代表着人类的文明进步这一点是确定不移的:我们仍需要反思和完善民主政治的实践方式和制度形式,但民主本身无疑是积极的、进步的、代表了人类未来发展方向的。西方共同体主义坚信人类民主的未来,但却对当下民主的实然状态表达了"不满"并由此展开了建设性的构思。

反思民主问题绕不开法国政治思想家托克维尔,西方共同体主义对民主的理解就深深受到了托克维尔的影响。尽管托克维尔并未明确对民主概念予以确定,但他对所生活时代中民主内涵的思想混乱状态深感不安,并希望对此有所改变,而我们通过《论美国的民主》这部人类政治学史上的光辉著作确实

---

① 雅各布·尼德曼:《美国理想》,王聪译,华夏出版社 2004 年版,第 215 页。
② 罗伯特·达尔:《论民主》,李柏光、林猛译,商务印书馆 1999 年版,第 3 页。

也看到他对民主的基本界定:"他的'民主'包括两种涵义。在政治方面,民主是以扩大的公民权为基础的代议制;但是他指的是更加普遍和重要的社会民主,即一种平等被普遍接受为根本社会价值的社会。"① 由此可见,民主不仅仅是一套有利于扩大参与的政治体制和管理程序(即政治民主),更为重要的是一种普遍存在的生活方式和文化观念(即社会民主)。仅有民主的设计与规则而缺乏民主的真正精神与自觉意识不可能产生优良的民主政治行动,缺乏民主文化支撑的民主制度注定是空洞的,即使进入实践领域也注定是短命而无效的。因而,推行民主改革首先应该关注民主的社会根基而非设想尽善尽美的民主制度设计,同时民主制度的移植必须充分考虑民族历史、文化传统、民众素质、现有政治样态等所构成的"社会土壤"。托克维尔对民主的社会生态学分析不仅丰富了人们的民主认识,而且打破了彻底平等主义的迷梦。在他看来,民主并非是要推行放之四海而皆准的绝对平等规则以消除人类的崇高意识和首创精神,缺少了内在崇高主旨的民主将重归为古希腊哲人所厌恶和批判的"只不过是一片混乱和只做表面文章的瞎起哄"。故而,民主不是完全脱离道德意蕴的简单程序,"不仅仅是外在的投票程序和相应的政府形式,更是一种摆脱私利和私欲约束从而走向更高境界的内心协调能力。我们要将民主视为一种伟大的理念,借此我们可以团结起来形成一个坚强有力的整体,并且我们每个人可以在这种团结的共同体中对自己人性中不和谐的部分加以调整和修正"。② 西方共同体主义者迈克尔·桑德尔在《民主的不满:美国在寻求在寻求一种公共哲学》中,描述了缺少道德支撑的民主程序带来的被自治的丧失和共同体的侵蚀所共同界定的时代焦虑。③ 综上所述,充分展现道德向度的社会民主是政治民主得以实现的前提和基础,社会民主与政治民主的协调是实现优良民主政治实践的现实要求。

在西方共同体主义看来,培育公共领域并发挥其积极作用是实现社会民

① 戴维·米勒、韦农·波格丹诺主编:《布莱克维尔政治学百科全书》,邓正来等译,中国政法大学出版社2002年版,第818页。

② 韩升:《生活于共同体之中——查尔斯·泰勒的政治哲学》,中国社会科学出版社2010年版,第76—77页。

③ 参见迈克尔·桑德尔:《民主的不满:美国在寻求一种公共哲学》,曾纪茂译,凤凰出版传媒集团、江苏人民出版社2008年版,第3—4页。

主与政治民主和谐默契的重要途径。现代西方"民主病"的一个重要原因就是过分注重自我实现导致的极端个人主义，强烈的自我关注掩盖了人性中固有的同情意识和换位思考能力，内心独白在拼命压制话语交流的渴望与冲动，社会的正常理性交往在资本推进的生活快节奏中变得越来越难以实现，加之政治权力与商业利益的双重宰制使现代公共领域面临更大挑战。作为现代自由民主社会重要特征的公共领域有助于实现自治社会的自我确证和科学发展，因为公共领域不仅反映了来自社会民众的呼声和诉求，而且通过一种冷静而理智的公共舆论展现了共同体的审慎省思，并由此对民主政治的运行展开规范和引导。"公共领域要做的是能使社会达成一种共识，这是在无政治领域调解的情况下，是在一种外在于权力却对权力具有规范作用的理性话语中实现的。"①在西方共同体主义看来，现代民主决策应该由广泛的社会参与者的共同理解来构成，这种共同理解可以通过各种媒介在面对面的交流或未曾谋面的对话中基于共同关注而形成。

借助这种现代公共领域，广大社会民众能够将自身与一种更为广阔的共同体存在相联系并积极融入其中，生活于各种各样共同体之中的公民个体在获得强烈自我认同的同时勇于发表自身的观点与意见，并在话语共振中形成舆论凝聚力，以此来实现对公共决策的参与和对公共权力运行的监督。发达的公共领域是保证民主决策科学化乃至民主政治健康良好运转的重要条件，一个真正的自由社会必须要关注真正民主决策的条件，公共领域不仅要被视为一种对政治进行限制的社会形式，而且本身应被视为民主政治的一种存在环境。②公共领域体现了现代民主中的社会协同践行精神，是实现公民个体、政府组织与社会机构三者有机互动、和谐发展的重要保证。

五、德化权利观

随着近现代代议制民主政治的发展，权利观念和权利意识在政治哲学话

---

① Charles Taylor,"Liberal Politics and the Public Sphere", in *Philosophical Arguments*, Harvard University Press,1995,p.266.
② 参见 Charles Taylor,"Liberal Politics and the Public Sphere", in *Philosophical Arguments*, Harvard University Press,1995,p.287。

语体系中的地位日益突显。自由主义权利观以剥离了共同体处境的原子化个体为唯一载体,视道德良善为权利话语的衍生,结果导致了自由主义政治实践的困境。西方共同体主义批判了自由主义的权利观,重新赋予其道德意蕴和共同体处境。在西方共同体主义看来,权利是一种需要法律制度予以保证、维护和尊重的并由生活共同体的道德资源予以滋养和维系的正当合理要求,权利只有在文化共同体中得到道德支撑才能真正体现其在政治行动中的价值,否则将只能是无源之水、无本之木——这也正是西方共同体主义德化权利观的基本内涵。

在个人原子化和政治程序主义日益加重的当今时代,我们对权利的认识和理解也在慢慢狭隘化,越来越局限在个人利益的法律保护这一制度层面,能够为权利注入生机与活力的道德资源逐渐枯竭,能够彰显权利之意义的生活世界背景也正在被遗忘。"我们的权利话语就像是一本载满词汇和短语的书,但却缺少语法和句法。规定或者提议了各种各样的权利。由此拓展了个人自由的范畴,但却未对它们的归途、彼此的关联以及它们与相应的责任或者总体福利的关系给予太多的考虑。缺少一种协作生存的规则,我们就像一名游客,他可以在一个外国城市用一些词语来获取食物和房间,但却无法和城市的居民交谈。"①尽管权利正在失去道德支撑和生活根基,但在整个政治体系中权利却获得了前所未有的话语霸权地位,并在实际的政治生活造成了负面结果:"就其绝对化而言,我们的权利话语促进了不切实际的期盼,加剧了社会的冲突,遏制了能够形成合意、和解或者至少能够发现共同基础的对话。就其对于责任的缄默而言,它似乎容忍人们接受生活在一个民主福利国家所带来的利益,而不用承担相应的个人和社会的义务。就其无情的个人主义而言,它营造了一种对待社会失败者的冷漠氛围,以及整体上不利于看护者和依赖者、年幼者和年长者的环境。就其对市民社会的忽视而言,它破坏了培育市民和个人美德的主要的温床。就其偏狭而言,它将对于自我纠正的学习过程具有潜在重要性的帮助挡在门外。所有这些品行都使得纯粹的断言(assertion)

————————

① 玛丽·安·格伦顿:《权利话语——穷途末路的政治言辞》,周威译,北京大学出版社2006年版,第18—19页。

凌驾在了说服解释(reason-giving)之上。"①悲观一点说,失去了道德根基的一家独大的权利话语正在消解着我们赖以存在的共同体根基,正在割裂着我们原本温情脉脉的生活纽带,正在加剧着人与人之间的猜忌、冷漠和不负责任……在西方共同体主义看来,原子论自由主义"权利优先于善"的基本论调所导致的权利话语的绝对霸权忽视了社会生活共同体的构成性意义,将人们引向更加褊狭、自私的个人主义,我们需要做的是重建社会生活共同体,并通过恢复丰富的历史文化背景来重构和升华我们的权利话语,将鲜活的道德血液重新注入日渐萎缩的权利肌体使其再获强大生命力,并为我们的政治行动赋予自主性和力量。

西方共同体主义认为,社会生活共同体是权利得以发生的前提条件,脱离社会共同体的权利概念是空洞虚幻的、苍白无力的,程序自由主义的权利概念即是如此。"根本不存在此类权利,相信它们就如同相信狐狸精与独角兽那样没有什么区别。"②只有基于共同体视角,我们才能发掘权利概念之中隐含的共同体成员之间的承认关系,才能以建设性眼光看到其他权利拥有者并在自我与他者之间形成良好的契约信守。"一个人要信守他的诺言,要履行他的义务,这就为自尊提供了一个基础。但那些都是在我们与之相关的大多数共同体成员身上获得的品质。我们在某些场合是完全失败了,但在整体上我们永远是信守诺言的。我们属于共同体,我们的自尊依赖于我们承认自己是真正具有自尊力量的个体。"③在此,我们看到,完全脱离社会生活语境的孑然而立的权利承载者仅仅能作为政治规范理论的先验假设或论证起点而存在,只有基于交往互动的社会共同体视角我们才能在"他者的注视"中成为政治实践中的"现实的个人"。

共同体视角的权利概念包含了对于生活诸善的积极认可。桑德尔认为,回避善的权利是不可能的,"问题不在于权利应不应得到尊重,而在于权利能

① 玛丽·安·格伦顿:《权利话语——穷途末路的政治言辞》,周威译,北京大学出版社2006年版,第18页。
② A.麦金太尔:《追寻美德:伦理理论研究》,宋继杰译,译林出版社2003年版,第88页。
③ 阿克塞尔·霍耐特:《为承认而斗争》,胡继华译,上海世纪出版集团2005年版,第86页。

不能以一种不以任何特殊善观念为先决前提的方式,而得到人们的认可和正当合理性证明"。① 西方共同体主义坚定捍卫着权利背后"善"的存在,并指出,作为权利之道德根源的"善"在生活世界中表现为有价值的、崇高的、值得赞扬的各种存在,现实生活中的善是多元的同时也是分层次的,所谓优良的生活就是各种善——形而上的精神追求、积极的公共参与、真正的友情关爱、和谐的家庭氛围等等——以适当比例和次序得以实现的生活。但是,程序自由主义的无预设的权利概念割裂了各种善在现实生活中的统一性(实质上是使人类的整体生活变得支离破碎),并以看似合理的个人利益表达掩盖了保证权利真正实现的道德根源。被剥离善性的权利概念,不仅使公民个体刻意回避着社会义务与公共责任,而且打着契约主义的旗号在肆意践踏着真正的契约精神,由此最终损害了人类的公共性存在和未来的整体发展。"作为权利的拥有者,权利就是王牌,我们将自己看做是能够自由选择的单个的自我,不受制于那先在的权利或我们所定立的契约之义务。不过,作为那保证这些权利的程序共和国的公民,我们发现自己不由自主地陷入一种令人生畏的、我们没有选择并不断加以抗拒的依附和期望之中。"②西方共同体主义意识到了程序自由主义所持有的权利至上论的可怕后果,通过努力探究权利背后的道德根源并将之加以积极表达来发掘"应当"(善)之中蕴涵的"能够"(行动的力量)。

透过上述的和谐共同体观念、政治存在论、处境自由观、社会民主观和德化权利观,我们大致能够把握西方共同体主义的基本政治观念,也从整体上了解了西方共同体主义在个人主义时代重建社会生活共同体的理论尝试。共同体主义作为当代西方政治哲学话语体系的重要组成部分,是对全球化背景下现代公共生活展开的积极话语重塑。在文化交流日益频繁、文明互动日益包容的当下,以一种积极而谨慎的态度了解共同体主义,不仅有助于推进中西学术交流,扬弃意识形态领域中的各种差异,而且能够使我们以一种更为宏大的

① 迈克尔・J.桑德尔:《自由主义与正义的局限》,万俊人等译,译林出版社 2001 年版,第226 页。

② 迈克尔・桑德尔:《公共哲学:政治中的道德问题》,朱东华等译,中国人民大学出版社2013 年版,第 158 页。

视野和更为宽阔的胸怀来构思一种更为和谐的现代公共生活！西方共同体主义的基本政治观念是其政治哲学理论全面展开的基础,也是展现其和谐旨趣的思想纲目。结合西方共同体主义的基本政治观念,在历史与现实的双重维度中对政治哲学的最核心概念"政治"展开集中反思和深入阐释,将有助于我们更好地进入西方共同体主义的理论世界中去探询和发掘其所蕴涵的丰富"和谐"资源。

第三节　共同体生活的实践智慧——
政治问题的存在论阐释

政治是什么？这是政治哲学应该予以思考的最为根本的问题,也是当代人文社会科学基础理论研究领域中一个亟待澄清的问题。对政治概念展开存在论阐释,就是要在政治现状的实然状态与政治理想的应然状态之间保持一种理解上的必要的张力,这并非仅仅做一个简单的知识界定以将它作为一种单纯的客体加以客观化的直接把握,而是要通过一种全方位的历史考察使"政治"透过厚重的文化积淀逐渐呈现出本真的存在意义,帮助我们不断澄清现代公共生活中的诸多困惑,从而促成我们更加和谐地生活在一起。将"政治"理解为"共同体生活的实践智慧"就是对之作了一种存在论的阐释,这种存在论意义上的"政治"所指向的不是一种带有浓重行为主义色彩的客观化了的工具性活动,而是带有种种时代印记并沉淀着复杂历史经验的人类存在形式,它指涉着人类整体生活领域中的种种互动、协调以及在其中所实现的人文生成。存在论意义上的"政治",不是一种我们可借以实现某种特定目的的工具和手段,而是一种所有人实现和谐共同体生活的实践智慧,需要我们在不断变化的行动处境中使之得以延展、充实,并趋向完善。

一、"政治"的理性化转变及其批判

古希腊的城邦生活完美地诠释了政治的存在论意义,尽管站在现代平等主义政治的立场上这种古典政治由于把一部分人排除在外而带有很大的局限性和狭隘性,但其本身却不失为古典公民政治之民主生活方式的充分展现。

其时,城邦(polis)与政治自然相连,内生着政治的各种意义,是人的本质得以
呈现的场域。这种古典主义的政治就是人的根本存在状态,"人类自然是趋
向于城邦生活的动物(人类在本性上,也正是一种政治动物)"。① 人在城邦
中通过彼此平等的对话与交流而自然地成长为具有充分政治参与权的公民,
城邦不仅为公民政治提供了具体的物理空间和物质支撑,更为重要的是它作
为公民生成的意义空间而与政治密不可分。在古希腊城邦时代的三种生
活——最为流行的享乐的生活、公民大会的或政治的生活以及沉思的生
活②——中,政治的生活体现了自由公民的本质存在,是通过理性言说能力而
达成的彼此砥砺德性并进而追求优良生活的实践行动。因而,古典意义的
"政治"是一种致力于和谐共同体生活的实践行动,在古典政治学集大成者亚
里士多德那里"政治学"就是在城邦中实现和谐共同体生活之实践知识的集
中体现。

古典政治学立足城邦共同体为实现饱含善性的良善生活而展开积极探
讨,这种基本的政治理念在近现代发生了很大改变:马基雅维利剥离了政治的
善性引领着我们走上了政治现实主义的道路,霍布斯为了满足自我保存的欲
望运用比马基雅维利更缓和的方式确立了一种表达冰冷客观性的权力政治,
洛克则通过一种更加缓和的方式把自我保存的欲望发展成了无限制获取的权
利。③ 经过这一系列的现代性转化,政治逐渐由一种能够生发意义、完善人性
的存在空间萎缩为通过理性算计而达至个人需要满足的纯粹技术行为。政治
概念从古典向现代的转变折射出了人类自我理解和社会组织观念的分化,再
现了人类社会历史发展之个人化的真实进程。我们看到,古典政治是深深植
根于真实共同体生活的充满勃勃生机的广场政治,现代政治则是在喋喋不休
的利益争吵中日益脱离广大社会成员实际生活的议会政治;古典政治崇尚寓
于共同体生活之中审慎的实践智慧,现代政治则一味追逐在"需要的体系"中
自我欲望的满足;古典政治面对作为家政管理的经济时拥有一种天然的高贵,
现代政治则让位于经济生活并成为经济个体彼此需要满足的框架提供者和秩

---

① 亚里士多德:《政治学》,吴寿彭译,商务印书馆1965年版,第7页。
② 参见亚里士多德:《尼各马可伦理学》,廖申白译注,商务印书馆2003年版,第11页。
③ 参见施特劳斯:《什么是政治哲学》,李世祥等译,华夏出版社2011年版,第31—40页。

序维护者;古典政治倚重的是公民充分的自我意识以及由此指引的积极的政治实践(贡斯当的"古代自由"和托克维尔的"社会民主"具有此种意味),现代政治则把希望完全寄托于国家自上而下的政治设计(贡斯当的"现代自由"和托克维尔的"政治民主"对此有很好的体现)。

根据约瑟夫·皮珀的观点,人类的认知能力既包括"理性"能力,又包括"理智"能力。"理性是一种推论思考的能力,是搜寻和研究、抽象思辨、准确表达及下结论的能力;而理智则是'简单观看'(simplex intuitus)的能力,真理就好比风景一般,展现在其眼睛面前,一览无遗。"①古典政治把理性与理智加以有机统合,理智看似"简单观看"实则包含了对所处情势的深刻理解和审慎把握,是我们过好共同体生活之实践智慧的重要体现。我们近现代以来的政治理解则片面发展了人类的理性能力而对理智能力有所忽视,而且这种理性能力被极端化为一种"手段—目的"间的线形思考方式,即工具理性。在这种工具理性的思维模式指引下,古典时代作为"家政管理"而从属于政治的"经济"在近现代从政治中分离出来成为自主的领域,而政治在被剥离善性后逐渐成为一种带有一定强制性的对经济行为进行协调的工具。这种以实现个体利益为核心的"经济"社会呈现出一种强烈的非政治化或去政治化倾向,人们大都开始放弃"政治人"的根本生活状态而沉浸于自我所幻想的"经济人"迷梦之中。"文明社会就能把满足人们的生命、自由、对财富的追求作为唯一的目标,人们就会因为世俗权力反映他们的需求而同意服从它。政府变得更加稳固和可靠,因为它现在是建立在欲望而不是美德、权利而不是责任的基础上。"②代议制民主适应了近代国家发展的基本趋势,但与此同时也把政治由全体公民的一种生活方式变为一部分人的一种工具性职业,于是,作为古典美德化身的政治家在政治生活中的作用慢慢为普通的政治从业者所取代,传统意义上包含着经济和文化两极并使其融合的政治逐渐丧失了其共同体生活之实践智慧的担当,而变成一种似乎通过机械学习和培训就可以掌握的技术。

迈克尔·欧克肖特把知识区分为技术知识和实践知识,技术知识是可以

---

① 约瑟夫·皮珀:《闲暇:文化的基础》,刘森尧译,新星出版社 2005 年版,第 15 页。

② 艾伦·布卢姆:《美国精神的封闭》,战旭英译,凤凰出版传媒集团、译林出版社 2007 年版,第 241 页。

被确定化为规则从而被精心学习的知识,实践知识是我们从事任何具体活动都必需的只存在于运用中的知识。① 呈现为实践知识的古典政治学在近代理性化的进程中逐渐演变为一种完全的技术知识,从而实现了向现代政治学的转变,这是一种从注重已有政治经验的自然主义态度向偏执于政治谋划的人为主义态度的转变。这种政治理性化趋势的集中表现就是政治技术主义,即在政治问题上完全不承认实践知识的存在,坚信一切人类活动所包含的唯一知识要素是技术知识。在政治技术主义者看来,古典政治家的整体均衡技艺和美德政治的理想状态在现实政治中已没有存在的必要,只能属于已被淘汰的历史故纸堆。19 世纪后期政治与行政的分化以及政治的逐渐行政化是政治技术主义发展进程中的重要环节,20 世纪 50 年代前后占据政治学主导地位的政治行为主义则代表了这种政治技术主义发展的顶峰——政治行为主义打着价值中立的旗号追求着所谓纯粹科学的方法论,运用大量经验性数据和自然科学技术工具在公共政治生活中排斥与驱逐着事关正义的道德伦理问题。透过政治行为主义,我们看到近现代以来政治理性主义伴随着人们对于知识精确性的盲目追求和极端崇拜变得愈演愈烈,本来包含复杂生活要素并充满存在意义的政治实践逐渐变成了可以精确考究的简单化的政治行为,本来可以作为生活意义实现场域的多维政治空间慢慢蜕化成了单一的赤裸裸的利益角逐舞台。

尽管在近现代社会中也存在着对政治之工具理性化趋势的种种浪漫主义修正甚至反抗,但政治的技术主义、行为主义呈现着实反映了近现代政治发展的基本状况。这种趋势一方面带来了某些实际结果的有效达成,如政治行为效率的提高和政治成本的降低;另一方面也引发了诸多深层次社会问题。首先我们看到,现代技术专家治国的状况伴随着科学的学科化而愈加严重,各门知识变得日益深奥且非人性,技术专家愈益精深的专业技能在面对专业领域外出现的新问题时变得茫然无措,专业知识的增多与灵活应对危机能力的下降相伴而生。透过政治技术化,我们看到的是政治视野的日益狭隘、政治想象

---

① 参见迈克尔·欧克肖特:《政治中的理性主义》,张汝伦译,上海译文出版社 2003 年版,第 7—8 页。

力的日渐枯竭和政治行动力的日趋萎缩。"政治愈是变成技术的,民主的权能就愈是倒退。"①这种状况既来自于政治领导力的匮乏,更来自于广大社会民众参与政治能力的下降。更为严重的是,高扬"事实与价值二分"的政治行为的去道德化,带来了政治价值领域内的深层次观念冲突。我们沉迷于价值中立所带来的普世主义幻景之中沾沾自喜,却没有看到这种幻景背后隐藏的巨大虚无主义深渊;我们高举着个人权利的大旗,挥舞着维护个性的奥康姆剃刀把自以为虚幻的伦理价值无情剔除,结果却使我们在社会政治碎片化的状态中日渐迷失了存在的意义并在认同危机的道路上越走越远,同时我们越来越难以发现一种精神纽带能够把我们紧密联系起来以应对我们共同的时代难题。

二、重塑作为政治根基的"共同体观念"

特定时代人们的共同体观念是政治概念的根基,政治概念从古代到近现代的理性化转变折射出了人们共同体观念的演变。德国著名社会学家滕尼斯告诉我们:"关系本身即是结合,或者被理解为现实的和有机的生命——这就是共同体的本质,或者被理解为思想的和机械的形态——这就是社会的概念。"②在滕尼斯看来,共同体和社会是两种不同的人际关系联合形式:共同体基于本能的中意、习惯、记忆等本质意志而结合,反映了传统社会中人们之间的联系方式和生活样态;社会则基于深思熟虑、决定、概念等选择意志而结合,反映了近现代以来人们之间的联系方式和生活样态。滕尼斯对于共同体与社会的区分为我们理解古典自然政治与现代人为政治之间的分殊提供了一种社会人类学的基本思路,有助于我们扎根现实("现实"不仅是"当下",还应该包括作为人类生活延续的"历史",不是对机械划分的经济、政治、文化、社会等领域的简单囊括,而是对人类生活整体之互动关联的有机涵盖)生活实践来理解我们当下的共同体观念,以此来复原和充实我们的政治概念。

滕尼斯通过社会概念为我们透露出来的近现代共同体观念带有极强的人

---

① 埃德加·莫兰:《人本政治导言》,陈一壮译,商务印书馆2010年版,第173页。
② 斐迪南·滕尼斯:《共同体与社会》,林荣远译,商务印书馆1999年版,第52页。

为建构主义色彩,我们彼此生活在一起就是为了互通有无以满足仅靠个体自身无法满足的生理欲望,这是一种工具性和手段化的共同体观念。当代西方著名的共同体主义政治哲学家桑德尔指出,现代政治哲学中存在手段型、情感型和构成型三种共同体观念。手段型共同体观念立足于纯粹个人主义的假设,以完全工具性的方式来构思共同体,社会存在的必要性仅仅体现于私人目的的实现和个人利益的保障;情感型共同体观念内在于主体并深深融入参与合作图式的人们的情感之中,彼此之间孤独的排解和情感慰藉在一种被设计好的归属感中得到实现;构成型共同体观念展现的是一种构成主体身份认同的自我理解方式,在这种观念中共同体不仅让我们拥有什么,而且让我们是什么。“根据构成型共同体观念,共同体的善更加深刻地渗透于个体身上,结果是我们不仅要描述个体的情感,还要描述个体的自我理解形式,这种自我理解部分地构成了他的认同,并部分地规定了他是谁。”①对于前两种共同体观念而言,共同体是一种体现为个体属性的被选择的功能性关系;而对于后一种共同体观念而言,共同体是一种表征了个体存在的无法选择的规定。在桑德尔看来,前两种共同体观念都是个人主义的,是将现代自由主义政治理论和实践引入困境的价值根源,而构成型共同体观念则恰恰是自由主义政治实现自我扬弃的关键所在。

　　个人主义的共同体观念大都秉持着所谓启蒙主义的“创造”和“进步”观念,对作为共同体之生成再现和发展根基的文化传统采取了有意忽视、掩盖甚至摒弃的态度,它“始于一个由非广延性的主体、认识论上的白板、政治上没有预设的权利载体所组成的理论假设”。② 查尔斯·泰勒认为,这种个人本位主义是人们自我理解和现代社会想象转变的结果,并不能改变共同体之于个体的构成规定性。其实,完全背离和放弃文化传统的所谓“创造”和“进步”只是一种可怜的自我臆断,在政治实践中强制推行这种自我臆断结果只能是浪漫主义的极权悲剧。在查尔斯·泰勒对“承认的政治”的构思中,我们看到了

---

① Michael J. Sandel, *Liberalism and the Limits of Justice*, Cambridge University Press, 1982, p. 161.

② Charles Taylor, "Atomism", in *Philosophy and the Human Sciences*, Cambridge University Press, 1985, p. 210.

追求齐一化和标准化的政治设计对基于不同文化基因而发展的特殊族群、持不同政见的少数人群体等可能存在的排斥甚至压制。泰勒告诉我们，自由主义所倡导的普适主义其实是抽象的、披着理性外衣的非理性主义，因为拒斥情势而追求放之四海皆准的普适准则其实是在背弃人类的对话和交往本性并助长自我独白的霸权主义话语。泰勒与作为泰勒学生的桑德尔是西方自由主义理论与实践的修正者，他们与西方正统的自由主义保持了适当的距离，在共同体的理解上采取了更为审慎和理智的态度。他们提出的这种着眼于形塑自我认同的构成型共同体观念，在政治现实与政治理想之间保持了适当的张力，对已然存在的既成事实保持了一种批判性接纳，在政治概念理解上实现了事实性与规范性的统一。透过这种构成型共同体观念，我们发现了古典共同体之价值生成意义，具有简单直接欲望的"自然人"只有在共同体中才能成长为理智健全、人格完善的"城邦公民"，只有通过体现为平等对话的政治方式才能从根本上化解个体彼此间可能存在的分歧与摩擦，在远离暴力的政治交往中我们才能相互接纳、拒绝放逐、和谐共契，从而实现一种既尊重差异又充分包容的共同体生活。

这种构成型共同体观念充分考虑了人之本质的复杂性。泰勒认为，与一般动物相比，人的独特性就在于能够进行"强评价"，这种强评价来自于人之欲望的多重复杂性：人不仅能够将某些客观对象作为欲望对象，而且能够对本身的欲望作出可欲或不可欲的评判并进而采取行动。强评价体现了人自身所特有的反思能力，这种反思能力不仅局限于欲望的对象，而且能够深入到欲望的主体内部，"不同于可以使自我脱离自我之外的选择能力，反思能力能使自我反观自我，认清自我并探究它的构成本质，概览各种不同的依赖关系，承认各自的不同要求，在自我与他者之间划出界限——此界限有时宽泛，有时狭小——从而逐渐达到自我认同"。[①] 强评价使人能够在不同的善之间进行审慎的权衡抉择，并以此来实现自我理解和自我认同。与强评价相对的"弱评价"则缺乏内在深度，让人徘徊于欲望对象的优劣得失中无法自拔，这样就不

---

① Michael J. Sandel, *Liberalism and the Limits of Justice*, Cambridge University Press, 1982, p. 153.

能在更高层次上确证和完善自我——在泰勒和桑德尔看来,自由主义及其原子化所带来的自我认同危机就源起于此:他们降低了人的反思能力并将之作为一种价值观而捍卫和宣扬,让我们迷失于失去道德支撑的看似繁杂实则苍白的权利话语之中,结果在穷途末路的政治言辞中愈加彷徨无措。面对这种生活意义的失落,我们需要发掘和维护人的强评价能力,正是这种强评价及作为其内涵的反思能力使人与人之间的联合(我们称之为共同体)不同一般性的动物联合,它既不是柏拉图笔下"猪的城邦",也不是黑格尔笔下"需要的体系"。"我们的本性中有更好的部分,这就是驱使并折磨我们的那种高尚的忧虑,这就是希望拓宽我们知识以及发展我们能力的那种欲望。我们的使命要求我们的不仅仅是快乐,而且还有自我发展;政治自由是上帝赋予我们的最有力、最有效的自我发展的手段。"①一种构成型共同体观念所促成的正是现代公民拒绝排斥、彼此承认、积极融入的政治自由状态。基于上述思考,我们需要并应加以积极追求的"共同体"的文化生成意味远重于其经济满足意味,它能够孕育现代公民积极的自我参与意识,并引导一种健康有序并充满希望的社会生活方式,从而在根基上证成着我们应有的政治概念:政治作为共同体生活的实践智慧,内涵着具有普遍反思能力的平等个体之间的相互承认,基于这种相互承认的平等交往能够保证自我与他者都得到确证并走向进一步发展。

三、回归生活世界的"政治"

我们现时代的政治理论与实践遭到了自然科学及其技术主义倾向的严重蚕食和无情割裂,结果越来越背离"作为唯一实在的,通过知觉实际地被给予的、被经验到并能被经验到的世界,即我们的日常生活世界"。② 生活世界囊括了人类一切可能的交往活动及其所有的物化形态,是政治实践得以可能的基础,然而为技术主义所主导的现代政治似乎完全遗忘了这一点。近现代政治发展进程中所出现的种种困顿,与政治脱离真实的生活世界而一味追求自

---

① 邦雅曼·贡斯当:《古代人的自由与现代人的自由》,阎克文、刘满贵译,商务印书馆1999年版,第45页。
② 埃德蒙德·胡塞尔:《欧洲科学危机和超验现象学》,张庆熊译,上海译文出版社1988年版,第58页。

身封闭的逻辑自洽有关。过分追求政治体系的科学性以实现所谓的逻辑完满,结果却丧失了维系自身健康发展的根本而成了无源之水、无本之木。必须看到,政治不是一个封闭的逻辑体系,而是一个具有多重社会面向的现实开放系统——只有深深植根于广泛的社会生活领域政治才能维持其本真并获得自身发展的可能。回归真实的生活世界,这是现代政治的唯一出路,也是我们人类共同走向美好幸福未来的必然选择。

古希腊源自于城邦生活的政治概念表明,政治与广大社会公众之日常生活的整全密切相关。当然,这里所谓“日常生活的整全”不仅包括家庭经济生活,而且涉及促成人格完善和意义完满的方方面面。查尔斯·泰勒在《自我的根源:现代认同的形成》中描述了近现代以来我们对“日常生活的肯定”,这里的“日常生活”是“称谓人类生活涉及生产和再生产方面的技艺术语,生产与再生产指劳动、生活必需品的制造以及我们作为性存在者的生活(包括婚姻和家庭)”。① 泰勒对这种日常生活的表述,一方面再现了近现代社会经济生活演变的实然状况,另一方面也时隐时现地透露出他对良善生活之标准的日益降低以及崇高隐退进程中人格的日益侏儒化充满忧虑。近现代政治只关注人身安全和经济需要的满足并将此作为自身存在的唯一使命和存在根据,而且以价值中立为冠冕堂皇的理由完全放弃了对人格完善的教化担当。我们生活的整全(真正的生活世界)在经济霸权和政治退隐的状况下日益条块分割、支离破碎,传统共同体所蕴涵的休戚与共感逐渐式微,我们在生活碎片化的道路上渐行渐远。我们在为经济急速膨胀和物质需要高度满足而欢欣鼓舞的同时也越来越意识到,我们其实是挣扎于一个“真正生活”正在丧失的“所谓生活世界”之中。因为我们生活的丰满意义正在遭到消解,我们所有的活动似乎都在围绕着“经济利益”而展开,我们似乎完全遗忘了我们的存在本身而成了约瑟夫·皮珀笔下的“工作者”:“第一,具有一种向外直接的主动力量。第二,不分青红皂白,随时随地地准备受苦受难。第三,竭力参与具有功利性质的社会组织并认真执行其理性程序。”②在经济力量主导的社会中,我

---

① Charles Taylor, *Sources of the Self: The Making of the Modern Identity*, Harvard University Press, 1989, p.211.

② 约瑟夫·皮珀:《闲暇:文化的基础》,刘森尧译,新星出版社 2005 年版,第 35 页。

们对物质匮乏的恐惧达到了无以复加的地步,对物质财富的崇拜超越了一切;我们机械地划分着劳动时间和休息时间,盲目地追求工作之余的所谓肉体放松和欲望满足,但这却丝毫改变不了快节奏生活所带来的身心疲惫和精神困顿。在匆忙的现代生活中,我们失去了真正的闲暇——这是我们生活意义的源泉,是我们审慎对待他者并反思自身存在的根本。闲暇是一种对生活的积极肯定的自我开放状态,以自我身心和谐以及自我与客体、他者的和谐为前提;闲暇能够帮助我们突破日常工作所塑造的狭隘世界,以更为宽阔的视域去看待整个世界,从而实现自我超越并把自身促成一种整全性的存在。由是观之,真正的闲暇孕育着个体积极融入和谐共同体生活的实践智慧,具有极为重要的政治意义。

回归生活世界的政治要以"现实的个人"作为其核心关注。现实的个人不是离群所居的孤独个体,而是立足于现实生活世界并发展于各式各样共同体之中的意义结合体。"各个人的出发点总是他们自己,不过当然是处于既有的历史条件和关系范围之内的自己,而不是玄想家们所理解的'纯粹的'个人。"[①]超脱于文化传统和历史语境之外的"纯粹的个人"完全是一种抽象的假设,是现代性思维模式主导下的一种自我幻象。现代性对脱离社会历史语境的原子化个体的强调,遮蔽了自我存在的共同体语境和他者之维,结果导致了后现代语境中的道德无政府主义和政治冷漠主义。其实,后现代主义呈现出来的孤独个体的纠结,所反映出的正是当代现实的个人在真实生活中的归属需要;后现代主义对相对性的极端推崇,所折射出的正是当代现实的个人对生活确定性的无比渴望;后现代主义对于传统政治之宏大叙事的无情消解,所表达的正是对回归生活世界的本真政治的真挚向往。"政治不会是在充满无穷的相对性、疑问到处一再被打开的世界上的一个小小的教条主义的领域。政治的绝对者的地位的消失将是一个收获,如果这不是意味着政治的消解,而是意味着把政治连接于人类生活的所有其他方面。"[②]政治只有回归对现实生活世界的观照,才能避免被解构、分解甚至异化,才能在化解"现实的个人"彼

---

① 《马克思恩格斯选集》第 1 卷,人民出版社 1995 年版,第 119 页。

② 埃德加·莫兰:《人本政治导言》,陈一壮译,商务印书馆 2010 年版,第 118 页。

此之间可能存在的摩擦与冲突中恢复其促成良善生活的本真。

　　作为政治之价值实现的良善生活倡导个体在积极融入共同体中实现自由，坚持个体能够在对道德本体论的追求与表达中达成真正的自我理解，并由此真正融入共同体的和谐氛围之中。良善生活对个人主义的自由主义所持有的价值中立性表示了极大的怀疑，奉行"善优先于权利"的基本政治观念，坚信人的道德存在和伦理观念对于我们的共同体生活具有更为关键的意义。在"共同善"这一问题上保持缄默，是现代西方民主政治诸多困境的重要根源。脱离道德支撑和缺乏伦理维系的自由主义政治是一种"无根"的空洞政治，它弱化了政治所应承担的公共责任，无法滋养充满勃勃生机的现代公共生活，我们在西方喋喋不休的议会争吵和政治理论的概念纠缠中所看到的正是这种真正公共关注的缺矢带来的政治疲软。近现代以来，伴随着伟大的存在之链的断裂，我们日益进入一个平面化的社会之中，传统宗教中的神圣权威和旧有克里斯玛型的人格力量越来越无力承担起典范感召的道德教化使命，作为马克斯·韦伯法理性权威之集中体现的现代政府必须承担起这一重任，以促使作为简单化个体存在的"自然人"成长为具有健全意识和完善人格的"现代公民"。故而，政治不能悬置道德判断，政治实践必须彰显其内在的伦理价值，从而积极地塑造一种共同善以在引领社会公共生活健康发展方面有所作为。当然，让政治承担起道德教化的使命，并非简单地灌输甚至强加意识形态，亦非把政治"自身构成伦理，构筑成公民道德或与过去的历史形成对比的光明前途的保护神"。① 我们需要做的是深入挖掘政治的道德意蕴和伦理内涵以重振真正的公共性旨趣，并通过一种追根溯源式的文化证成来培育公民美德，以此唤起一种维系和谐共同体生活的积极参与意识和共同协作意识，从而以实际行动对"我们能否共同生存"这一疑问作出肯定回答。

　　我们已经从西方政治哲学的角度对政治概念的本真含义进行了一定程度上的阐发，其实中西文化在这一问题上是共通的，由古至今绵延数千年的中国传统政治文化中包含了非常浓厚的伦理意味。所谓"政者，正也"（《论语·颜

---

① 阿兰·图海纳：《我们能否共同生存?》，狄玉明、李平沤译，商务印书馆 2003 年版，第420 页。

渊》），即强调了这种端正本身、推己及人、和谐社群的政治的生活存在论取向。中国传统的伦理本位思想渗透于历朝历代的政治设计之中并仍对我们当下的"善治"规划产生着极为重要的影响，因为它本身就是一种对和谐共同体生活的积极追求，其间有对道德教化、伦理规治的强调与弘扬，也有对他律崇拜、规则治理的警惕与谨慎。在政治文明理念被普遍接受和赞同的当今时代，我们既需要以欣赏、学习的谦恭态度来面对西方政治文化中的积极思想，更需要立足我们传统政治文化的根基，发掘其中包含的有益成分，努力构思能够让我们安身立命、和谐发展的政治规划。在一个全球日益开放的时代语境中，固守封闭注定落后止步，崇洋媚外必然迷失自我，以开放接纳的心态面对他者，以审慎创新的精神重构自我，在西方与传统之间保持必要张力并实现自我的合理定位，才能让我们的政治文化真正融入世界政治文明的发展趋势之中，才能真正展现政治之构思和谐共同体生活的实践智慧。

对政治概念作出"共同体生活的实践智慧"的存在论阐释，是对现代民主政治之理论和实践的深刻反思。这种反思立足于对政治概念演化史和当下政治发展现状的理智把握，饱含着我们对近现代以来政治主体原子化趋势的深深忧虑，渗透着我们对现代政治行动者的殷切期待——拥有强烈的自我意识、健全的智识结构和积极的政治实践力（体现为敏感的洞察力、深刻的理解力、果敢的判断力、充分的协作力和审慎的措置力）的现代成熟公民。改变主客二元对立的政治疏离状态，重塑充满生机与活力的和谐共同体生活，才能保证我们的政治重回本真，当然这也是我们目前的民主政治摆脱困境、走向未来的希望所在。

第 二 章

现代性的社会想象:和谐语境论

按照哈贝马斯的考察,现代性从 18 世纪后期开始就已成为哲学讨论的主题。① 时至今日,现代性的哲学话语依然是我们对各种社会政治问题展开的形而上追索的最重要构成,因为我们就生活在现代性所具象化的世界里:市场经济、民主政治、多元文化、进步观念等存在形式已经成为这个世界的主流,必将传播到世界的每个角落并对之产生不可逆转的影响。现代性对于现代人而言是一种事实存在,不管我们如何看待它——天使抑或魔鬼——它都是我们无法回避的! 也正是在这个意义上,现代性构成了我们构思和谐的基本语境。让我们循着西方共同体主义的思路展开对现代性的社会想象,以为在这样一个日渐多元化的世界里营造和谐提供充分的文化支撑。

第一节 现代性及其基本表征

在现代性概念的产生时间上存在一定争议。根据《牛津英语词典》的记录,"现代性"(modernity)一词最早出现在 1672 年,美国学者马泰·卡林内斯库在对现代性的词源考察时指出 17 世纪的英国已经比较流行"现代性"这个术语,美国著名的后现代哲学家詹姆逊通过考察甚至发现在公元 5 世纪就已经存在现代性这个词了。但是,"现代性"真正为人们所熟悉并获得普遍关注是在 20 世纪 60 年代。在这一时期,伴随着西方发达国家进入"后工业社会"

---

① 参见于尔根·哈贝马斯:《现代性的哲学话语》,曹卫东等译,译林出版社 2004 年版,"作者前言"第 1 页。

而出现了在文学、建筑、艺术、哲学等领域广泛存在的后现代主义思潮，该思潮以现代性批判为己任，由此掀起了普遍的现代性反思，也使现代性成为表达现代生活的关键词汇。现在人们普遍认识到，现代性的问题由来已久，"是指从文艺复兴、特别是自启蒙运动以来的西方历史和文化"。① 现代性呈现伊始，代表了人类的进步理念和对未来社会发展趋势的信心。随着现代性的发展，诸多社会问题出现，人们开始以更为理智和冷静的态度来面对现代性及其问题。尽管有关现代性的争论从未止息过，但在有关现代性的学术对话、生活互动中依然沉淀出能够在一般意义上为大家所接受的基本认知。

一、现代性的原则及其表现

现代性展现并贯穿于文艺复兴、地理大发现、宗教改革、英国工业革命、法国政治大革命等重要社会历史事件之中，并最终在启蒙运动中实现了主体性原则的自我确证。在启蒙运动的倡导者看来，欧洲中世纪宗教一统天下的局面最终导致了蒙昧主义对人的自我意识的遮蔽和对人的主体性追求的压制，启蒙运动就是要引导人们实现自我拯救和自我解放，让主体性的普照之光祛除囿于"洞穴"黑暗的自我束缚，勇于运用自我理智去看待周围的世界并以积极的姿态融入其中，展现自我存在的与众不同。启蒙运动从根本上推进了现代性的核心观念——主体性原则。哈贝马斯通过分析黑格尔的现代性观念指出，这种主体性主要包括四个方面的内涵：② 一是个人（个体）主义，即现代世界中所有独特不群的个体都自命不凡；二是批判的权利，即现代世界的原则要求，每个人都应认可的东西应表明它自身是合理的；三是行为自由，即在现代我们才愿意对自己的所作所为负责；四是唯心主义哲学自身，即黑格尔所坚持的哲学把握自我意识的理念乃是现代的事业。主体性原则在反对封建专制主义、宗教蒙昧主义的社会历史运动中得到确立，并在启蒙运动的推动下最终展现为自我意识的觉醒、理性批判的增强、自由行动的追求和个人主义的崛起。

自我意识扬弃了主客对立的对象意识，是对自我与世界之和谐整体关系

---

① 佘碧平：《现代性的意义与局限》，上海三联出版社 2000 年版，第 2 页。

② 参见尔根·哈贝马斯：《现代性的哲学话语》，曹卫东等译，译林出版社 2004 年版，第 20—21 页。

自觉自主的确定,表征着人对自身生活境域的积极融入和自觉反思。自我意识的觉醒展现了人类的理性进步能力,启蒙运动实现了人类自我意识觉醒的普遍化,在启蒙运动中代表人类自我意识的哲学家从贵族派变成了民主派。"启蒙思想与早期哲学的根本区别在于,它试图把过去只为少数人保留的事情扩大到所有的人:即过遵循理性的生活。"①当所有人都在启蒙之光的指引下,打破身上的锁链,勇敢突破内心的自我禁锢,彻底告别洞穴假相以积极姿态面对真实的世界时,自我意识普遍觉醒的时代来临了。拒绝荒谬、拥抱理性、告别自溺、面向现实、渴望进步的主体观念在自我意识的觉醒中真正确立,并在日常生活世界的方方面面得到体现。"启蒙运动批判信仰,传播理性、科学和注重欲望的功利主义。它是克服主客对立、扬弃异化的开端,它不像以前的意识诸形态,如'斯多葛主义'、'怀疑主义'、'苦恼的意识'等等,以顾影自怜般的态度,从现实世界中退缩出来,满足于自我责难或遐想,而是积极地去改造现实世界。"②由此,现代性在自我意识的普遍觉醒中真正拉开了序幕。

理性批判在被称为"批判的时代"的18世纪得到了充分展现。理性是"18世纪的汇聚点和中心,它表达了该世纪所追求并为之奋斗的一切,表达了该世纪所取得的一切成就。……18世纪浸染着一种关于理性的统一性和不变性的信仰。理性在一切思维主体、一切民族、一切时代和一切文化中都是同样的"。③ 被称为"批判哲学"的康德哲学通过《纯粹理性批判》、《实践理性批判》和《判断力批判》全面考察了理性的能力,在清理与划界中重新确立了理性作为科学认识和道德行动之根据的重要地位。理性批判既是对人类理性能力的审慎考量,更是对实现了"认识论转向"后的哲学思想及其蕴涵的人类整体生活趋向的全面反思。通过理性批判,人类的认知能力得到确认,人类的道德能力得到体现,人类的想象能力得到拓展。正是在这样一个过程中,"扬弃"得以可能,"伦理"得以彰显,理想得以奠基。可以说,理性批判是伴随着中世纪宗教蒙昧主义的消退而得到不断增强的对盲目、盲从、盲信的拒绝,也

---

① 艾伦·布卢姆:《美国精神的封闭》,战旭英译,凤凰出版传媒集团、译林出版社2007年版,第119页。

② 俞吾金:《意识形态论》,人民出版社2009年版,第37页。

③ E.卡西尔:《启蒙哲学》,顾伟铭等译,山东人民出版社2007年版,第4页。

是对先前固有的认识论前提、道德根基、文化基因等的全面检视和深刻反思，在其中人的主体性地位得到了充分展现。

自由行动是现代性主体原则的实践指向。传统社会中的个体从属于既有共同体的既定规范，个体在获得心灵归属感的同时也深深囿于洞穴假相之中，在身体与心灵的双重困囿中尽管也有自由的渴望，但却很难获得突破。现代性的启蒙运动在解放了人类心灵的同时，也对人类身体的解放充满了期待，由此自由行动的追求变得顺理成章。作为现代性之基本价值追求的自由行动在社会生活的方方面面得到全面体现。"启蒙运动时期，自由问题成为有关权力、经济组织、道德论述的中心。对于许多启蒙哲学家而言，各种形式的自由是繁荣和进步的一个不可或缺的组成部分。"① 自由行动不是完全从自我出发单方面对外部世界及其规范体系的忽略、无视甚至践踏，而是自我对其的积极融入和充分接纳，并在这个过程中通过平等交流而实现对其中不合理环节的修正与完善。启蒙运动在肯定人的自由行动追求的同时，忽略了对自由行动之消极方面的警醒，将使人们在面对自由与归属这一根本矛盾时经受更为彻底的纠结和撕扯。于是，在外在障碍的极力祛除中，在自然欲望的追逐满足中，在规范制度的频繁更迭中，人类的自由行动越来越无所顾忌并日趋空洞，这也成为了人们对现代性之主体原则过度张扬表示忧虑的一个重要原因。

个人主义伴随着文艺复兴时期自主要求的增长和对最大限度满足个人发展的冲动而获得奠基并迅速崛起，并以"个人"作为观察和分析世界的认识论起点，以"个人实现"作为处置和应对世界的方法论原则，以"个人幸福"作为鉴别和评价世界的价值论归宿。个人主义作为对封建威权之思想与身体禁锢的反叛而显示出现代性发展之初所具有的积极一面，但是，随着现代性的深入发展，个人主义也在资本强大力量的推动下迅速崛起并引发了诸多负面问题。譬如，托克维尔就敏锐意识到了个人主义崛起可能对公共生活的威胁："个人主义是一种只顾自己而又心安理得的情感，它使每个公民同其同胞大众隔离，同亲属和朋友疏远。……个人主义的根源，既有理性缺欠的一面，又有心地不

---

① 彼得·赖尔、艾伦·威尔逊：《启蒙运动百科全书》，刘北成、王皖强编译，上海人民出版社 2004 年版，第 48 页。

良的一面。"①由此可见,个人主义是复杂的,不可以积极或消极简单对待之。按照《布莱克维尔政治学百科全书》,个人主义在不同国家的意指差异很大:在法国,个人主义起源于对启蒙运动和法国大革命的反动,因而总是倾向于贬义,表示无政府状态和社会动乱的根源;在德国,个人主义则侧重于强调个性的浪漫主义思想、个体特性、独创性和自我实现的观念;在英国,个人主义则主要用来称呼宗教中的新教徒,意指具有自我信赖品质的特别是中等阶级的英国男子,并用于表征英国自由主义各种流派的共同特征;在美国,起初则主要表示自由经营、有限管辖的个人自由以及支持这些做法的观点、行为和愿望。② 作为现代性之基本体现的个人主义的复杂性正体现了现代性的复杂性。

二、现代性的规范框架

现代性作为一个复杂社会历史事件的概括,尽管在不同的民族历史传统和文化境遇中会有不同的表现形式,即存在所谓的"多元现代性"。在日趋开放的全球化时代,这种"多元现代性"并不拒绝普遍存在的文化交流与文明共荣,故而,尽管在现代化发展道路的方案上可能存在多种选择,但多元现代性依然不能掩盖其间存在的规范性框架。所谓的现代性的规范框架就是尽管现代性具体内容和实现方式可能不同但我们却可借以实现交往互动、取长补短、协同完善的共识性前提,承认现代性存在规范框架也就具备了开展话语交流和行动协同的公共空间。综观人类社会几百年以来的现代化发展史,我们可以在市场经济、民主政治、多元文化和进步观念等方面对"多元现代性"的规范框架展开探讨。

市场经济是随着社会的现代化进程而逐渐确立主导地位的经济形式,"通常是指一种秩序,在这种秩序下,市场参与者的自愿交换活动支配着广泛的经济生活领域"。③ 作为市场经济主要实现形式的自愿交换活动,以市场参

---

① 托克维尔:《论美国的民主》下卷,董果良译,商务印书馆1988年版,第625页。
② 参见戴维·米勒、韦农·波格丹诺主编:《布莱克维尔政治学百科全书》,邓正来等译,中国政法大学出版社2002年版,第376页。
③ 乔治·恩德勒等主编:《经济伦理学大辞典》,李兆雄、陈泽环译,上海人民出版社2001年版,第302页。

与者的独立自主性为前提、以基于完全自愿的契约信守为纽带、以资源互补的需要满足和利益实现为归宿。市场经济突破了自给自足的自然经济的狭隘,把原来局限于家务管理领域的"经济"推向了历史的前台并在商业贸易迅速发展的推动下成为了社会发展的主导力量,而原本作为人之根本存在和实现形式的"政治"则退居幕后成为了协调经济的工具和手段。市场经济确实促进了人类社会交往的普遍化,使社会流动具备了更大的可能性和更为广阔的空间,安土重迁的观念和做法越来越带上了封闭保守的标签,我们似乎正在日益成为逐利益而居的游牧民族。市场经济解除了人所固有的各种束缚,提出了独立自足的理性经济人的假设,原本孕育和完善人的存在的社会日益降格为一种"需要的体系",先前隐匿于人类社会历史深处之边缘并遭到人类意识排挤的工具理性被彻底解放出来,并越来越成为人们处理各种社会关系、从事多样社会实践的主导思维模式。于是,作为现代性之重要表征的市场经济在彰显了对人的尊重和确认以及所特有的巨大创造力后也彻底暴露出了自身无法克服的缺陷,这也正是包括西方共同体主义在内的诸多学者对现代性深表忧虑的重要原因之一。

民主政治在传统社会向现代社会的转型中实现自身地位的巨大改变,原本作为"铜铁当道"之表现并有可能导致"国将不国"(柏拉图语)的民主政治随着社会平等化的发展而成为最为合理的政治形式。这种本意为"平民的统治"的政治形式尽管仍难免遭遇某些思想家的心存芥蒂,但却无可避免地代表了人类社会政治发展的基本趋势。民主"是普遍的和持久的,它每时每刻都能摆脱人力的阻挠,所有的事和所有的人都在帮助它前进。以为一个源远流长的社会运动能被一代人的努力所阻止,岂非愚蠢! 认为已经推翻封建制度和打倒国王的民主会在资产者和有钱人面前退却,岂非异想! 在民主已经成长得如此强大,而其敌对者已经变得如此软弱的今天,民主岂能止步不前!"①民主政治打破了少数人对多数人统治的固有模式,在充分尊重主体平等地位的情况下使人们的自我约束、协同治理具有了可能。但是,这种普遍治理的理想在日渐庞大的民族国家面前遭遇了尴尬,广阔领土上的庞大社会民

---

① 托克维尔:《论美国的民主》上卷,董果良译,商务印书馆1988年版,第7页。

众使完全普遍地平等参与治理成为不可能,于是,代议制民主政治形式成为必然的现实选择。这样,平等主体之间的契约关系突破了经济领域而在政治代理关系中同样获得了发展,为西方共同体主义所担心和忧虑的政治职业化由此开始。政治代理关系的确立会导致普通社会民众的政治冷漠感增强,并有可能使自身陷入代议制民主所特有的"温和的专制主义"之中。

多元文化本着对人类多样性生活方式的肯定与尊重,充分展现了人类生活世界中普遍存在的根深蒂固的差异性。尽管现代以前的人类社会中文化以多元的方式在事实上存在着,但多元文化作为一个问题却是出现于打破地域局限、走向普遍交往、促进全面开放的社会现代化进程之中,并与市场经济和民主政治相伴而生。多元文化背后蕴涵的"多元主义是一种具有现代特征的见解,只有在形而上学的和宗教的挫败的背景下,它才可能显现出吸引力"。①多元文化在一种开放的社会状态承认人类生活存在广泛差异性的事实,尊重特定生活方式蕴涵的价值观念并尽可能为其提供广阔的发展空间。"崇尚多元主义的社会都有节制地推进多元的善,每一种善都被限制于必要的程度上,从而为别的善留出地盘。"②故而,现代自由民主社会所持有的多元文化观背后蕴涵的一种开放态度和宽容意识,但关键问题在于对多元文化的存在与发展采取消极放任还是积极引导。在西方共同体主义对自由主义的批判中很重要的一点就是,自由主义采取了所谓"价值中立"的消极放任的态度与做法并导致严重的价值相对主义和虚无主义。那么,究竟该坚持什么样的原则以及采取什么样的方式对多元文化进行积极引导呢?西方共同体主义从释义学那里借鉴来的"视阈融合"理念以及由此而构思的在交流与对话中促成"承认"关系的做法,不失为一种积极引导多元文化实现和谐发展的现实选择。

建立在人性可完善假定基础上的进步观念崛起于启蒙运动时期,表达了一种对物质、知性、社会、文化、道德等各个层面的乐观与自信。正如18世纪法国的最后一位哲学家孔多塞指出的:"人类精神在解脱了所有这些枷锁、摆

---

① 查尔斯·拉莫尔:《现代性的教训》,刘擎、应奇译,东方出版社2010年版,第181—182页。

② 戴维·米勒、韦农·波格丹诺主编:《布莱克维尔政治学百科全书》,邓正来等译,中国政法大学出版社2002年版,第580页。

脱了偶然性的王国以及人类进步之敌的王国以后,就迈着坚定的步伐在真理、德行和幸福的大道上前进。"①也就是说,在启蒙时期的大多数思想家看来,只要我们愿意并充分利用自身可臻完善的本性,我们就完全能够克服无知、野蛮、暴力、堕落等缺陷并在人类发展的历史进程中势不可挡地奔向更为完满的状态。在这种进步观念中,人的地位得到了巨大的提升,人的创造力得到了充分的重视,于是原本作为"伟大的存在之链"之一环的人具备了打破"伟大的存在之链"并开创一个全新世界的能力。自然科学及其相关技术形式在这一时期的大踏步前进,更加坚定了人们的这种进步观念,进步似乎已经成为了一种必然趋势,不管我们对进步热切拥护还是有所质疑都改变不了这种不可逆转的发展态势。然而,我们在经历了所谓进步带来了短暂狂喜之后在生存境域上却遭遇了新的困惑和不解,原本以为在我们改造世界进程中积累下来的知识能够自然而然地让我们告别野蛮、趋向文明,可事实却并非如此!卢梭更是对这种源自于科学崇拜而来的进步观念表示了极大的怀疑,他认为,"科学产生于人的闲逸,它们反过来又助长人的闲逸"。② 换句话说,科学并不必然代表进步,而有可能造成人的惰性、依赖甚至道德败坏。我们在对卢梭的警醒置若罔闻将近三百年后充分领略了科技发展所产生的种种负效应,也由此使我们对科学理性催生的进步观念有了更为清醒的认知和更为理智的判断。

三、力图超越现代性的后现代主义

按照施特劳斯的观点,我们经历了现代性的三次浪潮:马基雅维利将道德剥离政治、以结果确定方法正当与否的做法开启了现代性的第一次浪潮,并经过霍布斯的缓和和洛克对这种缓和的精细化而获得了巨大成功,渐渐取代政治崇高地位的经济至上主义就是一种发展成熟的马基雅维利主义;孟德斯鸠在以德性为原则的罗马共和国和以政治自由为原则的英格兰之间最终倒向后者,这促使卢梭开启了孕育德国观念论哲学和各国普遍存在的浪漫主义的现

---

① 孔多塞:《人类精神进步史纲要》,何兆武、何冰译,生活·读书·新知三联书店 1998 年版,第 204 页。

② 卢梭:《论科学与艺术是否有助于使风俗日趋纯朴?》,李平沤译,商务印书馆 2011 年版,第 26—27 页。

代性的第二次浪潮,这是始自不满足于简单生存欲望满足而发动的一场从现代世界的分裂与变异向前现代的完整与质朴的反向回归运动,接过卢梭问题的德意志哲学家们也并未能实现他们所宣称的自然与人为的"和解",并最终引发了尼采开启的现代性的第三次浪潮;尼采以孤独的创造者取代了卢梭孤独的梦想者,也开启了后现代主义关于苦难、空虚和深渊的生存体验,现代人最终在努力成为绝对主权者、自然的主人和所有者以及机运的征服者中付出了遗忘永恒、迷失自我的代价。① 从尼采所开启的现代性的第三次浪潮开始,我们进入到所谓的后现代社会之中。齐格蒙·鲍曼很好地描述了这种后现代的生存状态:"后现代的人们对于重新流行的思乡病具有很强的免疫力,绝不会因此而迷失或者失去自制力,越来越多的后现代的人们认识到他们所处的境遇无限开放,足以使人超越不确定性带来的苦恼。他们沉醉于追求崭新的、从未经历的体验,他们自愿接受探险的诱惑,面对不变性的承诺,他们总体上更愿意保留开放的选择权。出于这种心态,他们成为完全根据消费者的需求而建立的市场的同谋,这个旨在使消费需求永远得不到满足,以防止任何既成习惯的僵化,刺激消费者对于更加强烈的激情和崭新经验的需求。"②

所谓后现代并非以某一个时间节点或某一个重要的历史事件为现代性的终止而后进入的一个全新的人类历史发展时期,而是在现代性自我演变、自我批判、自我更新、自我发展进程中所形成的一种反现代的思维方式和人生态度。"后"并非"反对"、"抛弃"和"彻底决裂",而是"否定"、"扬弃"和"超越",是在肯定现代化成就的同时,对现代性霸权的彻底批判。现代性霸权主要是指在真理的确定及其阐释方面推崇绝对的唯一者,在此利用现代科学技术手段获取的、被完全剥离了个人主观价值判断的所谓绝对事实成为了我们构思和改造这个世界的唯一依据。"我们是从不可简约的、赤裸裸的事实出发的;并且我们必须把它认作就是我们所发现它的那个样子,因为我们不能容许再去诱导它,希图能根据世界的模式乃是一个逻辑的模式这一假设而把它纳入某一种或另一种思想范畴之中。既然把事实接受下来当作既定的,我们

---

① 参见施特劳斯:《什么是政治哲学》,李世祥等译,华夏出版社 2011 年版,第 31—46 页。

② 齐格蒙·鲍曼:《后现代性及其缺憾》,郇建立、李静韬译,学林出版社 2002 年版,第 11 页。

就要观察它、实验它、证实它，加以分类，可能的话还要测量它，并且尽量不要去推论它，我们所问的问题乃是'什么'和'怎样'。事实都是什么，它们是怎样相联系的。假如有时候我们漫不经心或闲情逸致地要追问一个'何以故'，那么我们就找不到答案了。我们最高的目标更其是要评估和把握这个世界，而不是要理解它。"①这种对于事实的崇拜成为了现代性最为重要的特征，并由此形成了一种弥漫于18世纪以来的主导性思维方式。在这种唯我独尊的思维模式下，原本丰富而多样化的世界被无情的标准化宰制，人为的整齐划一成为了整个世界运行演进的绝对格局。

与现代性的宏大叙事和建构意识相比，后现代性通过其微观描述和解构意向彰显出自身的价值："后现代思维方式在扩展我们的视野方面给我们的重要启示就是，现实（包括人自身这个现实）远比人们以前所想象的要复杂；语言、思想与现实的关系远不像人们以前所想象的那样简单；真假概念、理性与非理性概念远不是单一的、确定的，而是复杂的、多层面的。"②后现代性看似扑朔迷离、飘忽不定甚至荒诞不经，但实则是以一种反讽的形式对现代性之齐一化标准的批判，更是对人类多样性的生活方式和自由存在的维护。在后现代性看来，现代性总想通过一个理想的蓝图来规划和构造一个人间天堂，结果却最终变成了一个"现代的乌托邦"："在许多描述细节上，现代的乌托邦与以往不同，但他们都同意'完美世界'将永远与自己保持同一，在此世界中，今天学到的知识在明天后者后天仍然是知识，已习得的生活技能将永远有用。乌托邦描述的世界也被期望是一个透明的世界——在此世界中，不存在黑暗的或无法透视的东西；不存在破坏和谐的东西；不存在'错位的'事物；这是一个没有'污点'的世界；一个没有陌生者的世界。"③然而，启蒙以来的人类历史发展进程却通过一个又一个的人间悲剧证明了现代性规划的幼稚可笑，后现代主义看到并深深感受到了这一点。

---

① 卡尔·贝克：《18世纪哲学家的天城》，何兆武译，生活·读书·新知三联书店2001年版，第24—25页。

② 王治河：《后现代哲学思潮研究》，北京大学出版社2006年版，第26页。

③ 齐格蒙·鲍曼：《后现代性及其缺憾》，郇建立、李静韬译，学林出版社2002年版，第10页。

我们在现代性的历史演绎中看到，作为现代性之实在化的资本主义以解放人性的名义在造成新的囚锢，在追求自由的旗号下演绎着异化的悲剧，高度社会福利的保障却造成了人格的日益侏儒化，个体极端的理性化追求正在演变为群体的非理性疯狂，虚假的多元主义外表下掩盖的是虚无主义的空洞与困惑，无所不包的社会体系下却遗漏了人最本真的存在。后现代主义表达了对资本主义的不满和批判之情。在后现代主义看来，现代性建构了鳞次栉比的高楼大厦却让我们失去了家的温馨，现代性通过便捷的交通缩短物理空间却让我们的心灵渐渐远离，现代性创造了巨大的物质财富却让我们陷入无穷无尽的"虚假的需要"之中，现代性放纵了人的情欲却让我们越来越感受到快感消失后的茫然无措……总之，现代性在对神话的构思和实现中让身处其中的人彻底地远离了真实的生活世界而堕入虚幻之中。资本主义营造了一个物化而非自然的世界，在这个世界中永恒与不朽被彻底遗忘，有死性的世界观和思维方式导致了原本稳固的生活世界陷入一种迷乱流转之中，"我们"渐渐远去而唯有"自我"在放纵与狂傲中茕茕孑立。"现代性扎根后，上帝、自然和社会系统正在以或急或缓的步伐被困惑、彷徨、无助、茫然的个体逐步取代。随着旧有格局的消失，出现了一个问题，即个体的问题。对于这个问题，有人责难，有人喝彩，有人嘲笑，有人认为重大，有人认为不当，有人认为无趣。"①这种日益个体化的自我以及在这种自我面前展示出来的众生相，正是后现代主义狂躁、虚妄、迷乱、无根的表现。

其实，后现代主义对现代性的态度是复杂而纠结的，就像一个被放纵娇惯坏了的孩子在面对放纵娇惯了自己的父亲一样，是要彻底颠覆但又无法脱离，承载着实现新生的希望但又只能面对深渊而绝望。"它欣赏现代化给人们带来的物质文明和精神文明方面的巨大进步，同时又对现代化的负面影响深恶痛绝。这种既爱又恨的关系才是'后'的真正内涵之一。与此相联系，'后'的另一个重要内涵则是昭示新事物的诞生。"②所以，我们在后现代的种种迹象

---

① 乌尔里希·贝克、伊丽莎白·贝克-格恩斯海姆：《个体化》，李荣山等译，北京大学出版社2011年版，第9页。

② 王治河：《后现代主义》，载王治河主编：《后现代主义辞典》，中央编译出版社2004年版，"代前言"第12页。

中看到了消解主题的主题渴望、抛弃理想的理想追求、放纵情感的情感寄托、摧毁价值的价值依赖……所有的所有都是那么的纠结!后现代主义希望消除现代性片面发展所带来的种种消极后果,彻底改变现代性规训所造成的压制与禁锢,重新恢复人的自由本真生活状态,促成人类社会生活的丰富完整性。然而,对于后现代主义而言,在错综复杂的现代性丛林中发现希望之路的能力明显不足,我们在感受其悲叹、认同其批判、欣赏其识见的同时并未看到太多面向未来的希望。"现代主义非常关注追求更好的未来,哪怕这一宗旨的不断受挫导致了偏执狂。但是,后现代主义却令人失望地剥夺了这种可能性,它受妨碍我们清晰地进行描绘的分裂和所有那些不稳定性(包括语言的不稳定性)的引诱,倾全力于精神分裂症的情形,更不必说设想出创造某种完全不同的未来的各种战略。"①所幸的是,毕竟诸如福柯、鲍德里亚等后现代主义大师为我们提供了一个又一个的思想路标,这本身就是现代性自我纠错调整能力的展现,而要真正理解现代性所具有的自我纠错和调整能力,需要我们深入剖析"多元现代性"这一问题。

四、多元现代性:现代性的文化理解问题

现代性极端发展所导致的后现代虚无主义,恰恰是由于忽视了文化发展的多样性、片面追求齐一化和标准化的现代化发展道路所引起的,对于现代性启蒙之宏大规划和准确无误的确定性的偏执最终却让我们陷入了碎片化和不确定之中。在这里,西方现代性模版及其蕴涵的话语霸权成为了后现代社会支离破碎与畸形发展的罪魁祸首,各种后现代主义思潮的出现也正是对这种西方现代性极端化发展的深刻反思。我们从哈贝马斯对后现代理论的如下评价中可见一斑:"他们毫无保留地直接用后现代的理性批判来反对启蒙及其辩证法。这种理性批判不仅要打破一种绝对而纯粹的理性偶像,而且要剥夺自我意识、自我决定以及自我实现等观念的规范约束力;不仅要揭示理性的错误自负,而且要剥夺理性自身的权力。对'现代精神'的攻击,应当可以拯救

---

① 戴维·哈维:《后现代的状况——对文化变迁之缘起的探究》,阎嘉译,商务印书馆2004年版,第76页。

充满偏见的人性,它所面临的挑战在于克服不断处于敞开状态的未来所带来的问题。"①哈贝马斯看到了后现代性所具有的解放人性的积极意义,但是也意识到了,破坏性有余而建设性不足的后现代性并没有为我们完整呈现一幅现代性阐释的替代图景,也正是在这个意义上哈贝马斯将现代性理解为"一项未完成的设计"。必须要看到,尽管现代性的基本原则和规范框架已经大致确立,但是在不同国家、不同民族、不同地区的现代性实现样态(或现代化发展道路)并非完全一致,简单套用与低级模仿并不能实现自我的创新性发展,我们需要在全球交往行动的普遍化进程中借助于日趋达成的和谐共契而不断实现自我完善与自我发展。虽然哈贝马斯对规范性问题十分看重,但是在这里也已经渗透出了现代性内涵着的文化多样性因素,尤其是在今天这样一个文明冲突与价值观念的冲突已经引起人们足够重视的时代,文化的多样性问题尤其突出。因此,基于文化视角对现代性问题进行多元化分析就显得十分必要了,这也理应成为我们在现代性问题上的基本态度。

这里的"文化"并非在与经济、政治相对意义上特指某个领域,而是在一种存在论意义上对一切经济的、政治的问题得以发生的社会根基所进行的观念性呈现。"文化使更高层次上的丰富的社会生活成为可能,这种社会塑造了民族,他们的习俗、风格、兴趣、节庆、礼仪和神明——所有这一切把个人联结为有共同根基的群体,联结为一个共同体,在这个共同体里,人们有共同的思想和意愿,民族是一个道德统一体,而个人也具有内在的统一性。"②多元现代性的观念就是基于这样一种文化概念而形成的,是对西方现代性主导地位和霸权思维的松动,包含了对不同社会现代化发展道路的高度宽容和充分尊重。"多元现代性的观念假定,理解当代世界——实际上解释现代性的历史——的最好方法,是将它视为文化方案多样性不断构建和重构的一个故事。……'多元现代性'这一名词的最重要含义之一,是现代性不等同西化;现代性的西方模式不是唯一'真正的'现代性,尽管现代性的西方模式享有历

---

① 尤尔根·哈贝马斯:《后民族结构》,曹卫东译,上海人民出版社 2002 年版,第 193 页。
② 艾伦·布卢姆:《美国精神的封闭》,战旭英译,译林出版社 2007 年版,第 143 页。

史上的优先地位,并且将继续作为其他现代性的一个基本参照点。"①不可否认,现代性的问题最先产生于西方,而且任何一个国家与地区的社会现代化道路都或多或少地参照了西方现代性的基本模式,并在不同程度上受到其影响。反过来看,尽管在这一过程中有主动与被动、积极与消极、扩张与收缩的差别,但同样必须承认的是这种影响是相互的,西方现代性在其自我膨胀的过程必然也或多或少地受到了来自其他文化的影响。这也正是马克思所说的"民族历史"转变为"世界历史"后必然要出现的全球化问题,全球化不是一元化而是多元(尽管仍有一元是主导)相互影响、取长补短、协同发展的过程。由此可见,多元现代性的观念既尊重了三四百年以来人类社会历史发展的事实,又包含了对人类社会未来发展道路的和谐期待。

长期以来西方现代性的主导地位导致了西方价值观念的自我独白状态,所谓的自由主义的普世主义是其最重要的表现。这在表面上看是一种价值无涉的现代性的非文化理解,其实背后同样隐藏了西方基督教文明世俗化以来的基本价值观念和文化思想体系。"标榜价值中立性的自由主义本身就是一个战斗的信条,它不可能也应该在文化上完全中立,因为它本身就是西方基督教文化有机发展的结果,其背后是一种自以为是的文化优越感。"②以非文化的、价值无涉的、普世主义的姿态而呈现的西方现代性,本质上坚持和捍卫仍是一种自我本位的文化本质主义立场,是对自我文化独白状态的盲目自信和对文化对话交流的潜在拒斥。由是观之,所谓现代性的非文化理解或仅仅是一种无意识的盲目自大,或是出于一种文化霸权的精致构思和意识形态规划。站在更宏大的社会文化背景和更长远的人类历史发展进程中来看,这其实是对现代性发展进程的误读,不利于在全世界范围内推进文化的和谐交融与共同发展。

与此相对,现代性的文化理解是对经过漫长历史发展所形成的文化共同体及其生活方式的充分认可,但又不是本质主义的不容异己,而是提出了一种

---

① S.N.艾森斯塔特:《反思现代性》,旷新年等译,生活·读书·新知三联书店 2006 年版,第 37—38 页。

② 韩升:《生活于共同体之中——查尔斯·泰勒的政治哲学》,中国社会科学出版社 2010 年版,第 171 页。

深度宽容的积极态度。这种深度宽容首要的是一种伦理德性而非理智德性，也就是说，任何一种社会生活共同体在进行文化交流的时候首先要放弃唯我独尊的盲目自大，要肯定他者文化对人类文化的共同繁荣所具有的积极构成意义，当然也不应有盲目依附的媚外之心而应确立适当的自尊心和自信心，这是在文化交流中应该秉持的基本态度，也是文化软实力的自然流露和走向文化自觉的重要表现。宽容不是拒绝他者，也不是放弃自我，而是在维持自我与他者基本规定性的前提下开展充分的交流互动，以走向一种更加文明有序、和谐共融的存在状态，这也是我们理解多元现代性的基础。"多元的现代性尽管分享着若干启蒙共识（例如自由、平等等），然而具体的现代性方案及历史演化形成的制度结构由于每个文明内部的观念习俗、历史传统之不同而不可能有完全相同的社会安排形式。……在多元现代性的视野下，不同文明最终所体现出来的现代性方案将是完全多元化的，融有自己民族文化特色的。"①多元现代性承认并尊重差异，但是又不以差异作为拒绝开放与包容的幌子，而是充分展现了哈贝马斯的交往理性并致力于达成平等承认、相互尊重基础上的社会共识。因而，这种多元现代性既关注了人类生存的家园归属感，又兼顾到了人类冲破固有共同体约束的自由交往渴望，同时也符合全球化时代文化对话交流的基本趋势，其所渗透和高扬的开放、宽容、和谐主旨更是代表了人类文明进程的价值走向。

最后需要说明的是，尽管现代性存在诸多问题而后现代性所提供的各种替代性方案也有很多的不足，但是必须看到现代性与后现代性的各种表现已经深深融入我们的日常生活之中，面对现代性的盲目乐观或悲叹失落都是片面肤浅的，而对此缄默不言或者讳莫如深也并非明智之举。现代性及其观念已经成为一个复杂的社会问题，我们需要从多个视角对现代性问题进行认识、分析、探讨和阐释以改变对于现代性的简单化线形理解，正如查尔斯·泰勒所指出的："要有效地投身于这场多方面的争辩，人们必须要看到现代性文化的伟大之处，也要看到浅薄和危险的东西。像帕斯卡关于人类所说的那样，现代

---

① 吴冠军：《多元的现代性——从"9·11"灾难到旺晖"中国的现代性"论说》，上海三联书店 2002 年版，第 170—171 页。

性可以用高贵、也可以用可悲来刻画。只有一种怀抱两者的观点才能给予我们未加歪曲的洞察力,去透视我们需要奋起应付其最伟大的挑战的时代。"①上述基于文化理解的多元现代性观念,正视语言表达的构成性力量并将交往理性融入其中,体现了我们对于现代性这样的一种乐观积极而又理智审慎的态度,这也包含了现代性所具有的自我反思、自我批判、自我调整和自我纠错能力。

第二节　查尔斯·泰勒的现代性叙事

在我们的时代,现代性早已不再仅仅是一种表征着人类历史之全面的、无限的、必然的进步的价值理想,而是需要加以客观考察分析的普遍的社会经验现实。置身于这种现实之中,需要的不仅仅是对启蒙哲学的现代性方案的肯定和接受,更为重要的是对之进行反思和批判以及在此基础上展开或隐或现的重构和努力。西方共同体主义者查尔斯·泰勒由此而展开的现代性叙事值得我们深入探讨。

一、现代性的文化理解

泰勒描述的"现代性"是新的实践与制度形式(科学技术、工业生产、城市化、科层制等)、新的生活方式(个人主义、世俗化、工具理性等)、新形式的社会隐忧(异化、无意义感、日益迫近的社会无助感等)的综合体,是自启蒙运动以来逐渐形成的一种占据主导地位的全新生活样态。现代性已是如此自明以至于我们很难将其视为在他者之中的可能的概念,现代性已经顺其自然、顺理成章地成为我们生活世界的真实存在。在泰勒看来,现代性的真实存在并非一个中立化了的纯粹客观事实,而是一个融入了人类主体意识、价值判断和意义赋予的复杂实践过程,我们需要融入生活世界及其历史深处以理解现代性的复杂渊源才能使我们的现代性行动更有力量。

当前存在两种对待现代性的片面理解:一种理解对现代性持完全乐观的

---

① 查尔斯·泰勒:《本真性的伦理》,程炼译,上海三联书店 2012 年版,第 145 页。

态度,认为我们随着现代性的发展正在攀登新的高峰;另一种理解对现代性持绝对消极的态度,认为我们处于一种彻底的衰退、失落和遗忘之中。这两种理解都是包含了一种对待现代性的简单化态度,因为它们忽视了我们自身境遇的许多极其重要的特点,没有抓住那些给我们现时代以特征的伟大与危险、宏大与卑微的独一无二的结合点。① 在现代性问题上,我们不能做一个盲目的乐观主义者,也不能做一个消极的悲观主义者,更不能简单而草率地走折中主义道路。我们需要像泰勒一样,做一个在立场接近于托克维尔之文化自由主义的偏向于浪漫主义的文化多元主义者,因为这是一种清醒的现实主义态度:现代性是一种不争的事实,现代性的问题无法回避,我们需要一种对现代性的拯救,这种拯救是通过对现代性的追根溯源式的重新阐释和反思而实现的。正确地理解现代性,就是在实施拯救活动。"泰勒四十年来的哲学工作就是重写现代性的叙事,因为在他看来,我们接受的西方现代性的这条论述主线是错误的,这导致了一系列的偏差,自我认识的偏差,道德理解的偏差,还有在政治领域内的诸多争论。"②泰勒希望以此来澄清现代性的全部复杂性和丰富性,以避免那些对现代性的肤浅和偏颇的左右摇摆的片面性判断。泰勒坚信,现代性能够孕育出自我批判以达成扬弃的力量,我们能够通过对现代性的批判性反思而赋予现代性以某种内在的生成力。

泰勒认为,我们时代的很多难题(他将之称为"社会的隐忧",主要体现为带有极度自恋色彩的强调自我实现的个人主义、工具理性在社会生活中的优先性和彰显着人的存在价值的自由的丧失)都是由于我们采取了一种"非文化的现代性"的理解方式——这是现代性理解简单化的集中表现——而造成的。这种理解方式从文化价值中立的立场对社会历史发展变化进程展开力求客观的描述并作出貌似中立的判断,过去两个世纪居于支配地位的正是这样一种非文化理解的现代性:我们或是沉溺于现代科学技术的伟大成就而将现代性标准化为放之四海而皆准的至上权威准则;我们或是揪心于现代社会发

---

① 参见 Charles Taylor, *Sources of the Self: The Making of the Modern Identity*, Harvard University Press, 1989, "Preface", p.x.

② 张容南:《一种解释学的现代性话语:查尔斯·泰勒论现代性》,上海世纪出版集团 2011 年版,第 277 页。

展的代价而将现代性视为唯恐避之不及的洪水猛兽。这种非文化理解的现代性的根本误识是把西方的现代性视为理性启蒙的结果,没有看到启蒙理性出现的背景理解,即西方文化习性的人类学因素。① 我们需要选择一种替代性的现代性理解方式来重新阐释我们的现代性观念,在特定的历史传统中发掘那些被我们遗忘和忽视的文化因素以重新塑造我们的生活。

在此,泰勒引入了文化现代性的观点。泰勒的"文化"是一个人类学概念,表征了特定群体的生活状态及其对生活于这一群体中的每一个人在人格、心灵、美丑、善恶等理解上的形塑。"文化作为共同体的一种形式,是一个关系网络,置身其中的自我得到了多彩多姿而又细腻的表现。它是自我的家,也是自我的产物。它比只管人们的肉体需要、逐渐退化为纯粹经济的现代国家更为深厚。"②泰勒对现代性的文化理解发现了普遍主义带给现代性的无根化倾向,并发掘了现代性的深厚历史积淀和生活根基。

在泰勒看来,文化生发于社会共同体生活的历史演变积累之中,寄予了人对生活于其中的世界的理想追求和价值取向,呈现为民情风俗、语言文字、典章律法、规则体系、道德禁忌、伦理条款、审美情趣、信仰归属等等。文化是各式各样人类共同体生活的浓缩和再现,是解读和切入不同种族人类精神世界的通幽曲径。特有的自然生活条件和绵延流传的生活方式,催生了一种文化与另一种文化相比的与众不同之处。文化是抵抗资本同质化和维系自身生活方式和思维方式的最重要力量,也是特定社会生活共同体实现自我确证与认同的精神依据。

泰勒秉持文化现代性的观点对现代社会的世俗化进程进行了考察,因为他敏锐地意识到现代性问题深深纠缠于现代社会的世俗化进程之中。泰勒通过对世俗化的观念史考察呈现了哲学的、宗教的、道德的、政治的、艺术的等各种思想观念之间的传承流变,并指出世俗化并非宗教信仰在人们社会生活中逐渐边缘化乃至隐退,而只是指宗教信仰成了人生价值归宿诸多选择之中的一种:"我要界定和追溯的这种变化是这样的:它把我们从一个不可能不信仰

---

① 参见刘小枫:《刺猬的温顺》,上海文艺出版社 2002 年版,第 3—4 页。

② 艾伦·布卢姆:《封闭的美国精神》,战旭英译,凤凰出版传媒集团、译林出版社 2007 年版,第 144 页。

上帝的社会带到了一个信仰即使对于最虔诚的教徒来说也只是多种可能性之一的社会。对于我自身而言,放弃我的信仰也许是不可想象的;但其他的许多人,包括我的亲朋好友,他们没有信仰(至少是不信仰上帝或者超验世界),但我却不得不坦率地承认他们的生活决非贫乏的、盲目的和没有意义的。信仰上帝不再是理所当然的,存在其他的许多选择。而且,这还意味着,至少在某些社会环境中,一个人或许很难坚守自己的信仰。"①泰勒认为,这种世俗性是现代性的本质特征之一,我们有诸多不同甚至相互排斥的价值选择和生活方式可供选择,其中不存在哪一种是不言自明和被普遍接受的。这种现代世俗精神的普遍张力在唯我独尊的人文主义(启蒙理想的各种现代形态)、内在的反启蒙(尼采的反人文主义和反宗教思想及其当代表现)和极具包容性的有神论(信仰上帝和实践精神性的方式的多样化)所构成的图景中得到了充分体现。文化多元主义使我们面临着确定性匮乏与意义感丧失的危险,但现代性自我从未放弃对向着根源的本真生活状态的追求,现代性自我具有巨大可塑性和无限可能性,能够在多重思想运动所呈现出的日益复杂和愈加冲突的自我形象中对自我的内在深度和本质规定性进行永恒挖掘。文化的现代性理解是对现代性自我所展开的深刻的存在论思虑和对文化多元主义时代人们多样性生活状态的正确认知与积极肯定。

同时,泰勒的"文化现代性"观点包含了对传统认识论的深深批判,"必须抛弃认识论的那种经典理念——认识论要为获得信念提供永久有效的、纯粹形式化的规则"。②在泰勒看来,规则是一个开放而非封闭僵化的体系,在新的语境中总是需要新的解释。文化现代性的观点重视具体情景和处境对我们理解与行动的重要性,反对将规范性简单地塞入现代性的观念,承认各种文化的价值自足性和存在正当性,主张从不同文化脉络来理解相应的社会变迁和文化转型。西方文化的历史变迁并非具有普世意义,各种非西方社会也可以基于各自的文化基因而形成不同于西方的现代性模式。不同的文化共同体在现代化进程中都会要受到西方现代性的影响,但因受制于各自不同的历史和

---

① Charles Taylor, *A Secular Age*, The Belknap Press of Harvard University Press, 2007, p.3.
② 查尔斯·拉莫尔:《现代性的教训》,刘擎、应奇译,东方出版社 2010 年版,第 64 页。

传统而不可避免地会呈现出多样化的现代性样态。对此,查尔斯·拉莫尔给出了很好的解释:"有这样一种设想:在决定何为现代思想与经验之本质的过程中,我们应当立足于一种单一的现象,这种设想是错误的。现代性是一个多维度的理念,必须通过多种突出的特征来界定,而从某个给定的视角来看,其中的一些特征比另一些特征可能更具有相关性。当我们试图展示出现代文化中那些应该塑造我们政治生活之基础的方面,我们必须要将多元主义考虑在内,但不是将它当作我们恰好信其为真的价值观念,而是当作一种会让合理的人们产生分歧的观念。如果我们另辟蹊径,去扩充我们反思的范围,并试图确定何种整全性的价值观念最忠实地抓住了我们现代经验的多个面向,那么我们就不再可能回避对多元论与一元论之间那个难题的讨论。我们想要去肯认的那个现代性,部分地取决于我们心目中特定的目标。"①

对于泰勒而言,把西方的文化模式强加给其他民族或地区是文化霸权主义的表现,西方近代的道德传统力图告诉我们一种普遍的行为准则(这种普适性规则是对现代性道德内涵的稀释淡化,会致使现代性逐步丧失自身的丰富内容),普遍或单一的标准并不能取代具体的道德选择,道德理论与道德直觉之间并不总是完全契合的,普遍化的道德理论所带来的虚假安全感并不完全适应于人类真实的生活状况。对于泰勒而言,现代性道德并非从语言的逻辑分析中人为建构出来的普适性规则,而是在道德直觉所感知的道德困境中所展现出来的亚里士多德意义上的实践智慧:道德行动不是简单的规则遵从,而是在不断变化的处境中保持对美德富有洞察力的理解并将之实践化为对美好幸福生活的追求。泰勒通过文化的现代性所传递给我们并不是理性的终结和对相对主义的屈从,他希望表明一种各文化间的开放态度和包容精神。这是对排他主义的不容异己与毫无原则的过度纵容的共同否定,是对文化多元主义时代彼此差异而有相互平等的生活方式的积极追求。

我们要承认,文化的异质化存在是不容抹杀的客观事实,所谓普世化实质是空洞化的代名词,而且这种空洞化是一种虚假的空洞化,因为打着价值中立幌子的普世文化的背后隐藏了部分人群的特殊价值观甚至利益诉求。强调文

---

① 查尔斯·拉莫尔:《现代性的教训》,刘擎、应奇译,东方出版社2010年版,第183页。

化同质化的普世文化以文化的名义、以所谓现代性文明的方式推行着文化侵略的霸权行径,是在一种更为深刻的层面上对世界多样性和丰富性的破坏。当然,强调文化的现代性并不是要自我封闭,拒绝文化上的开放、包容与学习,尤其是在今天这样一个全球化的时代。"人类是个整体,人性中的同情不允许一位成员对其他成员无动于衷,或者脱离他人,独享完美之乐;正因为如此,必须普泛地发扬光大人性,才合乎文化所构想的完美理念。文化心中的完美,不可能是独善其身。个人必须携带他人共同走向完美,必须坚持不懈、竭其所能,使奔向完美的队伍不断壮大,如若不这样做,他自身必将发育不良,疲软无力。"①文化的现代性观点至少包含了以下四种文化意识:一是文化守护意识,应该要自觉守护本土文化样态,保证自我本真的文化命脉,维护特定文化共同体的集体记忆和民族认同感,避免外来文化的冲击可能造成的本民族历史的遗忘甚至本民族文化的遭到压制、变异乃至异化,看护好文化共同体的精神家园;二是文化宽容意识,应该要认清文化多元主义的客观现实,拒绝自我封闭和保守,明确世界文化的丰富性正是来源于各种民族文化的和谐互补,只有包容地对待他者异质文化才能在比较鉴别中更加完整地理解自我本土文化,也才能更好地融入世界文化整体发展趋势之中;三是文化间性意识,这主要体现为一种真正的开放精神和文化对话态度,要抛弃先入为主的自我文化优越感,将他者异质文化视为平等的文化样式加以承认,在平等的文化交流中取长补短、协同共融;四是文化学习意识,应该在文化交流中自觉吸收他者文化的积极因素,不断改变本土文化中存在的难以适应世界发展大趋势的某些不合理部分,在对异质文化的平等接纳中增强自身的学习能力和自我调适能力。

二、现代社会想象的广阔视野

基于这种文化理解的现代性的观点,泰勒提出了"社会想象"(social imaginary)这个概念以避免对西方现代性的单一化、线条化和简单化的非文化理解。泰勒认为,这种非文化理解的现代性源自于人自身整体性视阈的丧失,

---

① 马修·阿诺德:《文化与无政府状态——政治与社会批评》,韩敏中译,生活·读书·新知三联书店 2002 年版,第 10—11 页。

并致使我们的现代性文化患上越来越严重的失忆症;泰勒研究性工作的使命在于利用现代社会想象来深度挖掘现代性文化的复杂根源,以抵抗这种对现代社会构成严重威胁的失忆症。在泰勒看来,社会想象并非一套具体观念体系,而是通过文化理解使社会实践得以可能的东西。换言之,正是现代社会想象主导了现代人的社会实践,要化解现代社会实践中的困顿首先需要澄清现代社会想象的复杂渊源。这种"社会想象"是指某种比人们在客观化地思考社会现实时所采用的理智结构更为广阔和深刻的东西,是人们想象自身社会存在的方式:如何与他者共融相处,事情如何在自身与伙伴们之间取得进展,正常满足的期望以及作为社会期望之基础的更深层次的规范概念和图式。

　　泰勒指出,社会想象是在与"社会理论"(social theory)相对比的意义上来获得其内涵的:(1)社会想象关注的焦点是常人(真实生活状态中的普通社会民众)"想象"他们社会环境的方式,这通常并不以理论性的规范术语加以表达,而是在图式、故事和传说中得到体现;(2)理论只为少数人(社会精英分子)所拥有,而社会想象则为作为普通社会公众的大多数人所共同拥有;(3)社会想象是一种使社会共同实践和普遍接受的合法性成为可能的共同理解。[1] 特定历史时期的社会想象是十分复杂的,包含了一种我们相互拥有的正常期待感,并促使我们形成社会生活集体实践的共同理解。在我们逐渐理解实践的过程中,理论也不断得到新的注释,新的实践及其产生的潜在理解是理论得以修正和完善的基础。

　　泰勒的"社会想象"不仅是使我们理解具体实践成为可能的直接背景状况,而且是一种对我们的整个处境的更广阔的把握:我们如何相处,如何来到我们所处的位置,如何同其他团体相关,等等。这种更为广阔的把握并没有明确的界限,并且存在大量松散的和未加表达的对我们的处境的理解,它永远也不可能以清晰的理论学说加以充分表达;但正是在这种把握中,我们所处的世界的特征以及其所拥有的意义向我们显现出来。当然,具体实践与背景理解之间的关系并非单方面的:背景理解使具体实践成为可能,具体实践使背景理

──────────

[1]　参见 Charles Taylor, *Modern Social Imaginaries*, Duke University Press, 2004, p.23。

解得以体现。这种对社会空间的潜在把握,完全不同于对这种空间的理论化的描述,"暗含在实践中的这种理解与社会理论的关系,完全类似于我所熟悉的一个环境的能力与该区域的精确地图的关系"。① 精确的地图只能对我们的行动起到简单的线条化的引导作用,在一个具体环境中真正得心应手的措置来自于我们对于自身与环境之间互动关系的生动理解与切实把握。于是,泰勒告诉我们,大部分的人类历史和社会生活是通过这种社会想象而发生的,而非得益于某些理论概要的简单引导。当然,使我们的行动得以可能的背景理解是相当复杂的,尽管它不可能囊括世界上所有的事件,但是相关的意义赋予的事件都不能被排除在外。换言之,我们对自身处境的感知和理解处于与有意义的他者共同塑造的历史时空之中。泰勒的社会想象重视情境的源初性及其对于意义和行动的生成作用,"我们只能在给定信念的情境中推理,这种情境本身并不需要证成,恰恰相反,它赋予我们考虑信念的可能改变的手段,这种情境是因为我们在历史上的位置而属于我们的"。②

通过现代社会想象这种更为广阔的视野,我们看到,我们生活于其中的社会,并非仅仅是一种完全建构性的政治秩序的结合体。我们历史地生成着,我们追求的个体性和自主性并非人性的本然而是历史的产物。崇尚个体独立与自由是现代社会想象的主要内涵,但个体独立不是与旧的道德联系的完全断裂,它带有其自身的道德理想。这种理想包含着一种同社会的关系:自治的、诚实的、富有想象力和进取心的、能够将秩序和进步结合起来的人被视为未来新社会的基础。"个体化就是一种社会境况,不是通过个体的自由决定就能达到的。"③个体独立是一种社会的而非仅仅个人的理想。实际上,这场个人独立的革命提升了对于一种更广阔社会的归属感,它使人们摆脱了狭隘的共同体,但又未使其处于一种自我封闭的孤立状态之中。相反,它允许一种更加集中意义上的对平等个体的非个人化社会的归属,一个基于非个人化的平等社会已经完全取代了充斥着个人化等级制的社会。

---

① Charles Taylor, *Modern Social Imaginaries*, Duke University Press, 2004, p.26.

② 查尔斯·拉莫尔:《现代性的教训》,刘擎、应奇译,东方出版社 2010 年版,第 124 页。

③ 乌尔里希·贝克、伊丽莎白·贝克-格恩斯海姆:《个体化》,李荣山等译,北京大学出版社 2011 年版,第 5 页。

泰勒希望通过社会想象来丰富我们的现代性概念史：现代性是历史生成的，全方位地展现了近现代以来人类整体生活演变和发展进程；现代性是社会精英和普通民众共同演绎的意义丰满的生活史，是充满生命力、创造力和想象力的，是不能被简单化、直线化和片面化的。现代社会想象具有浓重的存在论意味，力图复归本原来发掘那些在现代性发展史上被我们有意或无意所遗忘甚至掩盖的东西。泰勒在《自我的根源：现代认同的形成》中尽管没有明确提出"现代社会想象"这个概念，但实质上正是通过这种现代社会想象为我们提供了一幅关于那些源于近代并对我们的时代依然具有重要影响的观念的全景图画：一是笛卡尔的"游离理性"（disengaged reason），它意味着自主主体控制世界的可能性；二是日常生活的肯定，它意味着宗教改革以来传统意义的"良善生活"让位于普通人在私人领域内的幸福体验；三是关于自我的浪漫主义观念，它意味着对自身独特生活方式的追求和展示以及对世界的非功利性、非工具主义态度，并构成了对"游离理性"及技术统治的反动。泰勒认为我们就生活在这三种彼此冲突的观念之中并深受其影响，我们需要发掘这些观念背后复杂的文化根源以澄清我们自身的存在状态，而非停留在非此即彼的分裂状态中左右摇摆。"要理解西方现代社会，首先要挖掘支撑现代社会实践背后的社会想象，正是它们赋予现代实践以意义和动力。"①只有"完整地"呈现现代性的历史（尽管我们无法做到"彻底地"呈现真实的历史，但至少不能有意阉割历史）我们才能理解现代性的过去，明确现代性的当下，对现代性的未来作出审慎判断和理智选择。"我们需要历史不是因为它能告诉我们过去发生的事情，或为我们解释过去，而是因为它使历史保持活力，能够解释我们并创造一个可能的未来。"②泰勒为我们提供了一种对现代性发展史的全新理解，并让我们看到丰富我们的现代社会想象就是对我们未来良善生活的积极构思和努力创造。

---

① 张容南：《一种解释学的现代性话语：查尔斯·泰勒论现代性》，上海世纪出版集团 2011 年版，第 147 页。

② 艾伦·布卢姆：《美国精神的封闭》，战旭英译，凤凰出版传媒集团、译林出版社 2007 年版，第 195 页。

三、现代道德秩序及其历史呈现

在泰勒看来,西方现代性的核心是一种有关社会道德秩序的新观念,这种现代道德秩序首先是作为某些有影响的思想家的私人观念而存在,继而通过某种方式逐渐塑造了广大普通社会民众阶层的社会想象,最后通过彻底改变整个社会的存在状态而成为一种公共理念。这种现代道德秩序逐步确立的过程,正是现代社会想象慢慢渗透并在社会生活的方方面面加以呈现的过程,也正是西方现代社会的形成过程。

这种现代道德秩序的主要体现在以下方面①:(1)相互获益的秩序在不同个体之间持有,至少在那些独立于更大的官僚秩序的道德主体之间是这样的。这种互利的秩序最初理想化于一种权利和合法性规则的理论之中,它始于个人将社会理解为了自身利益实现而建立的"需要的体系",政治社会被视为某种前政治的东西的一种工具。这种观念所设定的秩序良好的社会包括了作为一个关键因素的平等个体之间的相互服务的利益关系,这种相互获益的现代理念在我们的世界中保有一种公认的强大力量。(2)尽管利益确实内涵着美德的践行,但这种利益主要是指社会被祛魅后有关日常生活的利益。作为一种工具,政治社会使诸个体能为了相互利益而相互服务。这种相互服务,既体现在彼此提供安全保障方面,又体现在其对交易和富足的促进方面。社会内部的分化为这种世俗化的终极目的所证明,相互服务是围绕日常生活的需要而展开的,是为了保障自由个体的存在条件而非为了确保个体的最高善。伟大的存在之链被打断,没有什么等级制度天生就是好的。(3)这是一种以权利的名义对自由进行保障的秩序。政治社会必须服务于个体,这种服务是通过对个体权利的保护而得到确认的。自由是所有这些权利的中心,自由的重要性在这样的一种要求中得到证明:政治社会应建立于那些有义务服从它的人的同意的基础之上。在此发生作用的这种伦理应既被界定为行为的潜在条件,又被界定为理想秩序的需要———种自由的和互利的伦理。这也证明了为何同意在这种源于此伦理的政治理论中扮演着重要角色。(4)这些权

---

① 参见 Charles Taylor,*Modern Social Imaginaries*,Duke University Press,2004,pp.19-22。

利、自由和相互获益,在所有参与者之间普遍得到平等保障。"平等"的准确含义可能会发生变化,但必须以某种抛弃等级秩序的形式得到确证。这种现代道德秩序对人类生活的影响,经历了从为少数社会精英所拥有的理论到渗透于整个社会大众的社会想象的过程。正是这种社会想象的渗透使这种现代道德秩序成为我们当代文化中的主流观点。泰勒认为,这种现代道德秩序在传播和渗透过程中呈现为三种对现代性至关重要的社会自我理解形式,它们分别是有关经济的客观化理解、公共领域的形成和人民主权观念的普及。

"经济"形成于对家庭事务的精明管理,"经济学"的字源学意义是家务管理的艺术:家务管理是"家长"对主奴、夫妇和父子关系的协调和处理,这是一种运用性的"主人学术",家务管理的技术不同于获得财产的技术,后者是一种日常劳务及专门技艺的供应性的"奴隶学术"。① 在古代,家务管理完全是处于一种辅助性领域之中而从属于政治的。然而,这样的一种状况到了近代发生了改变,政治逐渐成为一种经济行为的协调性工具并出现了边缘化的趋势。这种对"经济"的近现代理解与扎根于商业社会的上层文明的自我理解密切联系在一起。近代的秩序观念认为,和谐在于我们的目的之网——我们意识到各自的不同与差别,希望进行一种利益交换以保证通过富足来形成稳定的社会秩序。人们所从事的这样一种服务交换,被称之为"经济"。经济界定了一种我们相互联系的方式,基于个人利益的理性劳动代替了情同手足的爱和信仰,社会逐渐被视为一种生产、交换、消费活动的啮合,这是一个有自身规则和动力的"需要的体系"。将"经济"理解为一个独立而且更为根本的系统,是 18 世纪理论的一项成就;但逐渐将社会的最重要目的和事务视为经济联合和相互交易,是从那个时代开始一直持续到今天的我们的社会想象中的一个重要倾向。

这种"经济"在新秩序观念中呈现出巨大的重要性:有组织社会的主要目标是安全和经济繁荣,"经济"被视为社会居于支配地位的目的所在,国家成为促进经济的一种工具,国家这只"看得见的手"将人们对于私利的追逐和热爱转变为一种共同善。"一个真正有秩序的社会要求人们认真地从事这些经

---

① 参见亚里士多德:《政治学》,吴寿彭译,商务印书馆 1981 年版,第 19—21 页。

济工作并为他们制定一种纪律。这就是政治的基础。"①政治秩序以保护生命、自由和追求财富等基本自然权利为目的,政治共同体的形成源于人的自我保存和发展需要,由此而形成的现代政治立基于权利而非责任、欲望而非美德之上,政治参与更多地来自于理性计算而非强烈的信念。泰勒认为,这是一种客观化的思考,是以一种对待自然过程的方式来对待社会事件。"这种对待社会生活的客观化的尝试是源于现代道德秩序的现代理解的一部分,同样也是想象社会行为的新的方式。"②这种社会现实的客观化图景呈现出强烈的个体化的倾向,秩序的保护、契约的强化、规则的遵从完全是基于个人目的和利益的实现。最终,基于个人理性的劳动逐渐取代了爱、信仰、希望和仁慈,理性算计的人逐渐取代了亚里士多德式美德的人,"基于人的选择意志的社会"逐渐取代了"基于人的本质意志的共同体"。

伴随着个体化社会的来临,伟大的崇高感、英雄主义、非功利性的全身心奉献逐渐萎缩,甚至面临消失的危险。但是,现代文化中依然存在着对这种趋势的修正,"以一种形式,它们引起了一种对秩序的现代理念的修正——保存公民美德或自由或非异化的自治,这是我们在卢梭和马克思的哲学中发现的。以另一种形式,它们实际上被视为内在于这种秩序的一种退化的潜在威胁,但这决非是想要抛弃这种秩序,而只是对这种潜在危险性的预防和警示。斯密,以及后来的托克维尔属于这一类"。③ 泰勒希望在卢梭、马克思、斯密、托克维尔等人身上找到丰厚的思想资源以纠正经济日趋强势、政治逐渐衰落可能带来的各种社会问题。泰勒发现,能够校正这种经济主导秩序的是在现代社会想象渗透过程中形成的现代公共领域。

对于泰勒而言,公共领域是一种超政治的、世俗的、反思性的社会批判空间,它能对从属于经济的简单化的政治行为起到诱导和监督作用。这种公共领域的形成也是在现代社会想象渗透和转化的过程中发生的,与之相伴随的是私人世俗生活的重要性慢慢凸显,即泰勒所谓的"日常生活的肯定"。所谓

---

① Charles Taylor, *Modern Social Imaginaries*, Duke University Press, 2004, p.73.

② Charles Taylor, *Modern Social Imaginaries*, Duke University Press, 2004, p.77.

③ Charles Taylor, *Modern Social Imaginaries*, Duke University Press, 2004, p.82.

日常生活是指"来称谓人类生活涉及生产和再生产方面的技艺术语,生产与再生产指劳动、生活必需品的制造以及我们作为性存在者的生活(包括婚姻和家庭)"。① 这是一场最先由新教发动的、稳步提升了私人生产和家庭生活的重要性的广阔的欧洲文化运动:特殊神圣性的要求遭到了抛弃,我们从事日常工作,维持凡俗时间中的家庭生活,我们生活的幸福与否完全在于凡俗时间中的日常生活之中。"好的生活"的关键是我们如何过日常生活,更高的或更富英雄色彩的生活样式不再受到关注和重视,和平理性生产的资产阶级伦理战胜了荣誉和英雄主义的贵族伦理。在日常生活的肯定中,私人性得到了凸显,个人主义获得了发展,这种私人性和个人主义集中体现于经济交换行为塑造的空间之中。正是这种纯粹私人化的经济空间成为现代公共领域形成的重要背景之一。现代公共领域的另一背景是家庭领域——包含亲属之爱的家庭世界。"人性"的概念集中体现在自愿、爱的共同体和教育这三个因素中,"要求按照自身规律自行完善的内在世界,从任何一种外在的目的当中解放出来"。② 在这种私人家庭领域中慢慢孕育出的公共交流逐渐催生了公共领域。只有在这样的一种经济的、教会的以及家庭亲密关系的整个背景之中,我们才能理解公共领域的产生。这种公共领域被理解为社会的超政治性和世俗构成的谱系的一部分,它一方面相关于经济领域中的相互交换,另一方面又有助于孕育一幅人民主权的新图景。

泰勒认为,人民主权是有助于形成现代社会的社会想象的变化链条的第三个方面。泰勒将这个过程区分为完全不同的两条道路,尽管在真实的历史发展中它们时常是联系在一起的,而且有时很难分得清楚。一方面,某种理论可能引发新的实践行动,由此塑造某些社会团体进行实践行动的社会想象。根据一种契约理念形成的最早的清教徒教会,提供了这个方面的例子:一种新的教会结构来自一种神学改革,这变成了政治变革事件的一部分,因为市民结构本身在美国殖民地中受到教会管理方式的影响。譬如,对康涅狄格州的公理教会而言,只有信仰变换者才拥有完全的公民权。另一方面,社会想象的

① Charles Taylor, *Sources of the Self: The Making of the Modern Identity*, Harvard University Press, 1989, p.211.

② 哈贝马斯:《公共领域的结构转型》,曹卫东等译,学林出版社 1999 年版,第 51 页。

演化与一种已在旧的特免权中存在的惯例的重新理解相伴而生,合法性的、较陈旧的形式似乎被对秩序的全新理解所控制,继而在一定情况下无明显中断地发生改变。如美国革命开始于一种合法性理念的基础,并以形成另一种非常不同的合法性理念而结束,同时避免了一种激进的断裂。这种新的社会想象主要是通过一种回顾性的再解释而实现的,革命力量主要是基于旧的合法性理念而被动员起来的,最终却被视为一个主权民族的力量的运用。对于政治行动者而言,理解一种理论就是能够在其世界中将该理论付诸实施,但使我们的实践有意义的是我们的社会想象。因而,对这种转化至关重要的是人们共有一种可以满足这种要求的社会想象。"为了根据一种新的合法性原则去实现社会的变革,我们必须拥有一种包括满足该原则的各种途径的储备。这可以分为两个方面:(1)行动者必须知道去做什么,必须在使新秩序生效的储备中进行实践;(2)全体行动者必须就实践的内涵达成一致。"①理论若要在行动中发挥实际作用,就必须被"图式化"(schematized),以在实践领域中获取某种具体的解释。泰勒通过18世纪革命表述了基于传统的和全新的社会想象的交互作用(这种交互作用是复杂的、冲突性的,并充满了新旧势力之间的不可预知的妥协)而开启的人民主权的时代。人民主权是一种新的合法性理念的制度性表达,需要深厚的历史意识和丰富的社会想象才能理解并在政治实践中得到真正实现。

现代社会所崇尚的作为一种道德理想的现代个人主义,并非意味着归属的终结(归属的终结是一种"失范的个人主义"),而是要将自身想象为归属于诸如国家、人类共同体等更大的、更广的和更非个人化的实体之中。泰勒通过对现代性叙事的重新书写告诉我们:在现代性的理解上,我们不能同传统存在方式进行彻底的决裂(否则,我们会陷入可悲的虚无主义之中),我们应该挖掘现代性的文化内涵以丰富对现代性的社会想象;而且,这种对"现代性"的社会想象应该渗透到不同民族的历史传统和文化之中,我们不能期望这些想象在其他文化中被接受时会是一种西方模式的简单复制!

---

① Charles Taylor, *Modern Social Imaginaries*, Duke University Press, 2004, p.115.

第三节　现代性崛起中的本真性伦理问题

"本真性伦理"是在考量西方近现代社会转型过程(现代性发展)中出现的一个重要概念,让我们继续追随西方共同体主义者查尔斯·泰勒的思想足迹从本真性伦理这一种更为深刻的层次来呈现现代性道德的复杂性吧!应该说,泰勒的本真性通过对作为一种面向根源存在的人类本质的刻画为其全部社会政治哲学思想进行了关键性的道德奠基,这也是我们在现代性语境中对人类根本存在方式进行伦理观照的思想路标。

一、本真性问题的呈现

按照牛津词典的解释,最早出现于 13 世纪的"本真性"一词源自希腊语 authentikos,意为"第一权威的、本源的"。"本源"指一种事物初始的历史生成并在一种开放空间内维持该事物的存在,由此可见"本真性"的词源学含义为"出自本源并在无限的存在可能性中维持事物自身"。查尔斯·泰勒使"本真性"这个概念与现代人的存在状态发生关联,以此来意指:个体之为个体面向本源地生成其自我规定性,并在与他者的对话交流和社会交往中维持和发展这种自我规定性,由此而实现其本真性存在。这种面向根源经由对话而获致的本真性伦理存在能够保证我们在"我是谁"这个问题上的肯定回答,表达了在"一切等级的固有的东西都烟消云散了"①的现代社会背景中对人类自我认同的无限渴望和积极追求。

在泰勒看来,本真性作为一个问题呈现出来,发生于从传统社会向现代社会的转变进程中。在传统社会语境中,我们基于一种先定的宇宙论(即人、神、自然存在于一种和谐、统一的普遍秩序之中"各安其位")思想而行动,这种先定的宇宙论自然而然地内生于我们的认知结构中并在一种不那么清晰的情况下发生作用。传统社会中的个体深深地嵌入各种各样的社会关系之中,借助于自身复杂的伦理角色定位来实现自我评价,由此成就了"伟大的存在

①　马克思、恩格斯:《共产党宣言》,人民出版社 1997 年版,第 30—31 页。

之链"的"预定和谐",于是"我是谁"这一自我认同的根本问题在相互交织的社会关系网络中得到自然确定,个体的本真性由此而处于一种隐而不现的被遮蔽状态。可是,伴随着近代宗教改革和现代自然科学的兴起,伟大的存在之链发生了断裂,社会等级制度及其价值评价体系在人们的自我觉醒中被质疑、批判并走向崩溃,个人的自我价值在复杂的社会网络中渐露峥嵘,与此相伴而生的是人的自我评价根据也遭到了彻底置换。在作为第一本现代著作的《忏悔录》中奥古斯丁开启了自我理解的内在化进程,并在卢梭和赫尔德的大力推动下引发了现代文化的主体性转向:人是一种具有内在深度的存在,人之为人的根源完全植于自身之中。面对各种外在的社会约束,人类开启了自身的本真性追索,本真性问题由此而得以呈现。"这种本真性理想能够瓦解传统社会中按照社会地位获得认同的可能性,并致力于去发现一种人的内在发生而非社会派生的独特存在方式。"①当然,本真性理想所强调的"内在发生"并非独白式自我臆想,而是立基于所处的文化传统和社会境域对处于与他者有机关联中的自我命运所展开的深刻反思和积极把握。

泰勒指出,本真性问题的呈现及其外化为的个人本位文化的崛起,并不意味着个体可以脱离于固有的社会关系和政治秩序而存在。换言之,这只是一种自我理解的现代转变而已。"逻辑在先"的理论构思无法取代"历史在先"的事实发生,譬如我们在社会契约论的各种版本中所发现的各种"自然状态"设想和各式"缔约方式"的人为设计根本填补不了人类初民社会时期在这些问题上的空白。泰勒把这种自我理解的转变称为"现代社会想象"——这是一种为社会大多数人所共有并在图式、故事和传说中得到体现的构思自身社会环境的样式,是能够使我们的共同实践和为我们所广泛接受的合法性成为可能的共同理解。② 也就是说,现代性自我以孤立的、分离自在的独立个体来看待自身,并非近现代人之境遇的真实历史描述,而是在社会世俗化的进程中逐步生成的一种自我理解方式。在泰勒看来,这种自我理解方式与近现代以来发生的重要的宗教事件密不可分,近现代社会的世俗化或马克斯·韦伯笔

---

① 韩升:《生活于共同体之中——查尔斯·泰勒的政治哲学》,中国社会科学出版社 2010 年版,第 165 页。

② 参见 Charles Taylor, *Modern Social Imaginaries*, Duke University Press, 2004, p.23。

下的"世界的祛魅化"并非是人类生活与宗教信仰的简单断裂或宗教信仰在人类生活世界中彻底式微,而是意味着宗教信仰只是人生价值归宿之诸多选择的一种,生活及其意义因而具有了不确定性。随着信仰的多元化,传统社会的凝固性出现了松动,于是在社会的现代转型中出现了泰勒所谓的自我"大脱嵌"。由是观之,导致本真性问题出现的"自我脱嵌于社会"其实具有非常重要的宗教根源,这也正是泰勒在近年来对世俗社会的集中研究所透露给我们的。

本真性的出现意味着彻底自我觉醒的出现,"我是谁"、"为什么我是这样"、"我应该怎样"等一系列的问题随之产生,自我反思的启蒙意识从少数社会精英分子的手中向社会大多数普通民众中扩散和蔓延,用艾伦·布卢姆的话讲就是哲学家从贵族派彻底转变为民主派。由此可见,本真性其实蕴涵着康德的启蒙理念:启蒙就是人类勇于运用自己的理智,脱离自己所加之于自己的不成熟状态。① 传统社会中的我们其实是处于"洞穴"之中带着镣铐的奴隶,即使别人告诉我们外面真实世界的精彩并且我们的身体也有能力砸碎镣铐冲到洞穴外面去享受真实世界的精彩,我们也做不到这一点,因为思想上的懒惰让我们沉醉于"洞穴假象"并把这种假象想象成真实世界而在其中自得其乐。高扬启蒙精神的现代社会,诱发了我们内在的自我实现意识,为本真性理想的萌生和发展提供了广阔的空间。故而,泰勒把本真性理想的出现视为一个巨大的历史进步,因为自此我们具有了达成积极自我实现——以真正的自我意识从容地生活于各种共同体之中,以完全自决的自由来理解自身的存在方式,在平等主体的彼此承认中实现自我认同——的可能。对于泰勒而言,本真性问题在社会话语体系中的出现意味着荣誉话语的衰落和尊严时代的到来:暗含差异与不平等的"荣誉"与传统等级社会相适应,它代表了一种不可能为人人所共同实现的价值追求,而"尊严"则体现了现代社会平等趋向的能够为人人所共有的价值形式。当然,这种代表着自我独立观念与自由意识觉醒的本真性精神能够在社会历史现实中充分实现,尚依赖于我们对这个本真性的准确理解和积极践行。可悲的是,恰恰是我们对本真性观念的误识,使本

---

① 参见康德:《历史理性批判文集》,何兆武译,商务印书馆1990年版,第23页。

真性失去其"本真",由此而引导的生活实践最终把我们的真实生活世界导向了一种自我矛盾的境地。

二、本真性观念的误识

泰勒指出:"本真性无法以瓦解有关重要的视野的方式得到维护。"①换言之,我们所拥有的真正的自我观念不是凭空产生的,它源自于我们在既有的生活经验所积淀下来并在与他者的积极对话和社会交往中所形成的一个"无可逃避的框架",即我们的生活视阈。视阈表征的是一种独立于个人意志并能够使某种意义得以呈现的背景状况,凭借于此,我们才能实现对生活的自我塑造;视阈内涵着一种积极的共同体意识,在其中,我们能够看清自我的来源和发展历程,能够用一种建设性的态度来看待共同体中有意义的他者,由此实现对我们实然生活和应然生活的清醒把握并在此基础上采取行动。本真性观念也是一个有根源的历史事件,来自于近现代社会历史演化进程中的有机互动和文化孕育,作为本真性观念之核心的自我实现意识恰恰来自于一种文化传统、自然要素、同伴需要、公民职责和上帝召唤的综合作用。"本真性理想包含了某种社会概念,至少包含了人们应该如何生活在一起的观念。"②在泰勒看来,本真性理想所蕴涵的作为自我实现意识之外在表现形式的个人主义是一种"作为道德原则和理想的个人主义",而非"反常和琐碎的个人主义":前者承认与有意义的他者的对话能够孕育自我认同,并提出了一种自我与他者如何和谐共存的积极观点;后者则代表了一种严重低估了对话在人类生活中作用与意义的独白式理想,是对本真性观念的根本误识,实则一种以唯我论形式呈现出来的低劣扭曲的本真性状态。把本真性观念误识为独白式原子化个体意识的反常和琐碎的个人主义,正是造成现代性之隐忧的观念性根源。

泰勒认为,这种反常和破碎的个人主义的发生有三个根源:一是近现代以来生活样式不再有高低贵贱之分,究竟该如何生活完全取决于个体的自由选择,个人的主观意愿获得了绝对权威的地位,作为纯粹公共性组织的政府必须

---

① Charles Taylor, *The Ethics of Authenticity*, Harvard University Press, 1991, pp.38–39.

② Charles Taylor, *The Ethics of Authenticity*, Harvard University Press, 1991, p.44.

保持绝对中立,无权对公民个体的生活选择作出任何干预;二是西方文化传统中的道德主观主义得到了坚持和张扬,道德是纯粹私人的事情,完全听从于自我内在良知的召唤,他者无法在自我的道德问题上指手画脚,道德与否完全取决于个人内心的心理体验和自我判断;三是社会科学解释日趋常规化、理性化、标准化和常规化,这是近代自然科学迅速发展的结果。人们开始坚信只有借助于自然科学方法通过大量数据分析而得到的"事实"才是研究和解释人类行为的唯一依据,内涵着价值判断的道德理想遭到这种社会客观决定论的无情驱逐。由此而形成的反常和破碎的个人主义,让我们在刚刚摆脱了封建主义禁锢后又面临着陷入虚无主义深渊的危险。因为在这种个人主义观念中,工具理性大行其道,消极自由横行无忌,功利主义甚嚣尘上,我们原本深刻的心灵在基本生理欲望的一再诱惑下逐渐庸俗化,我们慢慢失去了对生活进行判断和行动的能力并把当下的低劣视为生活的应然。于是,原本作为一种积极自我实现之价值追求的本真性理想由于与这种反常和破碎的个人主义的结合而遭到根本的误识。

人们将这种被误识的本真性观念视为理所当然,并将其作为自我行动的根据和支撑,结果造成了泰勒所深深惋惜的"现代性之隐忧":一是极端个人主义及其权利话语的至上性造成了生活意义的失落,完全站在自我的立场上来客观化地看待整个世界,高举权利的奥康姆剃刀无情剪裁原本意义丰盈的生活整全,将生命的英雄维度和生活的崇高感彻底抛弃,使自我沉浸于平庸、狭隘、可悲乃至变态的自我关注之中,结果最终迷失于无意义的世界幻象而无法自拔。二是工具理性的优先性把"手段—目的"的利益权衡关系推向了极致,原本孕育和充实自我的社会共同体成了实现彼此欲望满足的"需要的体系",相互之间温情脉脉的交流为一种冷冰冰的利益逻辑所取代,我们在自我认同危机的道路上越滑越远。三是极端个人主义和工具理性的至上性共同造成了政治自由的丧失,我们一味在免于控制的消极意义上追求着臆想的自由,逐步放弃了我们对于政治生活的积极参与,结果在政治冷漠感的与日俱增中步入现代福利国家所设定的温和专制主义的牢笼,从而失去了对于自身命运的掌控和把握。借助于阿兰·图海纳的一段话或许我们更能理解泰勒的现代性隐忧:"我们现在的社会越来越混乱,它使我们越来越宽阔的行为领域无章可循,使我们处于社会的边缘而不处于我们所属的社会中,使我们处于变化的状态而不处在同一的状态,处在矛盾的情绪中而不处在明确的肯定或否定的信仰中。"①个体的膨胀与自我的迷失、经济的丰裕与文化的匮乏、形式的和谐与内容的分裂、权利体系的充实完善与生活安全感的日渐丧失……所有的一切都使我们的生活处于一种前所未有的吊诡之中,被误识了的本真性理想让我们在现代性的诸般隐忧中充分感受了碎片化、纠结的撕扯感和难以言明的无助感,由此我们这种无所适从中对自身根源存在产生了迷茫和困惑——本为澄清和彰显自我真实存在的本真性理想却最终走向了它的反面。

面对现代性隐忧的真实发生并愈演愈烈之势,我们应该放弃对本真性自我理想的希望吗?美国保守主义政治哲学家艾伦·布卢姆对此非常彷徨:"我们正在经历长达三百年之久的认同危机。我们追本溯源,追寻自我,越走越远,因为它退进了茫茫丛林之中,仅仅先我们一步。"②而与泰勒一样同为西方共同体主义健将的麦金太尔则认为,现代性启蒙的道德规划已经彻底破产,西方近现代以来的整个道德理论体系根本无法支撑我们当下的生活实践,我们只有借助古典伦理资源以重建美德政治才能重归生活正途。凡此种种的文化悲观论调大都切中肯綮地指出我们这个时代所面临的困境并表达了深深的失望之情,但除此之外我们似乎找不到能够结束这种精神困顿和生活彷徨的更富建设性的选择。与这种貌似深刻的文化悲观论不同,泰勒对此采取了一种更为审慎的态度:重新阐释现代性以维护人类的本真性理想。

三、本真性理想的维护

泰勒面对现代性诸般问题的忧虑,所反映出来的并非对现代性之本真性理想的质疑。他敏感地意识到,正是由于我们对现代性的不恰当臆想稀释、淡化了其道德内涵才使得我们的本真性伦理变得支离破碎。故而,我们

---

① 阿兰·图海纳:《我们能否共同生存?》,狄玉明、李平沤译,商务印书馆2003年版,第90页。

② 艾伦·布卢姆:《美国精神的封闭》,战旭英译,凤凰出版传媒集团、译林出版社2007年版,第129页。

不能守着现代性的诸多隐忧空自悲叹,"支离破碎的两难境地在某种程度上构成了我们时代最大的精神挑战,但这不是我们必须接受的严酷宿命"。① 在泰勒看来,只要勇于面对,敢于担当,我们的命运尚把握在我们自己手中。我们需要做的是复归现代性之本源,重新发掘那些被我们遗忘、掩盖甚至压抑了的道德根源并对其加以积极表达,在一种追根溯源中提振现代性的批判反思能力,克服我们在本真性观念上的误识,使我们的本真性理想重回"本真"。我们在泰勒的《自我的根源:现代认同的形成》中看到了他为此所做的大量努力。

通过对现代性所做的追根溯源式的全面考察,泰勒指出:所谓的本真性在完整意义上涉及两个方面:本真性(A)包括(i)创造、构造以及发现,(ii)原创性,以及频繁地(iii)反对社会规则,甚至暗暗地反对我们的道德;本真性(B)要求(i)对重要的意义视野加以开发(反之创造就将陷入琐屑的生活无意义之中),和(ii)在对话中定义自我。② 本真性的这两个方面的含义不可偏废,否则本真性理想就会误入歧途。泰勒以具有浓重后现代倾向的解构主义学说为例对此进行了说明:解构主义过分强调了(A.i)我们表达语言的创造性,但却完全忽略了(B.i)对重要意义视野的开发;解构主义紧紧抓住了(A.iii)的更极端形式,即彻底的非道德主义,但却对(B.ii)在与他者的对话中定义自我视而不见。在泰勒看来,解构主义是以一种极端捍卫的方式实现了对自我的消解,因为在拒绝对话的前提下根本无法进行所谓所有立场的确证。当然,泰勒也并未走向另一个极端——本质主义,因为在他看来,本质主义由于偏执于个体差异而切断了人类对话得以发生的可能。泰勒从承认的角度在解构主义和本质主义之间构思了"第三条道路":"这项工作就是重新奠定本真性理想的基础,恢复使其有意义的价值背景,并且通过人类对话达到差异主体之间的相互承认,从而既能支持多样性的个人选择,又能保证这种选择的深度,以及它

---

① Charles Taylor, *Sources of the Self*: *The Making of the Modern Identity*, Harvard University Press, 1989, p.521.

② 参见 Charles Taylor, *The Ethics of Authenticity*, Harvard University Press, 1991, p.66。

的社会承认度。"①

　　泰勒以其《承认的政治》一文与保罗·利科、阿克塞尔·霍耐特等人共同构筑了当代政治哲学领域中的承认话语体系。② 根据泰勒的考察,承认是与本真性问题一起在传统社会等级制度崩溃进程中呈现出来的,对我们理解和维护本真性理想至关重要。来自他者的承认对于本真性自我的确证具有重要意义,得不到他者的承认或得到的只是他者扭曲的承认,对于自我而言都是一种侮辱、贬损甚至压制。当然,这里的他者必须与自我处于一种同为主体的平等关系之中,因为迫于外力的承认不是一种真正的承认,迫于外力而和解的双方都无法得到真正的自我确证。故而,自我只有在与平等他者的自由对话中才能感受到自身存在的意义和价值,此时的"他者"并非萨特笔下作为"地狱"的"他者",而是乔治·米德意指的与自我共同构成背景共识的"有意义的他者"。我们今天生活的社会正在成为一个可以直接进入的日益平面化的社会,生活于其中如果一味沉醉于独白式自我幻想则只能让我们更加迷失于这个光怪陆离的世界之中,我们只有真正放弃偏见、敞开怀抱、构筑完全开放而深度宽容的话语交流体系才能实现自身的本真性理想。

　　我们在泰勒通过他者的承认而对本真性理想所做的维护中,看到了政治哲学的实践面向。要捍卫我们的本真性理想使我们在面向根源的存在中达到真正的自我实现,尚需对自由主义民主政治的话语体系进行批判性重构。自由主义之"权利优先于善"的观念剥离了权利的道德内涵,通过一种外在化的形式压制人们内在的自主道德选择能力,使我们在民主社会中的自由行动受到极大限制。针对于此,我们需要发掘权利话语的道德根源并对之加以认真而充分的表达,让善的回归赋予我们的政治行动更为广阔的思想空间。善的真正回归需要我们改变流行的手段型共同体观念并确立一种构成型共同体观

---

① 张容南:《一种解释学的现代性话语:查尔斯·泰勒论现代性》,上海世纪出版集团 2011 年版,第 119 页。

② 相关理论观点参见查尔斯·泰勒的《承认的政治》(载汪晖、陈燕谷主编:《文化与公共性》,董之林、陈燕谷译,生活·读书·新知三联书店 2005 年版);保罗·利科的《承认的过程》(汪堂家、李之喆译,中国人民大学出版社 2011 年版);阿克塞尔·霍耐特的《为承认而斗争》(胡继华译,世纪出版集团、上海人民出版社 2005 年版)。

念,"根据构成型共同体观念,共同体的善更加深刻地渗透于个体身上,结果是我们不仅要描述个体的情感,还要描述个体的自我理解形式,这种自我理解部分地构成了他的认同,并部分地规定了他是谁"。① 这种构成型共同体观念把自我、他者及所处的社会环境看成一个有机整体,外部世界并非一个有待于我们开发和利用的纯粹客体,而是与我们处于休戚与共的和谐共生关系之中:我们观照着这个世界并把自身融入其中,周围的世界也在构成并维系着我们的自身所是。基于这种观念的政治对于我们的真实生活而言不是异在,而是我们自身力量的充分展现,生活与政治在我们心灵中将不再被分裂和隔离。近现代西方代议制民主的兴起所带来的最大问题不是在实际的政治程序执行中排斥了大多数人,而是在所有人(包括少数政治的直接设计者和大多数政治的被动接受者)的心灵中都种下了一颗政治与生活应该分离的种子,并任由其成长壮大。针对于此,我们需要改变的不是——当然我们也无法改变——代议制民主基本的制度设计和程序规划,我们需要转变的我们自身的政治观念,程序上与政治的分离并不意味着政治彻底脱离了我们的生活世界而在一个封闭的圆圈中实现着自身逻辑的完满。生活的政治与政治的生活是一体的,在这一点上古希腊哲人亚里士多德的名言"人天生是政治的动物"能够穿越历史时空仍对我们现代人的本真性理想提供警示。

本真性伦理思想虽未获得查尔斯·泰勒大量而频繁的眷顾,但却作为其成熟时期的哲学思考成果而渗透于泰勒对人类行为、自我解释、现代认同、承认的政治、宗教观念等问题的阐述之中,体现了泰勒对我们现时代精神状况的深刻反思,值得我们在理解泰勒思想以把握时代境遇和观照自我存在状态的过程中集中关注。伦理呈现的是基于人的内在观念而外化为的一种秩序存在,脱离伦理的生活(或许这根本称不上"生活",只能称为一般动物本能意义上的"生存",因为"生活"必定是"伦理的")将会导致人的内外分裂,根本无法维系人面向根源的本真性存在——我们在泰勒关于本真性伦理的阐述中看到了这一点。

---

① Michael J. Sandel, *Liberalism and the Limits of Justice*, Cambridge University Press. 1982, p.161.

必须要克服现代性语境中对本真性的种种误解和滥用，自我封闭的唯我论只是本真性的一个幻觉，我们需要一定的意义视阈使本真性的自我理解和自我创造得以实现，独立存在的个体只有基于他者的积极承认才是可能的。伊恩·伯基特发现，只能以社会性的方式通过与他人之间蕴涵意义的对话性关系才能成为一个本真性的个体自我，这一点具有一定的悖谬性。① 其实，这种悖谬不是泰勒的悖谬，而是整个现代性的悖谬，因为泰勒身处现代社会之中自然无法拽着自己的头发让自己脱离现代性语境，撕扯的纠结感和分裂的彷徨感随着现代性的起步就开始注入到每一个现代人的身上。泰勒的本真性伦理立足于批判性反思，确实存在明晰性欠缺、建构性不足的问题，但他的确为我们澄清了现代性问题上的诸多误解，再现了人类面向根源存在的本质追求，使我们看到了走出后现代虚无主义的希望。

---

① 参见伊恩·伯基特：《社会性自我：自我与社会面面观》，李康译，北京大学出版社 2012 年版，第 85 页。

第 三 章

自由的积极理解:和谐根基论

  自由是一个属人命题,充分展现了人与一般事物不同的积极自为状态,是对人之理想生活处境的表达。与一般非人存在物相比,人的生命活动不仅仅是一个新陈代谢的简单生理过程,在本能行为的基础上开启了一片充满意义的生活空间,而且能够在意识的对象化活动及其超越中不断实现自我完善和发展。在面对广博而未知的自然世界、生活共同体中的殊异他者、未来变幻莫测的生活境遇中,人能够坦然应对、灵活处置,并能在这个进程中不断实现自我意识的超越,在"认识你自己"的道路上深化对"人是什么"这一终极问题的积极思考,这就是人之自由状态的根本体现。在政治哲学上,自由大体上可以被认为是一种积极的善,描述的是处于社会共同体生活中的一种不为物役的理想存在状态。然而,自由可能又是现代政治哲学上最富有争议的概念。"自由,已经成为现代政治哲学最令人赏心悦目、最集中显示'诸神之争'尖锐对立性质的一个政治哲学话题。"①"没人能否认自由乃是一种善,但是,在那些力图劝使我们采用他们所喜欢的对自由本质的理解的人们之间发生的却是一场无休无止的概念之战。"②与民主、权利等政治话语相比,自由似乎更多了几分形而上的味道,在对之进行思考和讨论时也更容易让人陷入思想历险的境地。尽管如此,我们仍愿意进行这样一种冒险性尝试,以西方共同体主义为主线,在政治哲学语境内探索自由的奥秘,希望能为面临种种现代性挑战和困境的和谐共同体生活进行理论奠基和实践指引。

---

① 任剑涛:《政治哲学讲演录》,广西师范大学出版社 2008 年版,第 233 页。
② 戴维·米勒、韦农·波格丹诺主编:《布莱克维尔政治学百科全书》,邓正来等译,中国政法大学出版社 2002 年版,第 288 页。

第一节 自由概念的分殊：邦雅曼·贡斯当
和以赛亚·伯林

西方文化传统中的自由概念源远流长，有关自由的争议也是由来已久。直到近现代，自由观念的分歧获得了更为清晰的表达，哈耶克在《自由秩序原理》中区分了两种自由理论传统：一为经验的且非系统的自由理论传统，另一为思辨的及唯理主义的自由理论传统；前者立基于对自生自发发展的但却未被完全理解的各种传统和制度所做的解释，而后者则旨在建构一种乌托邦，虽说人们此后亦曾反复尝试过这一乌托邦，但却从未获得成功。① 这两种自由传统也就是英国的经验主义自由传统（推崇社会渐进的自发秩序与自然演化的制度规范，坚信社会在点滴的改良中不断走向进步，强调法律规治下的个体自由）和法国的建构理性自由传统（注重社会制度与规范的人为性，相信人能够按照一定的既有原则进行社会结构的调整和重组）。循着自由分殊的概念史演变，我们将对此进行追述与剖析。

一、由卢梭而至贡斯当的"古代人的自由与现代人的自由"

按照哈耶克的区分，卢梭是法国建构理性自由传统的典型代表，而区分了"古代人的自由与现代人的自由"的邦雅曼·贡斯当（1767—1830）尽管是一个法国人但却更接近哈耶克笔下的英国经验主义自由传统。贡斯当通过"古代人的自由与现代人的自由"的区分使近现代以来愈益庞杂的自由难题变得相对清晰，尤其是第二次世界大战以后，人们出于对极权主义的反思，对曾经积极批判过极权主义先驱卢梭的贡斯当更加关注和推崇。

自由是卢梭政治哲学的核心命题。卢梭指出："人是生而自由的，但却无往不在枷锁之中。"②我们在卢梭的《论人类不平等的起源和基础》中看到，自然状态中的野蛮人尽管生活在大自然的风暴之中，但却享有无枷锁的奔放自

---

① 参见弗里德利希·冯·哈耶克：《自由秩序原理》（上），邓正来译，生活·读书·新知三联书店 1997 年版，第 61—62 页。
② 卢梭：《社会契约论》，何兆武译，商务印书馆 1980 年版，第 7 页。

由,贪婪与私欲也尚不能搅乱内心的宁静与祥和。在这种情况下,个人处于相互隔绝的独立状态之中,不会发生人与人的联合,自然也就不会存在人身依附和对他人意志的屈从,故而在自然状态下的人拥有自然而自主的自由。然而,严酷的自然条件对人行动的限制以及对生命与生活安全的威胁,迫使人在相互联合中寻求庇护,而这也在人类文明与进步的趋向中开启了压迫与奴役的苦难历程。随着所谓的社会进步的不断发生,尽管人类控制和征服自然能力的加强在消解着人类的物质匮乏的困举,但也在不断调动和引逗着人类的贪欲,刺激着人性当中躁动不安的因素,于是原始的节制本性被打破,自然野蛮状态向人类文明社会过渡的进程也是人类突破自我保存的简单目标并借助于更大的集体力量进行自我实现的过程。在这个过程中,人们之间的相互依赖性增强,并且伴随着人口繁衍的加快人与人之间遭遇的机会增加,相互之间的依附关系甚至奴役和压迫就在所难免了。面对这种已经作为既成事实的依附、奴役甚至压迫,卢梭的契约论政治哲学"要找到一种结合的形式,使它能以全部共同的力量来卫护和保障每个结合者的人身和财富,并且由于这一结合而使每一个与全体相联合的个人又只不过是在服从自己本人,并且仍然像以往一样自由"。①

基于此种理念,卢梭构思了一种"合法而又确切的政权规则"以保证进入社会状态的成员个体的自由状态。卢梭对作为这一政权规则之集中体现的政治权力以及作为政治权力掌控者的政府是充满信心的,他并不相信政府天然就是恶的,而是希望借助于这样一种理想的政权规则将人从依附、奴役和压迫的不自然状态中解放出来。"我认为可以肯定:政府并不是从专制权力开始的。专制权力只不过是政府腐化的结果,是政府的终极点,它使政府又返回到最强者的权力上,而最初政府的建立乃是对最强者的权力的补救方法。不但如此,即使政府是从专制权力开始的,由于这种权力,按它的性质来说就是不合法的,所以不能把它作为社会上各种权利的基础,因之也不能把它作为人为的不平等的基础。"②在卢梭这里,政府是公意的化身,是社会成员个体将自身

---

① 卢梭:《社会契约论》,何兆武译,商务印书馆1980年版,第23页。
② 卢梭:《论人类不平等的起源和基础》,李常山译,商务印书馆1962年版,第137页。

及全部权利所转让给的政治体的代名词，公民个体在公意的最高指导之下就能保证作为个体的"我"与作为整体的"我们"的绝对一致，共同体中的每一个成员个体都是这个整体不可分割的一部分，于是公共的大我完全取代了个体的小我。每一个个体都不能违背公意，只有公意才能免于一切人身依附，因为公意是所有个体将自身毫无保留地加以转让的结果，遵从公意也就是遵从自己。普遍自足的公意既能够保证社会共同体按照应然的理想状态进行积极建构，又能充分实现个体的自我价值。在完全而充分的权利让渡中所实现的社会契约形成了一种神圣不可侵犯的共同体，这种共同体不仅能够保证人的生存、安全和物质需要的满足，而且能够实现自己做自己的主人的自由理想。由此可见，卢梭的自由概念展现在积极的自我权利让渡以及在公意共和国中自上能力的充分而完全的发挥之中。

对于卢梭而言，从自然状态到社会状态的转变使人失去了自然的自由但却收获了道德的自由，这一点对人而言是至关重要的："唯有道德的自由才使人类真正成为自己的主人；因为只有嗜欲的冲动便是奴隶状态，而唯有服从人们自己为自己所规定的法律，才是自由。"[①]在卢梭看来，人类进入文明的社会状态以后，罪恶、压迫、欺诈等等的出现源自于人类不能克制自我放纵的欲望，这也是人类陷入不自由桎梏的根源所在，在这种状况下我们自由的希望就在于政治生活中基于社会契约的法律。"卢梭认为，政治生活的基础是一种社会契约，与个人意愿相对，它等同于对遵守法律的一致赞同；法律只有以一般利益为目的才是有效的；只有当我们服从法律时，我们每个人才是自由的。如果我们力图去违反那些我们曾帮助确立起来的法律，我们将会被国家的法律执行机关强迫去服从，在此过程中我们会被'强迫地获得自由'。"[②]正是这种"被强迫的自由"让卢梭及其政治哲学陷入到了各种是非旋涡之中。

卢梭构思的公意共和国表达了一种人人都能自由而平等的美好理想，但这似乎注定只是一种浪漫主义的政治乌托邦，因为当罗伯斯庇尔们高扬卢梭美好政治理念的同时也把大革命引向了极权主义的暴力和恐怖之中。为什么

① 卢梭：《社会契约论》，何兆武译，商务印书馆 1980 年版，第 30 页。
② 戴维·米勒、韦农·波格丹诺主编：《布莱克维尔政治学百科全书》，邓正来等译，中国政法大学出版社 2002 年版，第 289 页。

会发生这种情况呢？亲身经历了法国大革命以及革命后社会动荡的贡斯当认为，卢梭混淆了古代人的自由和现代人的自由，人类社会历史从古典到近现代已经发生了不可逆转的改变，怀着怀旧复古的情绪将古代人的自由模式完全移植到现代社会注定会发生如此的悲剧。当然，贡斯当并没有将所有的过错归结到卢梭身上，他看到了卢梭为纯真自由所激励而将古典的政治模式加以移植以及由此而带来了极权暴政的借口，但同时他又不同于那些对卢梭的简单诋毁者，而是对卢梭及其理论进行了谨慎的反思性批判。换言之，是卢梭内心对于当时残酷社会现实的严重不满、无情批判以及其骨子内生里的天真、浪漫、忧患、敏感、过于理想化的浪漫主义造成了其政治社会规划的乌托邦倾向和在政治实践上的幼稚与不成熟。更为重要的是，在贡斯当看来，马布利①而非卢梭才是这个巨大错误的首要承担者，因为马布利崇尚将共和国的形式和对个人的奴役相结合的斯巴达模式，努力维护古代自由的教条，要求公民为了国家的主权而完全服从，个人为了民族的自由可以被奴役和压迫，其结果是误将社会机构的权威当作自由，不给人们留下任何可以逃避其权力的避难所。②由此可见，贡斯当对卢梭的态度是较为暧昧的，批判其政治现实感不强但又为其政治浪漫主义所感动。

1819 年，贡斯当发表了演讲《古代人的自由与现代人的自由之比较》以对卢梭的政治理念进行评点并反思法国大革命。在这篇演讲开始之处，贡斯当分析了对古代人的自由和现代人的自由进行区分的意义：其一，对两种类型的自由的混淆一直在我们中间存在，这是大革命时期许多罪恶的肇因；其二，法国大革命的后果呼吁我们享受代议制政府的好处，而对两种自由的区分能使我们明白为什么这种我们今天赖以庇护自由与和平的唯一的政府形式全然不

---

① 加布里埃尔·班诺·德·马布利（Gabriel Bonnot de mably, 1709—1785），法国历史学家、政论家，是哲学家孔狄亚克的长兄和百科全书派代表人物达兰贝尔的堂兄。主要著作有《罗马和法国的比较》、《希腊史要》、《罗马史要》、《福客德翁谈道德与政治的关系》、《法国史要》、《哲学家经济学家对政治社会的自然的和必然的秩序的疑问》、《论历史研究》、《论修史方法》、《道德原理》、《美国政府和法律概观》等，去世后其著作被编辑成十五卷本的《马布利全集》，于 1792 年在里昂出版。

② 参见邦雅曼·贡斯当：《古代人的自由与现代人的自由》，阎克文、刘满贵译，商务印书馆 1999 年版，第 34—36 页。

为古代自由所知。① 在贡斯当看来,古代自由的享有者是有严格限制的拥有公民资格的自由民,这种公民自由主要体现在参加公共辩论以进行公共决策的政治生活参与和政治权利行使上,对于古代自由公民而言,政治权利的行使"几乎是古代人惟一的职业和真实的、不断重复的乐趣,因此,每个人都因为自己的投票具有价值而自豪,他们从这种个人重要性的感觉中发现巨大的补偿"。② 古代人之所以能够进行这种直接的政治参与并在其中享受其巨大的自由感,是与当时特定的社会历史环境密切相关的:以城邦为代表的古代共和国不仅疆域面积狭小而且自由贸易非常不发达,人口活动区域有限且人口流动性不强,被合法化的奴隶制度为当时的自由公民提供了大量的闲暇时间,这样就能够保证其积极而充分的公共政治生活。然而,到了近代,社会历史状况发生了不可逆转的改变,国家的疆域规模不断扩大,人口日渐增多且流动性加强,经济在整个社会生活中的地位增强,资本对社会历史的推动力量初步显现,而且政治上奴隶制度的废除更是剥夺了原有自由民的所有闲暇,商业的巨大发展及其利益的强烈诱惑让人们彻底放弃了"牟利的生活是反自然、反本性的"的古代观念,生命安全、家庭、职业、经济等开始成为人们生活的重心,私人领域迅速崛起,个体需要的满足、个人独立地位的确立、自我权利的保护等开始成为人们自由观念的核心组成。正如贡斯当所指出的:"古代人的目标是在有共同祖国的公民中间分享社会权力:这就是他们所谓的自由。而现代人的目标则是享受有保障的私人的快乐。他们把对这些私人快乐的制度保障称作自由。"③于是,自由的核心内涵从古代的公共政治参与与积极自我实现转变为现代的私人空间不被打扰和独立享有安全和平环境。在贡斯当看来,古代自由由于人们仅仅考虑自我在社会权力框架中的政治份额而存在轻视个人权利与私人享受的价值的危险,而现代自由则由于我们沉湎于享受个人的独立以及追求各自的利益而存在过于容易放弃分享政治权力的权利。如

---

① 参见邦雅曼·贡斯当:《古代人的自由与现代人的自由》,阎克文、刘满贵译,商务印书馆1999年版,第24—25页。

② 应奇:《从自由主义到后自由主义》,生活·读书·新知三联书店2003年版,第102页。

③ 邦雅曼·贡斯当:《古代人的自由与现代人的自由》,阎克文、刘满贵译,商务印书馆1999年版,第33页。

果我们看不清古代人的自由与现代人的自由的这种差别,那么就很容易以古度今或者以今非古,其结果就是以错误的观念引领革命实践与行动所导致的恐怖、暴力与始料不及的消极后果,我们在法国大革命的政治蜕变中看到了这一点。

在贡斯当看来,自由既包括尊重公民个人权利、保障公民个体独立性的"个人自由",又包括公民影响公共事务、以投票方式参与政治权力行使、通过意见表达控制与监督政治权力的"政治自由"。为了最大限度地保证这种自由,需要厘清政治权力的归属、权限以及行使问题:人民主权意味着政治权力来源于并归属于广大公民,然而在现代社会历史条件下政治权力只能交由作为广大公民代理人的政府来行使,政府仅仅是政治权力的行使者,且政府行使政治权力的行为必须受到严格的监督与限制以防止公权滥用的腐败问题。基于此,贡斯当强调从立宪分权制衡的角度监督和控制政府权力,确认政府权力能够作用的范围和限度以保障公民神圣不可侵犯的个人权利。贡斯当上承孟德斯鸠的分权制衡理论并下启托克维尔对多数人暴政的警惕,成为法国政治思想史乃至世界政治思想史上举足轻重的人物。

二、伯林:积极自由与消极自由

以赛亚·伯林非常重视贡斯当对两种自由的划分及其关系的论述,并在其基础上提出了"积极自由"和"消极自由"的两种自由概念。在伯林这里,积极自由类似于贡斯当的古代人的自由,主要关注对人的行为造成控制或干预的根据是什么,是对"什么东西或什么,是决定某人做这个、成为这样而不是做那个、成为那样的那种控制或干涉的根源"①的回答;而消极自由则类似于贡斯当的现代人的自由,主要探究作为主体的人在行动中能够免欲他人控制或干涉的领域是什么,是对"主体(一个人或人的群体)被允许或必须被允许不受别人干涉地做他有能力做的事,成为他愿意成为的人的那个领域是什么"②的回答。其实,伯林并不是要区分截然不同的两种自由,而只是指出有

---

① 伯林:《自由论》,胡传胜译,译林出版社 2003 年版,第 189 页。
② 伯林:《自由论》,胡传胜译,译林出版社 2003 年版,第 189 页。

这么两种不同的理解自由的方式,它们反映了人们观察、分析自由问题的不同角度和侧重点,当然这两种自由的理解方式会在具体的政治实践行动中导致不同的后果。

伯林指出,消极自由概念起源于对人的个人主义的本体论理解,我们首先作为一个独立的个体而存在,然后可能在政治存在上论及其他。消极自由反映了对个人权利的呼求和维护,表达了对集体或他者剥夺与羞辱的强烈抗议、对作为公共权威的政治的侵犯的坚决抵制,以及对有组织的意识形态宣传对普通大众所进行灌输性催眠的有力反抗。消极自由也被称为"免于……的自由"(free from),强调集体或他者的强制、干涉在自我行动空间中的缺席,免于干涉或强制的空间越广阔,自我所拥有的自由度就越高。对于伯林而言,"只有当他人蓄意地对某人的行动进行干涉或阻碍,才可以算作是自由的缺乏。非人为的原因所导致的个人行动受阻的情况不能算作自由的缺乏,而只能算作能力的欠缺"。① 这种消极意义上的自由代表了资本主义时代以来人们所普遍认同的自由观念,是从作为原子化个体而存在的自我观念出发对人之自由状态的构思与想象。伯林指出,有一部分哲学家如洛克、亚当·斯密、穆勒等乐观地相信人类会在社会生活中实现自我目的的相互协调,而另一部分哲学家如霍布斯则认为人类会在社会生活中陷入相互争斗的状态因而必须强化国家法治的重要性,这两种观点的思想进路尽管不同,但在保障个体生活免受政治、社会因素控制和制约方面是一致的,他们共同属于消极自由论的阵营。出于对极权主义的深刻反思,伯林对这种消极意义上的自由是颇为钟情的。

在对消极自由进行深入理解时有三个方面的问题需要注意:"其一,和挫伤人的欲望的强制行为相反的不干涉,虽不是惟一的善,却总是最好的;并且,这种不干涉能保证真理的被发现和批判性、原创性、想象力、独立性格的培育。其二,消极自由是一个比较现代的概念,私人感和私人领域本身作为某种神圣之物的意识源自于这样一种自由概念,而这种不被侵犯和被允许成为自己的要求,在个体和共同体两个方面表征了一种高度文明的出现。其三,消极自由

---

① 李石:《积极自由的悖论》,商务印书馆 2011 年版,第 45 页。

所主要关心的是控制的领域,而不是其根源,它与民主或自治没有什么关联。"①这种消极自由带有一定的理想化色彩,现实社会中的他者被置于纯粹消极的异在状态之中,并将非我世界中的各种因素简单作为障碍与阻力而对待之,有可能遮蔽现实政治生活中个体自由得以实现的文化背景和现实差异,在自由的实现条件和自由的价值追问上有所忽略。

积极自由的观念来自于自我在与他者的社会交往中通过比较甚至竞争而实现自我超越从而控制和把握自己的命运并做自己的主人的愿望与冲动,因而也称为"做……的自由"(free to),强调自我对外的扩张性以及由此实现的自主、自决或自治。自由在于自我为主,在于自我对所认定的理性目标的积极追求与努力实现,而非在于对外在约束与障碍的恐惧、避让甚至退步。在积极自由主义者看来,只有服从理性才能做自己的主人,才能脱离本能、无知和情欲的支配。自由就展现在以某种具体方式而进行的实践行动之中,在对外在异己的控制、约束、障碍的克服与超越中充分展现自我的潜能并实现自我的价值,这是一种理性的自我导向和积极的人生态度,意味着个体自我可以在民主参与的政治实践行动中把握自己的命运和未来,并在个体之间相互的积极确证和承认中达到集体自治。

伯林认为,对以自主为核心理念的积极自由的深入思考,是围绕着自我这个概念而展开的。现实的自我是理性与欲望的对立统一体,必须要让人的理性克制其自然欲望,只有战胜了受非理性欲望支配的较低级的本能自我才能成为较高级的理性自我。也就是说,在伯林看来,自主不仅体现在将自己从作为异己存在的他者那里解放出来,而且体现在较高级的自我要将自身从非理性的欲望法则中解放出来。在伯林看来,人作为朝向理性的存在在追求自我目标的实现中必然会有自我克制,这种克制可能来自于某种比个体更为强大的存在,比如力图将个体消解在大众同一之中的各种各样的文化共同体,这种共同体(比如卢梭的"公意")有可能以真正理性自我的名义进行所谓的"强迫自由",于是自主蜕变为奴役,对自由的积极追求陷入极权主义暴政的深渊之

① 韩升:《生活于共同体之中——查尔斯·泰勒的政治哲学》,中国社会科学出版社 2010 年版,第106页。

中。在伯林看来,积极自由有可能通过意识形态的宣传与遮盖而使暴政、强权和奴役变得合理化和正常化,积极自由和消极自由尽管只是体现了思想观念和描述方式上的差异,然而,"历史地看,'积极'与'消极'自由的观念并不总是按照逻辑上可以论证的步骤发展,而是朝不同的方向发展,直至最终造成相互间的直接冲突"。① 文艺复兴以来的整个世界都笼罩在这两种概念的差异和对立之中,现在依然是我们这个世界最为基本的政治议题,在这里充分展现了极权与威权制度同自由民主制度的差异与对立。

其实,尽管没有给出明确的说明,但伯林的积极自由概念可以说具有三层意义:其一,自由在于每个人都能平等地拥有参与民主政治和分享统治权力的机会;其二,自由在于个体不受欲念的干扰而根据既定的目标行动;其三,理性或朝向理性的生灵所必然会追求的目标对个人行动的强制。② 应该说,平等参与政治与按照自我目标进行行动这两个方面与伯林所倡导的消极自由并不绝对对立,他所极力反对的正是第三层意义上的积极自由,他所力主维护的消极自由也正是在政治领域与私人领域已经获得严格区分的情况下私人生活领域的宁静与不被干扰。在伯林看来,现代政治对个体存在状态及其私人生活领域的严重入侵,使每一个现代人都不得不对之保持高度警惕,注重普遍自我导向的社会有齐一化和标准化的危险,捍卫个体生命的独特价值,保证个体自由选择的生活空间才是在现代语境下进行自由问题思考的核心关注。

在伯林这里,积极自由与一元论价值观相联系,而消极自由则体现了多元论价值观的基本旨趣。"多元主义以及它所蕴含的'消极的'自由标准,在我看来,比那些在纪律严明的威权式结构中寻求阶级、人民或整个人类的'积极的'自我控制的人所追求的目标,显得更真实也更人道。"③伯林认为,经历了文艺复兴和宗教改革后的资本主义文化仍在延续着古希腊哲学为充满差异的大千世界进行统一性奠基的基本追求,启蒙、现代性话语背后仍是强烈的一元论诉求,这是对本就多元化的世界所具有的差异性、不确定性特征的恐惧与不安。对纷繁复杂的社会现象所采取的整齐划一解释,是一种对原本生机勃勃

---

① 伯林:《自由论》,胡传胜译,译林出版社 2003 年版,第 200—201 页。
② 参见李石:《积极自由的悖论》,商务印书馆 2011 年版,第 57 页。
③ 伯林:《自由论》,胡传胜译,译林出版社 2003 年版,第 244 页。

的世界本真状态的割裂、肢解和格式化,是消解所有分歧与冲突以使个体完全服从整体的僭妄之举,也是充分暴露了人类在复杂世界面前的思想惰性。柏林指出,我们在柏拉图、黑格尔、马克思的社会规划中看到了这种在欧洲思想史上颇为盛行的一元论观念;在欧洲思想史上并不占主流的多元论则从人所固有的兴趣和价值目标的深度差异性出发对世界展开更为细致和生活化的描述与刻画,强调竞争性价值观念存在的必然性和客观现实性,要求确认和保障各种文化形态对人类文明整体发展和持续基本的积极构成作用。在伯林看来,与一元论关联的积极自由很容易打着理性的旗号对具有竞争的各种价值和文化样态进行剪裁和所谓的修正,结果必然造成现实政治领域中以合理的名义所进行的压制,现代自由社会更加需要的是积极认可竞争性价值之间的冲突,并尊重个体机会均等的自由选择。伯林认为,与积极自由相比,消极自由更为真实也更人道,因为消极自由承认人类价值目标之间存在不可公度的多样性。

我们应该看到,针对现代人所处的以代议制民主为主的政治语境,既要强调个体自我积极主动的权利维护以及政治共同体之成员资格的充分实现,又不能忽视人类行动空间的不被压缩以及由此而来的对公共政治权力的规治。伯林也并不是完全忽视积极自由的意义,相反他认为积极自由对任何有尊严的生活而言都是必不可少的,只是较之于消极自由,积极自由更容易遭到人们的滥用而导致产生消极的后果而已。① 伯林对两种自由概念的区分引发了对于"有多少种自由概念"的激烈争论,在这场争论中对于伯林的自由观有褒有贬,有继承也有发展,应该要肯定伯林为丰富人们的自由理解所提供的有益思路以及由此而开辟的广阔空间。

杰拉尔德·麦卡勒姆(Gerald C.MacCallum)认为伯林对于两种自由概念的区分无助于真正推进有关自由的根本问题,并提出了自由的三角公式:X 有(或没有)免于 Y 去做(或不做;成为,或不成为)Z 的自由。② 在这个自由的三角公式中,X 指"行动者",Y 指限制、干涉、障碍等"干扰因素",Z 则指"作

---

① 参见应奇:《从自由主义到后自由主义》,生活·读书·新知三联书店 2003 年版,第109 页。

② 参见李石:《积极自由的悖论》,商务印书馆 2011 年版,第 59 页。

为目的的某种行动或某种特征状态"。麦卡勒姆认为,有关积极自由与消极
自由的争论实质上就是自由三角公式中这三个变量的争论:消极自由的X(行
动者)通常是现实经验中的个体自我,而积极自由中的X(行动者)则一般为
理性的或真正的自我;消极自由的Y(干扰因素)一般指由他人所设置的障
碍,而积极自由中的Y(干扰因素)则更为关注行动者自身内在的心理因素;
消极自由的Z(目的)更多的是指具体的行动,而积极自由的Z(目的)则更关
注达到某种理想的心理状态。麦卡勒姆对伯林两种自由观的批判和对自由三
角公式的构思得到了罗尔斯的支持:"我将只是假设:自由总是可以参照三个
方面的因素来解释的:自由的行动者;自由行动者所摆脱的种种限制与束缚;
自由行动者自由决定去做或不做的事情。一个对自由的完整解释提供了上述
三个方面的有关知识。"①除了麦卡勒姆通过自由的三角公式对一种自由概念
论的坚持源自于伯林对两种自由概念的区分外,蒂姆·格雷(Tim Gray)对人
际自由与个人内心自由的区分、伊恩·卡特(Ian Carter)对外在自由和内在自
由的区分等尽管与伯林的两种自由概念有所差别,但基本上是沿着同样一条
思路发展下来的。概言之,伯林的两种自由概念尽管备受争议,但却为我们从
根本上理解自由问题提供了不同的视角:"'积极自由'是'消极自由'在'行
为者视角'下的'映像';'消极自由'是'积极自由'在'非行为者视角'下的
'映像'。……我们可以看到'消极自由'概念和'积极自由'概念是从两种不
同的视角——'非行为者视角'和'行为者视角',对同一个问题——'自由是
什么'进行的探索。'自由是什么'的问题可以从而只能从'非行为者视角'和
'行为者视角'两个视角提出,并借助于'非干涉的自由'(freedom as non-inter-
ference)和'自主的自由'(freedom as self-mastery)两种进路进行探索。'消极
自由'概念和'积极自由'概念就像同一块玻璃的两面,它们总是'纠缠'于同
一问题的不同'映像'间的差异和错位,并且从不同的视角得出不同的结
论。"②或许,伯林两种自由概念的最大意义正在于此。沿着贡斯当并尤其是
伯林的思路,当代政治哲学家查尔斯·泰勒对这两种自由概念进行了更为深

---

① 约翰·罗尔斯:《正义论》,何怀宏、何包钢、廖申白译,中国社会科学出版社1988年版,
　　第199—200页。
② 李石:《积极自由的悖论》,商务印书馆2011年版,第63—64页。

入的阐释和剖析,并处境化自由观来修补和捍卫西方社会由来已久的自由理念。下面我们将着重对此加以探讨。

第二节　查尔斯·泰勒对积极自由的再阐释

查尔斯·泰勒是伯林齐切里社会与政治理论讲座教授的继任者。在一本有关伯林的纪念文集《自由的理想》(*The Idea of Freedom*)中,泰勒以《消极自由有什么错》(*What's Wrong with Negative Liberty*)为题,集中反思了伯林对消极自由的积极自由的区分,通过"运用性概念"(an exercise-concept)和"机会性概念"(an opportunity-concept)这一对概念对两种自由问题进行了再阐释,并结合自身对文化共同体的关注与重视阐述了他对于自由处境化问题的集中思考。

一、自由的"运用性概念"与"机会性概念"

泰勒认为,伯林对积极自由和消极自由的区分是非常有意义的,在西方文化的历史演进中确实存在这两重自由概念的区分:主张积极自我实现、做自我的主人的积极自由,免于政府、社会团体以及其他个体干涉的消极自由。其实,即便是在积极自由或消极自由的内部仍存在着值得我们注意的巨大的差异,清醒地认识到这一点才能避免各执一方的矛盾极端化。在泰勒看来,将积极自由与极权主义等同,将消极自由与外在约束的完全缺席,这都是将积极自由与消极自由极端片面化、对立化的表现。泰勒通过将积极自由解释成一种"运用性概念"而将消极自由解释成一种"机会性概念"来避免这种极端化,为我们开启了理解积极自由和消极自由的新空间,并为其自由的积极理解找到了理论佐证。

泰勒并非通过对伯林消极自由的直接批评而实现自身对积极自由的支持与赞同。在泰勒看来,伯林对两种自由进行区分的背景预设是不充分的,因而也就不能真正揭示自由概念的高度复杂性:按照伯林,消极自由仅仅依靠一种自由的机会性概念,也就是说,无论我们能否实现所谓的自由,自由仅仅是一个对我们开放的事件;与消极自由相比,积极自由则是一个运用性概念,也就是说,自由仅仅存在于我们自身对生活的操控之中。① 在这里,自由的运用性概念"实质上内含着控制一个人的生活的自由的观点。根据这种观点,只有当一个人能有效决定自身及其生活状况时才是自由的"。② 于是,对于积极自由理论而言,一个人所拥有自由的程度和大小,就取决于如何有效规定自己的生活以及自己在这种规定中的作用大小;而对消极自由理论而言,自由则更是被简单化和粗糙化为一种障碍的完全缺席状态,这类似于霍布斯的观点:"自由一词就其本义说来,指的是没有阻碍的状况,我所谓的阻碍,指的是运动的外在障碍,对无理性与无生命的造物和对于有理性的造物同样可以适用。"③泰勒对伯林自由观的不满,正在于这种以外在障碍的存在与否来确定的消极自由概念。

对于泰勒而言,即便是自由的消极理解中也存在者某种积极的自我实现,绝对不存在所谓纯粹的自由的机会性概念,因为人类行动中必然内涵着对行动及其限制的价值区分,人总是在相互的比较与综合中追求自己认为有价值的事物,这种基于自身价值意见所进行的区分本身就是迈出了积极自我实现的第一步。因而,所谓自由的实现绝不仅仅是外在障碍的克服与消除,我们要真正理解一个人的自由与否还必须深入到其内在动机系统之中,因为在很多情况下我们行动的阻碍可能是完全来自于我们自身,比如对安逸舒适的沉迷与享受、非理性的惊怕、片面而错误的认知、或多或少的自欺欺人,等等。"对于'积极自由'理论的重构,泰勒最重要的贡献是:指出了'积极自由'理论在判断个人是否自由时,必定要深入到行为者的动机系统中。只有通过对行为者的感觉与动机等相关因素进行考察,才能确定行为者'真正想做的事情'是什么,也才能够判断,行为者的行动是否在积极的意义上是自由的。"④基于机会性概念的消极自由依赖于某种自觉只关注外在障碍,而注重运用性概念的

---

① 参见 Stephen Mulhall, "Articulating the Horizons of Liberalism: Taylor's Political Philoso-phy", in *Charles Taylor*, Edited by Ruth Abbey, Cambridge University Press, 2004, pp.106-107。

② Charles Taylor, "What's Wrong with Negative Liberty", in *Philosophy and the Human Sci-ences*, Cambridge University Press, 1985, p.213.

③ 霍布斯:《利维坦》,黎思复、黎廷弼译,商务印书馆 1985 年版,第 162 页。

④ 李石:《积极自由的悖论》,商务印书馆 2011 年版,第 73 页。

积极自由则将外在与内在障碍都纳入到自己的视野之中，因而更能够反映和展现人在实践行动中所能够达成和实现的自由状态。

在泰勒看来，消极自由论之所以出现，一方面是因为西方文化形态中的反形而上学的机械唯物主义倾向的盛行，这是近代自然科学高度发展所造成的后果；另一方面也来自于消极自由论者们出于对极权主义恐惧而采取的一种策略性考虑：与其在维护真正个体自我实现和抵抗集体自我实现之间进行区分时承担巨大风险，不过将所有的自我实现当成形而上学糟粕而加以完全抛弃。泰勒认为消极自由论者们的这种做法只是一种自欺欺人，因为即使我们完全从外在障碍的消失层面来确认自由，仍需要依据对这种自由的影响程度的大小来对不同的外在障碍进行区分，这种区分的依据来自于自我所生活于其中的共同体的历史文化积淀以及由此而形成的规范与标准，作为文化存在物的人在作出重要还是次要的区分时势必要超越纯粹的机会性概念，而在积极行动中展示自我实现的价值与意义。除此而外，消极自由论者完全放弃了自我存在状态的外在评判仲裁者，这有将作为意义存在者的人降格为纯粹动物性存在的危险，即无视文化共同体与有意义的他者对自我构成的积极作用而将之彻底虚无化，这助推了当下盛行的自我中心主义和极端个人主义的时代隐忧。由此可见，在纯粹消极的机会性概念意义上来理解自由是不可能的，对此而进行的各种理论上和实践上的尝试和努力也会带来虚无主义的消极社会后果。

针对消极自由存在的问题，泰勒首先将自由理解的侧重点进行了转移——从做我们想做的事情到辨别内在动机、遵从真实的自我意志、做对我们生命真正有意义的事情。这种转移超越了简单片面化的外在障碍说，实现了自由理解的内在化、生动化和真实化。继而，泰勒将社会共同体的积极构成作为自我真正实现的重要因素，强调要积极地看待有意义的他者并将平等对话与交流作为自我实现的重要条件，在与平等他者的和谐交往互动中实现自我超越与自我发展。这第二步也正是消极自由论者所表示担心与恐惧的极权主义问题，为了打消这种顾虑，泰勒引入了"处境化自由"来继续捍卫其对自由的积极理解。处境是与人的生命展开、生活延续、生存超越密不可分的，正如汉娜·阿伦特所言："人是被处境规定的存在者，因为任何东西一经他们接触,就立刻变成了他们下一步存在的处境。……任何接触到或进入人类生活稳定关系中的东西,都立刻带有了一种作为人类存在境况的性质。这就是为什么无论人类做什么,他们都总是处境的存在者的原因。"①因而,人不是消极地被处境规定着,人同时也在变更和创造着自己的处境。在泰勒这里,处境是人类有意义生活的前提、基础和依据,更是人类行动得以充分展开并在其中享有自由存在感的空间,具体展现为过往、当下和未来交织在一起的真实生活世界。

二、处境化自由

泰勒的"处境化自由"针对的是启蒙自然主义所提出的激进自由概念,即认为自由在于放弃与文化传统、惯例风俗、历史积淀等的密切联系而实现自我的无拘无束、自在放纵。这种激进自由观伴随着伟大的存在之链的断裂而形成,此时人开始脱离上帝预定和谐的秩序而成为所谓理性自足的主体,并将自我周围的世界(包括那些自己的同类)作为纯粹客体而对待,于是在外部自然规律和具有他者意义的社会秩序的约束下开始了所谓自由的抗争,现代人的自由因此而产生。在泰勒看来,这种自由忽视了作为个人自由之母体的文化共同体,将个体自我原子化。于是,我们看到在霍布斯那里,自由被极端化为合法障碍的消除,人类行为完全基于自爱而展开,善、恶也仅仅是由于自爱被理性驯化和规引而得以形成,传统的美德在道德词典中难觅适当位置。② 消极自由最大的困境就在于此,这种可以不受限制地基于自身而确定目的和行动方向的自由认知将原本意义丰富的个体自我原子化为茕茕孑立的权利承载者并由此而陷入一种无所凭依的浮萍状态,这样的自由观将人类置于无家可归的精神流浪之中并在自我迷失之中失去了健康乐观、积极向上的人类公共生活。

针对这种无处境的自由及其困境,泰勒非常重视卢梭的思想,因为卢梭强

---

① 汉娜·阿伦特:《人的境况》,王寅丽译,世纪出版集团、上海人民出版社 2009 年版,第 3 页。
② 参见 Charles Taylor, "Kant's Theory of Freedom", in *Philosophy and the Human Sciences*, Cambridge University Press, 1985, p.319。

调了政府以及其他威权机构在确定人的良善生活方面所应该担负起的重要责任。卢梭怀着古典共和自由的基本理念，将道德与自由加以关联，要求在倾听自我内在声音中确立德性自我，在道德践履中实现自我的自由，借助于公意来达成与现代自由理想的和解。"生活的多样性得以保存，但这样并不意味着人们就可以放任自流而没有道德指导了，在多样性中存在着处处一样的统一性，即公意。"①卢梭美好的自由理想在人类社会已经发生不可逆转的改变的情况下遭遇了法国大革命中政治实践上的悲剧。尽管如此，卢梭对现代激进自由观的反思性批判却成为后世众多思想家的灵感之源。泰勒在《承认的政治》一文中多次提及卢梭以此来论证自己在现代自我认同问题上的"承认"观点。当然，泰勒认为，在自我的处境化问题上黑格尔同样是一个举足轻重的人物。

在《黑格尔与现代社会》中，泰勒明确提出了"处境化自由"的问题，这得益于黑格尔对绝对自由批判的启发。"在现代自由观念的发展过程中，黑格尔哲学是一个重要的步骤。他促成了一种全面的自我创造的自由观念。在他的哲学中，他的确把那种自由惟一地归于宇宙精神。但是，那种自由惟有被改造为人的自由，而这把那种自由观念推向了自我依赖的终极两难之中。因此，他在现代自由观念的冲突的激化方面起着重要作用。因为，通过马克思及其后继者们——他们与黑格尔的借贷关系是不用强调的——的工作，绝对自由已经对政治生活和政治渴望产生了史无前例的影响。尼采——他得出了这种观念的虚无主义结果——的思想来源之一是青年黑格尔派的 19 世纪 40 年代的反叛。与此同时，黑格尔也是自我依赖自由观之最深刻的批评家之一。带着真正非凡的洞察力和先见，他揭露了它的空洞性和潜在破坏性。他既促成了这种现代学说的最极端表现，又证明了使我们介入其中的两难。"②黑格尔笔下的绝对自由是空洞贫乏的，忽视了传统智慧的历史沉淀在人类进步发展中的积极意义，从纯粹的自我独立、自我依赖中寻找社会实现革命性转变的动力与支持，其最终势必导致对所有生存处境的忽视、掩盖甚至人为地废除，于

---

①　列奥·施特劳斯、约瑟夫·克罗波西主编：《政治哲学史》（下），李天然等译，河北人民出版社 1993 年版，第 662 页。

②　查尔斯·泰勒：《黑格尔》，张国清、朱进东译，译林出版社 2002 年版，第 873—874 页。

是，人类行动渐渐失去了思想的深度和生活的意义，高高飘扬的自由旗帜并不能掩盖暴力、奴役和压迫，肆无忌惮的行为扩张显现的仅仅是人类的自我无知与浅薄并最终整体滑入虚无主义的深渊之中。没有处境的生活，注定是苍白而无意义的，甚至于这根本不能被称为"生活"而只是一种缺少了超越维度的低层次的"生存"而已，因为在这里自由仅仅意味着欲望的追逐与满足。

泰勒敏锐地意识到现代自由正在受到两个方面的严重威胁：一是人类非理性因素的过度张扬，使我们对真正的自由实现产生了绝望；二是脱离处境而只强调自我关注的自由观念在终极人生价值的追问面前无言以对，注定要陷入虚无主义的深渊之中。① 日益被原子化的现代人似乎只有在无节制的欲望满足中才能体会和感受到自由，而这也注定了现代人纠结与撕扯的悲剧命运。叔本华对人生悲剧钟摆的描述，充分展现了对这种仅仅作为欲望载体而存在的原子化自我之未来命运的绝望；尼采对权力意志的拥护与捍卫，实则以反讽的形式对自我依赖的自由观念进行了质疑与批判。在 20 世纪的西方世界里充斥着失去处境的自我依赖的自由的狂欢、喧嚣、嘈杂、无助乃至绝望，面对于此，众多的思想家从积极的有意义的他者视角力图为自由寻找处境，泰勒对自我认同之承认视角的强调即属于此。对于泰勒而言，所谓自由并非自我欲望的无节制满足和个人意志的绝对实现，而是在既定存在处境中所达成的自我实现和自我发展，是在自我选择的实践行动中、在与有意义的他者的积极交往中促成一种真正有意义的生活，并由此行进在趋向自我完满的目标导向性道路之上。自由"不仅指摆脱外在的限制，而是指自由地去发现、创造和了解——最重要的是，自由意味着遵守内心的道德准则以及创造外在的条件和内心的态度来保护和支持这种顺应良心的自我修养"。② 遵从自己的良心并非放纵自己的欲望，而是要让体现他者维度的道德意旨融入自我实现的自由存在，在本能超越中放大人的自由空间。故而，自由并非对自我领地消极而固执的捍卫，而是对自我与他者关系的协调沟通。自我克制、端谨明哲、他者意识、宽容精神都将内涵在自由的积极理解之中。

---

① 参见 Charles Taylor, *Hegel and Modern Society*, Cambridge University Press, 1979, p.159。
② 雅各布·尼德曼：《美国理想》，王聪译，华夏出版社 2004 年版，第 215 页。

综上所述,泰勒借助于自由的运用性概念和机会性概念的区分对自由的积极理解进行了支持和辩护,并通过自由的处境化问题点出了消极自由极端发展所导致的虚无主义后果。必须指出,泰勒在此对自由问题的再阐释,并不能完全给出伯林所强调的规范性问题的最终答案,但的确表明了一种更深入推进该问题得以探讨和理解的框架。① 的确如此,泰勒从机会性概念和运用性概念的区分方面对自由的积极理解所做的维护以及对自由处境化的强调和捍卫,当然并不能一劳永逸地终结人们在积极自由与消极自由概念分殊问题的争论,而只是提供了一个全新的视角去推进这一问题的深入探讨和全面理解,这是对自由问题在当今时代所经历纠结与困惑的澄清与反思。

第三节　闲暇问题的哲学追思

哲学起源于闲暇,人们对于闲暇问题的思考与人类哲学的形而上反思一样,也是起始于古希腊时期,我们在亚里士多德的《尼各马可伦理学》和《政治学》中可以频繁看到"闲暇"一词的出现。然而,在当时闲暇仅仅属于少数上层贵族,作为本性缺失者的大量奴隶并无任何闲暇可言。根据《经济伦理学大辞典》中的"闲暇"条目,闲暇作为一种历史的和社会的现实,是伴随着工业社会的发展而形成的,与劳动一起构成了一个现代双元社会的基本时间结构,第二次世界大战以后闲暇问题才真正进入到大众化的日常语言之中。② 由此可见,尽管对闲暇问题的反思与哲学一样源远流长,但闲暇真正获得社会普通民众的广泛关注和普遍思考还是近现代的事。正是在古代人的自由与现代人的自由的区分中,自由作为一个普遍性的自觉问题而出现,人们对于闲暇问题的自觉意识同样也是如此。自由与闲暇问题密切相关,缺少闲暇自然无自由可言,但是究竟何谓闲暇呢? 在科学技术迅猛发展的当今时代,我们的身体似乎获得了前所未有的解放,但我们的心灵为何却陷入了愈加忙碌和癫狂的状

---

① 参见 Stephen Mulhall, "Articulating the Horizons of Liberalism: Taylor's Political Philosophy", in *Charles Taylor*, Edited by Ruth Abbey, Cambridge University Press, 2004, p.109。

② 参见乔治·恩德勒等主编:《经济伦理学大辞典》,李兆雄、陈泽环译,上海人民出版社2001年版,第145—146页。

态呢？基于此，对闲暇问题进行一番哲学追思，将有助于更好地理解、体悟和
感受我们自身当下的自由处境。

一、何谓闲暇

按照约瑟夫·皮珀的考察，"闲暇"这个词的含意在历史的发展上始终传
递着相同的信息，在希腊文里原来叫做 σχολή，拉丁文里叫 scola，在德文里叫
Suhule，其意思皆指"学习和教育的场所"，在古代称这种场所为"闲暇"而非
今天所谓的"学校"。① 透过这种词源学的考察，我们应该明确，闲暇代表了一
种远离浮躁、喧嚣与功利的心灵安闲、恬静、舒适状态，这与人的精神境界提升
和人文素养培育紧密关联。也正是在这层意义上，被称为"闲暇之父"的亚里
士多德将将教育区分为"实用教育"（即以生存和谋生为目的的技术教育，具
有私人性特征）和"灵魂教育"（以社会生活中的合理行为为目的，在闲暇中所
展开的德性教育，具有公共性特征），而正是后者才是公民教育的真正内容，
因为公民的本质就在于能够在闲暇之中实现彼此无功利的言谈和交往。那
么，亚里士多德是如何来认识闲暇问题的呢？ 在亚里士多德看来，闲暇与繁忙
（勤劳）相对，不与"作为"相对，闲暇也是人生的一种作为或活动，这种活动出
于灵魂的理性部分，而尤以理性中的玄想部分为主；闲暇的所作所为都是"由
己"，而繁忙的种种活动则都为他物或他人所役使；闲暇还有别于"休息"和
"娱乐"，繁忙的本义包含紧张和辛苦，勤劳之余继以休息和娱乐，正可以松懈
先前的紧张，扫除积累的辛苦，一张一弛，仍属于繁忙的范畴；操持闲暇应是不
被他人他物所役使的由己活动，诸如倾听高尚的音乐和幽雅的诗词以及学术
研究和哲理玄想等，人生就凭这些活动于闲暇之中陶冶性情，进于善德。②

根据亚里士多德，闲暇能够促进人格提升和自我完善，因为闲暇不是无所
事事而是以良好教养为前提的"交际"，它包括以下四个方面的内涵："1.对本
原问题的真正的关注。交际有助于交际者逼近真正的本原，这一过程不同于
那种技术性的理论研究，这种'逼近'是发自内心的出于对'美善'之热爱的

---

① 参见约瑟夫·皮珀:《闲暇:文化的基础》,刘森尧译,新星出版社 2005 年版,第 6 页。
② 参见亚里士多德:《政治学》,吴寿彭译,商务印书馆 1965 年版,第 392—393 页注释②。

'奔向'行动,来自于人本性中的原动力。2.交际中的规则来自人自身的分寸感,这种分寸感将使人在富有人情的交往中适当地行动。所谓'适当'不是指遵循某种既定的规范,而是建立在个人良好的情景判断力之上,这种能力,亚氏称为实践智慧,适当的行为自身蕴含了秩序和规范。3.交际中对人的宽容和引导的态度。影响人将以对方的善为目的,而不是将对方作为达致自己目的的一种手段,同时也排斥暴力威胁和利益引诱的方法。4.富有教养的言说艺术。"①在此,闲暇被赋予了重要的公共性意蕴,我们能够想象在古希腊城邦公民之间所展开包括自由交谈在内的各种非功利性交往所促进的真正而伟大的"友谊",而这种友谊才是城邦共同体公民之间本质关系的充分体现。所以,在亚里士多德这里,闲暇不是自我封闭于家庭的纯粹私人领域而无所事事,而是要积极融入城邦政治生活中实现自我与他者彼此砥砺德性,并由此走向共同体生活的和谐与完满。应该说,这时的闲暇具有明确的政治公共性意旨。

然而,到了近现代,闲暇更多地取得了与劳动时间相对的意义,从而与经济领域发生了更为密切的关联,闲暇所应具备的物质条件被前所未有地凸显出来。如何帮助个体摆脱生活必需的物质控制从而能够自主决定和实现对自身利益、需要和欲望的满足,成为了闲暇概念最为重要的内涵。因为正是在这一时期,自然科学技术获得了大规模的应用,工时的缩短使人类的身体在很大程度上被解放出来,能够自由支配的时间相对得到了延长。于是,闲暇这一"旧时王谢堂前燕"开始"飞入寻常百姓家",人们对于闲暇的关注也达到了一个全新的高度。此时,按照大多数人的意见,闲暇似乎是工作的反义词,在我们停止工作后享受宁静、放松、平和或进行娱乐、玩耍、庆祝即为闲暇。然而,这种大众化的日常理解似乎又是一种纯粹消极意义上的理解,在此意义上的闲暇似乎更多是身心疲惫得以恢复并重新投入新的工作的准备,这种理解不足以表达我们对于闲暇的期望和追求。"我们现在必须要澄清的是,闲暇并不是为了工作的目的而存在的,一个正在工作中的人不管如何努力从其中得

---

① 洪涛:《逻各斯与空间——古代希腊政治哲学研究》,上海人民出版社 1998 年版,第292—293 页。

到多少新的力量,借以重新投入工作,闲暇从来不会是为工作而存在。在我们看来,闲暇也许可以提供给进一步工作所需的体能恢复或使心灵复元某种新的动力,但是闲暇的意义并非由此而得到证明。"①在恢复体能以重新投入工作的意义上来理解闲暇,是对时间的一种物化理解,典型地体现了资本主义所代表的现代性扩张以来所出现的人为物役的异化状态,由此而暴露的是资本主义工作世界中普遍存在的一种隐藏的焦虑,即我们总是摇摆于工作和不工作这两者之间无法脱身。

　　或许,迈克尔·沃尔泽的观点及其对 T.H.马歇尔的引证对我们会有所启发:"我们可以说,闲暇的反义词不是纯粹的工作,而是必须干的工作,是在自然或市场的约束下的工作,或最重要的,是受工头、老板约束的工作。因此,有一种休闲(在自己的空间内)的干活方式,也有与一生闲暇相适应的各种工作。'因为闲暇并不意味着无所事事,'T.H.马歇尔在一篇关于职业化的论文中写道,'它意味着按照你自己的偏好和你自己关于何为最佳的标准选择你的活动的自由'。"②由此可见,闲暇就是克服外在的违背自己内在意志的物质约束,并在自然而然中实现自我的积极行动状态。其实,在现实的资本主义社会中,劳动异化作为一种普遍存在的状态将极有可能使我们的闲暇观念变得片面化、狭隘化、消极化和庸俗化。马克思曾经构想了一种理想的状态,工作与闲暇不再对立而是合二为一成为自由的生产活动,这也就是共产主义社会之中人类的"类生活"。

　　在一种更深层次的意义上,闲暇应该体现更为重要的精神性超越,它不是放任时间自在的流逝而是一种肯定性的选择行动,不是对自我规定性的消极透支而是对自我构成的积极确证,不是在公共生活中彻底隐退、放弃和回避而是在审慎与节制中保持与他者的和谐交往、自在融入。当我们放弃了外在的功利性追求、伪善和虚假的交往面具,让心灵回归安闲与宁静并在其中默观、善待生活中的一切,我们就接近并拥有了闲暇。"闲暇之所以成为可能,其前提必须是:人不仅要能和自己和谐相处(懒惰基本上已经否定了这种和谐),

---

① 　约瑟夫·皮珀:《闲暇:文化的基础》,刘森尧译,新星出版社 2005 年版,第 45 页。
② 　迈克尔·沃尔泽:《正义诸领域:为多元主义与平等一辩》,褚松燕译,译林出版社 2002 年版,第 243—244 页。

同时必须和整个世界及其所代表的意义互相符合一致。闲暇是一种肯定的状态,这和'不活动'不一样,也不同于静止不动,当然也不是一种内在静止状态,这好比一对情侣谈话之间的静默时刻,什么话都不必说,两人却能融而为一。"①因而,闲暇并不是彻底地退居内心城堡而安享所谓内心的宁静,而是在经历社会现实生活之后在内省中所积极实现的达观、恬淡、愉悦和心满意足。面对真实而纷繁芜杂的生活世界,我们要保持端谨、明哲、识真、信从的品格,借助于听闻、观看和沉思默想而达致一种顺其自然的无为状态和无所忧虑的心灵之境。

伴随着科学技术的迅速发展,人类在身体上势必会得到更大的解放,我们所拥有的节假空余时间将会越来越多,然而我们心灵的安闲恬适之感却并没有相应地增强,相反紧张压抑、认同危机、焦躁不安、困顿抑郁等却有增无减。面对此种现实,我们需要的是一种积极乐观的人生态度和从容应对的实践取向,由是观之的闲暇也更应被赋予精神性的超越内涵。也正是在这层意义上,闲暇作为一种身心协调一致的整全性和谐状态而具有了重要的存在论意味。闲暇意味着"人不可局限于他狭隘的工作功能所塑成的局部世界之中,他必须能够以更为宽广的眼光去看待整个世界,然后借此实现自己并将自己导向一种整体性的存在"。② 在闲暇之中,我们告别了机械、操劳、焦虑、困惑、不安的生存纠结感,我们不再处于原子化的分裂隔离状态,我们摆脱了价值虚无主义所带来的空虚、分裂和撕扯,闲暇使我们突破自我个体存在的局限从而实现一种更为整全圆融的存在状态成为了可能。概而言之,闲暇是一个人与自身协调一致、融为一体的本真状态,闲暇更是一个人淡和顺应、无为而有为的积极社会存在形式。

二、闲暇的政治哲学意蕴

根据上面的分析我们已经得出,闲暇意味着摆脱了生活必需的被迫而达成了免于忧虑与操劳的存在状态。然而,更进一步而言,闲暇并不是在离群索

① 约瑟夫·皮珀:《闲暇:文化的基础》,刘森尧译,新星出版社 2005 年版,第 43 页。
② 约瑟夫·皮珀:《闲暇:文化的基础》,刘森尧译,新星出版社 2005 年版,第 46 页。

居中孤芳自赏并放任生命默默耗费,而是在积极的共同体生活中所实现的自我完善和人格提升,是自我本身与处身于其中的整体世界的一种和谐状态。故而,闲暇是对自我原子化存在状态的超越,是在积极的自我行动中所达到的自由存在,具有浓重的政治哲学意蕴。政治哲学关注"应当"的理想状态,但这种关注并不是脱离现实生活世界的虚无缥缈的空想性构思,而是在其中包含了对当下既成社会事实的批判性超越,是在经验事实与理想规范之间的灵活游走,对闲暇问题的分析理应由此展开。

不可否认,现代科学技术的迅猛发展为我们赢得了更多的空余时间,然而这并非就是我们期许已久的闲暇生活,因为与现代性随之而来的是精神的困顿感和社会生活的碎片化。"劳动者不同以往的无事可做对当时的人们来说似乎是劳动力的解放——认为人从令人恼怒不安、使人呆板麻木的种种束缚和自然惰性中得到解放,这成了人们激越兴奋的主要缘由。但是,劳动力从自然的束缚中解放出来,并未使劳动力的自由流动和独立自主的状态维持多久,甚至也几乎没有使'解放了的劳动力'获得自决权,从而自由地设定自己的道路,并沿着自己设定的道路发展。"①在物质财富的刺激下,工具理性的思维逻辑加速对劳动力的挖掘、抽取和利用。满足于现代性的物质欲望满足而放任精神的荒漠化和人格的侏儒化,并非我们理想的积极生活。我们应该坦率地承认财富对于闲暇的重要性,但是拥有了财富并不要去放纵、腐化和为所欲为,而是要让自己更加从容地面对他者,并以更加积极的心态和形象融入共同体生活之中。在闲暇之中,我们能够进一步完善自我的理性思考能力、语言交流能力和人际交往能力,只有这样才能获得积极他者的平等承认,也才能更好地完善和发展自我。由此可见,闲暇不仅超越了人对物质世界的简单依赖,而且蕴涵了同处共同体之中的个体自我与积极他者的相互构成。

汉娜·阿伦特带着浓厚的古典情结在《人的境况》中对这种现代人所谓的闲暇表达了不满,在她看来,现代人所谓的闲暇并不是真正的"闲暇",而只能称为"空余时间",这仅仅是由于技术进步而带来的人不需要投入劳动的时间而已。其实,人并没有随着空余时间的增多而相应地变得崇高、完满起来,

---

① 齐格蒙特·鲍曼:《个体化社会》,范祥涛译,上海三联书店2002年版,第6页。

而是沉浸入披着光鲜的理性外衣的更大的生存必然性之中,在现代消费社会的无限膨胀所形成的巨大空洞性中距离真正的自我实现越来越远。对于现代人而言,"空余时间只会花在消费上面,留给他的空闲时间越多,他的欲望就越贪婪越强烈"。① 在这种纯粹私人性的活动中,我们拥有的是生理欲望的放纵,而失去的却是真正的行动力以及由此而达成的自我超越性存在。真正的闲暇能够在自我的积极行动中达成开放的公共空间,而现代的空余时间却让我们逆向而行。为了更好地理解闲暇的政治哲学意义,有必要引入阿伦特在《人的境况》的开篇对劳动(labor)、工作(work)和行动(action)三种根本性的人类活动的区分。在阿伦特看来,劳动是与人身体的生物过程相应的活动,展现的人之境况是生命本身;工作是与人存在的非自然性相应的活动,展现的人之境况是世界性;行动则是不需要以物或事为中介而直接在人们之间进行的活动,相应于复数性的人之境况。阿伦特认为,与"劳动"以物质实利为根本目的的私人性相比,"工作"及其技术制作功能更展现了现代行为主义的特点,唯有"行动"才具有真正的现代公共意味,因为只有积极的人类行动才是对生存必需性的脱离与超越。

可悲的是,我们存在复数性正在遭到遗忘,人类的行动正在以前所有的速度被降格为工作性"制作",在这个日益被制作的人造物的世界里,生物性的私人劳动被无穷放大进而几乎侵蚀了人类生活的一切领域,于是真正的生命得不到重视和关心,每个个体似乎都沉浸在看似复杂实则简单的工具理性思维逻辑之中。阿伦特对现代世界的忧虑在以下文字中表露无遗:"今天,在这个我们生活于其中的世界里,对于我们正在做的事情,或思考我们正在做的事情来说,劳动甚至变成了一个如此崇高,如此有抱负的字眼。劳动社会的最后阶段——职业者社会,要求它的成员成为一种纯粹的自动化机能,似乎个人生命已经真正融入了物种整体的生命过程,此时唯一需要个人作出的积极决定就是随波逐流,也即,放弃他的个性,忘记他个人仍然感觉着的生活的痛苦与艰辛,默认一种昏昏沉沉的,'让人麻醉的'功能性行为类型。现代行为主义

① 汉娜·阿伦特:《人的境况》,王寅丽译,世纪出版集团、上海人民出版社2009年版,第95页。

理论的问题不在于它是错的,而在于它能够变成真的,它们实际上是现代社会某些鲜明趋势的概念化体现。完全可以想象,现代——肇始于人的活力如此史无前例、生机勃勃的迸发,却终结于历史上已知的最死气沉沉、最贫乏消极的状态中。"①由是观之,伴随着现代化程度的加深,在最能展现人的积极创造能力的行动被无情贬低和降格的过程中,本应具有积极生活蕴涵的闲暇也就慢慢被生物欲望化为身体机能的恢复以及为进一步的劳动和工作所进行的准备。

离开人所具有的复数性的行动视角来看待的闲暇,就陷入到与世界的单一对立关系之中,在其中自我与他者面对同一世界的积极关联被无情割断,机械性似乎成为了自我与这个世界所发生关系的唯一特征,我们注定只是在满足生理欲望的制作行为中寻求纯粹消极的短暂的生命间歇并继而投入新一轮更为疯狂的制作行为之中。由此而来的闲暇观念,脱离不了简单生理修复性的消极意义,自然也就无助于真正幸福的实现,因为我们已经不能在生命的消耗与再生、痛苦与痛苦的释放之间达到完美的平衡。阿伦特发现,在现代社会中普遍存在着对幸福的追求,与此并存的是普遍的不幸福感,这就像一枚硬币的两面一样。这种对幸福的普遍追求和普遍的不幸福感,成为现代消费社会之虚无主义倾向的重要体现。"生活在一种消费者或劳动者社会里变得越轻而易举,它被必然性所驱迫的事实就越难以被意识到,甚至作为必然性之外在表现的辛苦操劳将也不会为人所注意。此种状况的危险在于,这样一个社会被不断增长的繁殖力带来的富足搞得眼花缭乱,沉浸在一种无休止运转的平稳过程当中,它就不再能认清自身的空虚——一种'不能在[它的]劳动过后把自身确定和实现为永恒主体'的生活的空虚。"②生命的空虚与生活的空洞是现代人执着于原子化个体自我追求的结果,在此空余时间的增多并不能改变真正闲暇渐行渐远的现代人的生存困境。

近现代以来,伴随着伟大的存在之链的断裂,个体自我开始游离于其生活

---

① 汉娜·阿伦特:《人的境况》,王寅丽译,世纪出版集团、上海人民出版社 2009 年版,第254—255 页。

② 汉娜·阿伦特:《人的境况》,王寅丽译,世纪出版集团、上海人民出版社 2009 年版,第96 页。

世界之外而超然地对待之,浮萍般的存在方式在加剧着自我与他者之间的裂痕,也让我们在庸庸碌碌的日常生活琐事中失去了自我存在的确证性。生存必然性的忙碌与操持让我们功利化看待生活中遭遇的一切,包括作为人之本性所求的闲暇。当我们以工具理性的思维来对待闲暇时,就掩盖和遮蔽了其积极行动的政治哲学意义。只有摆脱了生存的必然性投身于公共政治实践之中,我们才能获致真正的闲暇所具有的政治意蕴。在闲暇中,我们能够沉思默观自我与世界之间的和谐关联,那不是一种主客对立的二元思维,更非一种你死我活的敌我意识,而是一种自我积极的他者意识以及由此而氤氲出个体存在的真正自由状态和和谐有序的共同体生活。

第 四 章

民主的协同践行:和谐路径论

民主是政治哲学关注的重要问题之一,既体现了政治哲学的理论根基,又反映了政治哲学的实践旨趣。民主密切相关于社会分化的形成与发展并以社会共享为归宿,是社会组织系统自我调试的结果,体现了政治顶层设计与社会基层诉求的有机统一。社会的民主化进程,是民主意识不断深化、民主制度更加完善、民主行动趋向自觉的过程,展现了社会差异的多元化发展以及在此基础上社会共识的自然生成,这是推进社会民主治理达至社会和谐进步的必由之路。"民主源于差异而系于共识,没有对差异的自觉,也就没有民主意识的生成。同样,如果在差异中不能形成共识,也就没有民主可言,更不可能出现民主的治理。"①为了更好地理解和推进社会和谐,我们在此十分有必要探讨西方共同体主义及其思想先贤对民主问题的思考与阐释。

第一节 托克维尔的民主观及其启示

在民主得到普遍赞同和拥护的当今社会,民主概念本身却成为了一个有争议的问题:"在18世纪以前,每个人对民主都有一个清晰的概念,但却很少有人拥护它;而现在的情况正好相反,每个人都拥护它,但对民主究竟是什么却不再有那样清晰的概念了。"②民主概念已经成为政治哲学领域一个亟待澄清的重要问题,19世纪法国著名政治思想家托克维尔(1805—1859)基于社会

---

① 张康之、张乾友:《共同体的进化》,中国社会科学出版社2012年版,第30页。
② Keith Graham, *The Battle of Democracy*, Wheatsheaf Books Ltd., 1986, p.1.

风俗民情、在深刻体悟美国与法国民主实践的过程中对民主概念的审慎阐释或许能为我们今天思考民主问题带来一些启发。

一、"民主"的由来及托克维尔的理解

根据相关考证,公元前 15 世纪中叶,希腊人首先使用"民主"(demokratia)一词来表达一种新的政治生活概念及其在诸多城邦中的政治实践。"民主"源自于希腊语 demos(即"平民",一是泛指所有的城邦公民,二是指无所依凭的穷人乃至无所顾忌的暴民)和希腊语 kratia(即统治或权威)这两个词的组合,故而,从词源上考察,民主内涵着"平民的统治"之意。大约在公元前 5 世纪,雅典民主制的发展达到高峰,也正是在此时"民主"与"人民的统治"普遍地被联系起来。根据罗伯特·达尔的考证,雅典人在这一时期所采用的民选政府的制度持续了两个多世纪。① 尽管民主制曾经一度兴盛,但在 18 世纪以前人们似乎对民主保持了足够的警惕:古希腊的柏拉图和亚里士多德视民主制及其实践为"暴民统治"或"愚民政治",法国大革命时期的许多政治理论家在宣扬自己的政治理想时将民主与恐怖暴行相联系而对民主制心存芥蒂,美国宪法的奠基者和创立者们倡导共和以示与民主的区别。这一时期的"民主主义者"主要是指在政治上与贵族直接对立的直接民主的拥护者,这在当时是一个毁誉参半、褒贬不一的政治群体。18 世纪以后,传统王权与神权的衰落、现代市民社会的兴起、新兴市场经济的发展、现代教育的普及、社会等级观念的淡化以及公民选举权的扩大等等,使民主的境遇随着启蒙理想的深入和普及发生了彻底改变。民主获得了前所未有的盛誉,甚至成为了价值评价的标准:民主已经成为一种评价性概念而被广泛运用于社会各个领域,不仅被用来描述政治体系,而且被用来描述其他社会关系。② 尽管今天我们都认可民主的价值并会毫不犹豫地站在民主的大旗下,但有关民主的争论在政治哲学和意识形态领域中却从未停止过,民主在得到高扬的同时本身却成为了一个充满歧义的概念。民主的争论还在继续,让我们跟随托克维尔这位现代民主

① 参见罗伯特·达尔:《论民主》,李柏光、林猛译,商务印书馆 1999 年版,第 14 页。
② 参见 Barry Holden, *Understanding Liberal Democracy*, Harvester Wheatsheaf, 1993, p.2。

的观察者来审慎地思考一下民主问题吧！

托克维尔是 19 世纪法国最重要的政治思想家,生于法国大革命的剧变之后、拿破仑崛起之时,亲身经历了王制与共和的不断更迭,成为西方近代自由民主体制兴起这一关键性历史演变的见证者和反思者。20 世纪后半期,西方世界在经历了战争洗礼后开始对固有的政治价值观展开积极反思,此时托克维尔因其对民主问题的预言式论述而受到人们的关注和推崇,甚至有人将他和马克思以及密尔并称为 19 世纪最重要的三位社会思想家。20 世纪后期西方社会本身的民主发展进程以及非西方社会的民主化潮流,证明了托克维尔对民主时代的种种预言和分析。于是,我们自然也就能在一定程度上理解这一点:托克维尔的《论美国的民主》是对民主社会唯一最重要的研究。①

18、19 世纪的欧洲社会盛行启蒙主义和保守主义两种社会思潮,托克维尔对二者都有所保留并努力超越二者以实现对社会政治问题的研究。托克维尔认为,启蒙主义对一般的强调和保守主义对具体的钟情都是不足取的,应该把一般思想和具体情况结合起来,这是他对民主问题进行观察与分析的方法论基础。托克维尔秉持事实阐述与价值规范相结合的研究方法,对民主历史与现实的阐述透露着他本人的政治理想和价值标准,而对于民主概念的审慎阐释同样也离不开已有的民主实践和透过大量的历史文本而呈现出来的一般民主轨迹和众多民主事件。后来,萨托利也表达了类似的观点:"民主一词既有描述和指谓的功能,又有规范和劝导的功能。……(1)民主的理想无法界定民主的现实,反过来说,现实中的民主不是,也不可能同理想的民主一样;(2)民主是从其理想和现实的相互作用中,从应然的推动力和实然的抗拒力的相互作用中产生和形成的。"②托克维尔并没有对民主问题采取简单化态度,而是在注重具体情势和具体历史文化的基础上把民主社会及其治理体制视为一种复杂的关系结构加以条分缕析地分析和研究。

托克维尔身上具有强烈的问题意识,这种强烈的问题意识使托克维尔从对社会现实状况的探讨入手来分析民主问题,这一点使他不同于当时的其他

---

① 参见文森特·奥斯特罗姆:《美国联邦主义》,王建勋译,上海三联书店 2003 年版,第10 页。

② Giovanni Sartori, *The Theory of Democracy Revisited*, Chatham House Publisher, Inc. 1987, p.8.

政治学家以单纯的个人权利和公民身份作为研究的起点,"社会情况一般说来是事实的产物,有时也是法律的产物,而更多的是两者联合的产物。但是,社会情况一旦确立,它又可以成为规制国民行为的大部分法律、习惯和思想的首要因素,凡非它所产生的,它都要加以改变。因此,要了解一个民族的立法和民情,就得由研究它的社会情况开始"。① 这种扎扎实实地依据对原始材料的分析而得出结论、让观点以事实为依据的研究方法贯穿在《论美国的民主》和《旧制度与大革命》的创作过程之中。托克维尔在研究过程中很少参照前人成果,而是基于现实的生活实践,强调用自己独特视角去观察和了解社会现实和历史进程,亲自去翻阅考证文献档案对政治现实加以观照以进行独立研究,运用比较简要而明确的历史事实去建立社会思想体系。对于托克维尔而言,抽象的政治规范存在简单化倾向,缺乏社会生活根基,我们更应该关注具体社会政治生活及其历史演变进程,这才是民主理念的源头活水。这种悬置已有理论、直面史实的研究方法使托克维尔对民主的探讨独树一帜,并对后世的政治哲学研究产生了深远影响。

托克维尔 1831 年访问美国时发现,美国民主的社会前提是普遍存在的身份和风俗习惯上的平等以及民主精神和民主意识遍及整个社会的状态,甚至于美国的地形地貌都透露着民主的气息。通过对美国民主的观察,托克维尔看到,民主已经成为一种不可阻挡的历史必然趋势,人民生活的方方面面都在促进和推动民主:"所有的人,不管他们是自愿帮助民主获胜,还是无意之中为民主效劳;不管他们是自身为民主而奋斗,还是自称是民主的敌人,都是为民主尽到了自己的力量。所有的人都汇合在一起,协同行动,归于一途。……它是普遍的和持久的,它每时每刻都能摆脱人力的阻挠,所有的事和所有的人都在帮助它前进。以为一个源远流长的社会运动能被一代人的努力所阻止,岂非愚蠢! 认为已经推翻封建制度和打倒国王的民主会在资产者和有钱人面前退却,岂非异想! 在民主已经成长得如此强大,而其敌对者已经变得如此软弱的今天,民主岂能止步不前!"②在托克维尔看来,民主社会将伴随着苦难的

---

① 托克维尔:《论美国的民主》上卷,董果良译,商务印书馆 1988 年版,第 52 页。

② 托克维尔:《论美国的民主》上卷,董果良译,商务印书馆 1988 年版,第 7 页。

不断减轻、福利的逐渐普及、无知的大为减少、行为的日趋稳健和罪行的有效抑制而一路高歌猛进！这既是对民主饱含深情的讴歌与热望，更是对民主未来的坚定信念和无比信心，民主注定会成为人类社会的普遍价值和最基本的生活方式。

在托克维尔看来，民主是我们无法避免的时代宿命，接受民主是我们唯一的选择，是任何个人或政治力量都无法阻挡的世界历史大趋势，对于拥有健全民主社会基础的美国和民主进程艰难曲折的法国而言皆是如此。尽管托克维尔对民主采取了如此积极的态度，但我们在其政治叙事中却无法看到一个有关民主的清晰定义而只能通过散见的论述来对之加以揣摩，其实这也符合托克维尔本人的叙述风格和研究方法。民主的意蕴渗透在他以《论美国的民主》为主的政治著述之中，"他的'民主'包括两种涵义。在政治方面，民主是以扩大的公民权为基础的代议制；但是他指的是更加普遍和重要的社会民主，即一种平等被普遍接受为根本社会价值的社会"。① "托克维尔的民主是一种社会状态而非一种统治方式，他所看到的民主制是贵族的消失和等级的拉平；但是，托克维尔并未与作为一种统治方式的民主的传统用法完全决裂，即他还以民主的统治来表征民众参与公共事务的管理。"②由此，我们可以粗略地得出托克维尔的"民主"是指一种消除了社会差别而达成的地位平等的社会状态以及由之而来的社会生活样式和价值观的趋同，主要体现为两个方面：一是指一种强调个体平等的社会倾向和价值选择，可称为社会民主；二是指一种注重公民参与的统治方式和管理构架，可称为政治民主。而且，托克维尔更多的是在社会的意义上来使用"民主"这个词的，故而，我们一般将托克维尔视为社会民主理论的开创者。

二、托克维尔对"民主病"的诊断

民主内涵的应是"平等的真精神"而非"极端平等的精神"。孟德斯鸠指

---

① 戴维·米勒、韦农·波格丹诺主编：《布莱克维尔政治学百科全书》，邓正来等译，中国政法大学出版社 2002 年版，第 818 页。

② 雷蒙·阿隆：《托克维尔的政治思想和历史观》，载《社会学主要思潮》，葛智强、胡秉诚、王沪宁译，上海译文出版社 2005 年版，第 515 页。

出:"民主政体应该避免两种极端,就是不平等的精神和极端平等的精神。不平等的精神使一个民主国走向贵族政治或一人执政的政体;极端平等的精神使一个民主国走向一人独裁的专制主义,就像一人独裁的专制主义是以征服而告结束一样。"①孟德斯鸠坚持认为一个管理得好的民主国家崇尚的是"平等的真精神"而非"极端平等的精神",因为平等的真精神并非强调每个人都作为自足的原子化个体而完全独立地存在,而是在政治平等的前提下有所遵从和相互协调以达成和谐共契以维持一个大家都能在其中达成自我实现的共同体。作为孟德斯鸠在19世纪最伟大信徒的托克维尔承继了这种对民主的警惕。托克维尔的使命在于对民主发展趋势加以引导,而非在随民主之波逐民主之流中盲目地迎合;他关注的是新兴的自由民主社会如何克服自身内在矛盾以使人类在通往平等的道路上仍保持健全的自由人格。托克维尔在看到民主社会美好的同时,也看到了民主社会潜在的危险:社会成员身份的拉平和趋同,传统的社会精英消失,社会良好风尚恶化;同时,政治成为一少部分人的事,由人类的一种生存方式堕落为一种职业,政治冷漠感、政治碎片化与温和的专制主义相伴而行。

托克维尔认为,民主主义造成了个人主义,并且这种个人主义会随着身份的日益拉平而不断获得发展。这种个人主义有两个方面:一是对个人理智的信奉和依赖,这是知识论上的个人主义;二是以自我为中心的利己主义,这是伦理学上的个人主义。这种个人主义的第一个方面是主客二元分离后主体意识极度膨胀的结果,而第二个方面是"一种只顾自己而又心安理得的情感,它使每个公民同其同胞大众隔离,同亲属和朋友疏远。……个人主义的根源,既有理性缺欠的一面,又有心地不良的一面。……个人主义首先会使公德的源泉干涸。但是,久而久之,个人主义也会打击和破坏其他一切美德,最后沦为利己主义"。② 知识论和伦理学的相互佐证,为我们迎来了一个个人主义横行的民主时代。在这样一个时代出现的是生命之英雄维度的失落,以及"对福利和舒适的物质生活的热望,对个人利益的关心和对公益的失落,以及不可避

---

① 孟德斯鸠:《论法的精神》上册,张雁深译,商务印书馆1959年版,第135页。
② 托克维尔:《论美国的民主》下卷,董果良译,商务印书馆1988年版,第625页。

免地流于平庸的趋势"。① 我们看到,在这种民主时代英雄主义和贵族德性消逝了,生活的崇高目的以及为之而毅然赴死的勇气萎缩了,任何能够给生活以深刻而有力的目的感的东西都不存在了。强大的个人主义割裂了"伟大的存在之链",个人的原子化使人之为人得以存在的社会性慢慢淡化,生活的意义伴随着个人孤独感的增强而逐渐失落。

在这种情况下,"政治的碎片化"的出现也就在所难免了,"一个碎片化的社会是一个其成员越来越难以将自己与作为一个共同体的政治社会关联起来的社会"。② 于是,普通的社会公众越来越难以形成一个共同目标并加以积极落实,越来越无力作为一个休戚与共的共同体来对抗利维坦式的强大国家。而且,面对政治的碎片化,民主决策可能会由于政治团体内部成员的不睦而受到阻碍。在民主制度下,参与决策的人数非常多,而且每个人都完全基于自身利益进行思考并作出理性行为,因而围绕民主决策产生分歧的可能性非常大。在普通民众较低的认知水平和较为狭隘的利益诉求的情况下,以全体公民的意志为旨归的现代公共决策难免要进行不断的调试和修整并出现流于平庸肤浅而缺乏审慎远见的状况。

更进一步来看,这种民主主义的个人主义遏制了能够形成合意和和解的自由对话,破坏了培育市民公共美德的社会温床,诱使人们在接受民主国家福利的同时倾向于拒绝对他者和社会的责任与义务,更为严重的是它会采取一种封闭的态度将对自我纠偏具有潜在重要性的帮助拒之门外。"他们每个人都离群索居,对他人的生死漠不关心。而在他们头上矗立着一个无比庞大的政府,这个政府负责保障他们的安全与享乐,其权威至高无上,其照顾无微不至,它永远把公民们当成孩子来监督、照顾,从而这些孩子永远也长不大。"③这会在政治上形成一个"恶的循环":公民个人过度关注自我而对公共问题的冷漠会助长不负责任的政府权力,政府权力的增强又会加剧公民的无助感,这种无助感反过来又加重了公民对公共事务的冷漠。由此,社会公众面对强大

---

① 列奥·施特劳斯、约瑟夫·克罗波西:《政治哲学史》(下),李天然等译,河北人民出版社 1993 年版,第 885 页。

② Charles Taylor, *The Ethics of Authenticity*, Harvard University Press, 1991, p.117.

③ 江宜桦:《自由民主的理路》,新星出版社 2006 年版,第 113 页。

的国家机器会产生强烈的无助感,难以对民主政治进程产生实质性影响,政治疏离感和政治冷漠感进一步加剧,并深深受制和依赖于阻碍其发展的巨大监护权,政治自由(这是指我们对自身命运的政治控制,是某种我们作为公民能够共同运用的东西)逐渐丧失。

与传统暴力的显性专制相比,这是一种相当隐蔽且被人们自愿接受的"温和的专制主义",也是托克维尔告诫我们民主国家应该时刻注意的专制形式。"民主国家的另一个非常自然的、但又非常危险的本能,就是使人轻视和不太考虑个人的权利。"[1]在这种专制之下,每个公民成为了既无独立个性又无团结精神的原子式个体,松散地沉迷于具有绝对权威的政府所提供的物质满足的虚幻之中。这种专制打着公意的旗号、披着合法性外衣在侵犯着公民的个体权利,使多数人在公共事务上的意见成为所有个体的价值规范和人格塑造标准,于是我们看到民主制度下出现了大量个人意志脆弱、缺乏社会批判精神和独立意识的社会民众,这是一个极易被蛊惑、发动乃至利用的政治群体。

民主的吊诡就在于,民主本为限制专制以保证共同体中所有成员的自由和权利而生,但其无限发展却走向自身的反面——多数人的暴政。托克维尔发现"民主政府的本质在于多数对政府的统治是绝对的,因为在民主制度下,谁也对抗不了多数"。[2] 在民主制度下容易出现以多数人名义行使无限权力的"多数人的暴政",这是一种由多数人作出决定的将多数人的利益置于少数持异见者的利益之上的政治统治状态。在托克维尔看来,原有的暴政是靠镣铐和刽子手通过暴力威胁和恐吓等野蛮方式推行的,而这种多数人的暴政则披着现代文明的外衣在极度自恋的自我喝彩声中狂热地追逐自身的合法性。哈耶克指出,民主本来是用来防止一切专制的,但如果多数人的统治不被限制,民主这种理想就会成为一种新的专制权力的根据。[3] 对于普通个人和少数人群体而言,民主制度下多数人的统治是异常专制且无法抗拒的,因为多数人代表了至高无上的理性权威,一个人要想脱离多数人确定的路线就得放弃

---

① 托克维尔:《论美国的民主》下卷,董果良译,商务印书馆1988年版,第877页。
② 托克维尔:《论美国的民主》上卷,董果良译,商务印书馆1988年版,第282页。
③ 参见 F.A.Hayek, *The Constitution of Liberty*, Routledge and Kegan Paul Ltd., 1960, p.106.

自己的公民权甚至自己做人的根本。在民主多数掌握无限权威的国家和社会里,少数意见相左者很难得到尊重和保护,不仅少数的意见得不到陈述和发表,话语权遭到剥夺,而且可能遭受随意处置甚至更为不公正的对待。这背离了民主制度设置的初衷,在托克维尔看来,民主必须要保护少数人群体乃至单独个体的政治权利,民主制度必须以全体公民自觉认可和普遍接受的法律规范作为不可撼动的基本原则,并以不侵犯少数人的基本人权作为最低限度才能获得自身合理性和正当性。后来,深受托克维尔政治哲学影响的当代共同体主义哲学家查尔斯·泰勒针对在社会民主化进程出现的少数民族、"贱民"群体问题提出了"承认的政治"来捍卫和修补现代西方自由民主社会的制度设计,为化解现代社会的民主流弊提供了一种有益探索。

三、托克维尔的"美国式民主"

在《论美国的民主》中,托克维尔提供了一种"美国式民主"来防止现代民主可能存在的流弊,因为他认为美国独特的政治文化(甚至地理环境)决定了美国式民主转变为专制的可能远远小于欧洲。美国人用"正确理解的利益"来抵制极端化的个人主义,这种极易为一般人所掌握和接受的自利原则教导人们除了关心自身的正当利益以外,还需要相互帮助,以及应该为共同体利益牺牲他们部分的时间和财富,因为共同的福利有助于增进他们自己的福利。在托克维尔看来,这种自利学说是完全可以信赖的,"'正确理解的利益'的原则并不怎么高深,而是十分明确易懂。这个原则不以达到伟大的目的为主旨,而是要不费太大力气就能达到所追求的一切。它是任何文化程度的人都能理解的,所以人人都容易学会和不难掌握。由于它切合人的弱点,所以不难对人产生巨大影响。而且,影响的力量也容易保持下去,因为它以个人的利益来对抗个人本身,并在引导个人的激情时能产生刺激作用"。① 托克维尔看到现实的个人既是存在追求欲望满足的本能存在物,又是可以通过参加公共生活来使个体得到升华的政治存在物。能够为真正政治社会奠基的正确理解的利益不是完全放纵的欲望满足和赤裸裸的物质利益追求,近现代民主社会鼓励人

① 托克维尔:《论美国的民主》下卷,董果良译,商务印书馆 1988 年版,第 653 页。

们去积极追求的不应是极端乃至畸形的利己主义和物质主义。

托克维尔主张的这种自利是一种对个人的直接的、物质的和有利的福利的关心，它并非个人欲望的极端膨胀，而是理性与欲望之间的一种沟通与平衡。"实际上，利益这一概念被看成兼具欲望和理性这两个范畴各自优良的秉性，欲望与理性这两个范畴是被理性所强加和容纳的'自利'的欲望与由'自利'的欲望所给予指导和赋予力量的理性。人类行为的这一最终混合形式，被认作是既消除了欲望的破坏性，也克服了理性无效用的缺点。"①从这种自利中可以衍生出爱国心和公意心。这种自利会使人习惯于结社和合作，正是在这种结社的自由中美国人了解了自己的责任与使命。这样的一种爱国心，托克维尔称之为"理智的爱国心"（与之相对的是不做任何推理，只凭信仰和感情行事的"本能的爱国心"）：它来自于对自我与国家关系的真正理解，并在法律规范的帮助下成长，随着权利的运用而发展；它虽然可能不够豪爽和热情，但非常坚定和持久。这种理智的爱国心在美国孕育出了活力充沛的市民社会，人们乐于在公共参与和公共交往中实现自我管理。结社的自由结合言论和出版自由一起对可能极端化的个人主义进行抵制，从而"美国人以自由抵制平等所造成的个人主义，并战胜了它"。②　人都对自由有一种天生的热爱，这种热爱能孕育出一种公民精神以抵制民主主义的个人主义。当然，这种公民精神是与公民政治权利的行使密不可分的。托克维尔本人就曾热情地投身到政治活动之中，并认为从政是一种义务和道义责任，是公民精神的体现，这也展现了他贵族身份的荣誉感和责任感。

同时，托克维尔认为宗教对于民主社会而言是不可缺少的，宗教信仰能将个人和整个社会的心智引向一种更加崇高的精神境界，抵制人的无限制的物质欲求，能使民主制具有德化的性质，这是民主制国家应该理解的真理。宗教信仰可证明最大牺牲的合理性，有助于培养公德心，唤起公民个体之间彼此的义务感，超越个人的狭隘性，从而可以抵制民主时代的个人主义倾向。托克维尔断言："一个民主国家之能够有信仰，主要应当归功于宗教；而且，民主国家

---

① 艾伯特·奥·赫希曼：《欲望与利益——资本主义走向胜利前的政治争论》，李新华、朱进东译，上海文艺出版社2003年版，第37页。
② 托克维尔：《论美国的民主》下卷，董果良译，商务印书馆1988年版，第631页。

比其他国家更需要有信仰。"①宗教同意每个人自由选择自身通向天堂的道路,扩大了自利的范围,使人们关注来世生活的奖赏,从而弥补了自利原则的根本不足。更为重要的是,宗教可以使人心有所寄托,而不必外求强制力量来建立秩序,从而避免独裁统治。对于托克维尔而言,以宗教信仰制衡现代社会的自由意识和世俗理性,是达到社会生活完善的必然条件。托克维尔认为,美国社会是将宗教意识与自由意识结合起来的社会,这是美国自由得以存在的原因所在,这种状况与美国清教徒式的移民价值体系有关。托克维尔指出:"清教教义不仅是一种宗教学说,而且还在许多方面掺进极为绝对的民主和共和的理论。清教徒在祖国受到政府的迫害,感到自己所在社会的日常生活有损于自己教义的严格性,所以去寻找世界上人迹罕至的不毛之地,以便在那里按照原来的方式生活和自由崇拜上帝。"②新英格兰的清教徒是坚持联邦神学(federal theology,指 16、17 世纪由一些新教徒发展的用来设计教会治理体制的圣约神学,它利用了《旧约》中的圣约观念和《新约》中对早期基督教圣会的描述,并与罗马天主教会在治理体制构成上依赖的使徒传承教义截然相反)的公理会教友,在"五月花号公约"中第一批清教徒承诺在建构民治政治体时相互订立圣约,这种承诺被认为是联邦治理体制的基本的预先承诺,它为联邦制增加了一个重要特点即众多的政府单位。③ 在此我们看到,托克维尔既发掘了美国民主社会中存在的宗教因素,又阐扬了宗教在规制民主流弊以促进社会生活秩序化方面的现世政治作用。

针对民主主义的个人主义可能导致的多数人的暴政,托克维尔指出,法学家精神及其影响可以成为防止民主制国家偏离正轨的坚强壁垒,因为法学家能够因自身特征而成为贵族和人民之间结合的联系纽带,"法学家,从利益和出身上说,属于人民;而从习惯和爱好上来说,又属于贵族。法学家是人民和贵族之间的天然锁链,是把人民和贵族套在一起的环子"。④ 同时,法学家的

---

① 托克维尔:《论美国的民主》下卷,董果良译,商务印书馆 1988 年版,第 678 页。
② 托克维尔:《论美国的民主》上卷,董果良译,商务印书馆 1988 年版,第 36 页。
③ 参见文森特·奥斯特罗姆:《美国联邦主义》,王建勋译,上海三联书店 2003 年版,第 7—8 页。
④ 托克维尔:《论美国的民主》上卷,董果良译,商务印书馆 1988 年版,第 306 页。

端谨品性和规范意识能够平衡民主社会好大喜功、朝三暮四的群众心理，"法学家秘而不宣地用他们的贵族习性去对抗民主的本能，用他们对古老事物的崇敬去对抗民主对新鲜事物的热爱，用他们的谨慎的观点去对抗民主的好大喜功，用他们对规范的爱好去对抗民主对制度的轻视，用他们处事沉着的习惯对抗民主的急躁"。[1] 正是在这层意义上，托克维尔将法学家视为能够平衡民主制发展的最强大力量，甚至是唯一力量。

托克维尔还指出，要积极发挥陪审制度在公民政治教育方面的作用。陪审团应作为固定的政治机构而存在并在民主政治生活中发挥积极作用，并且应该成为一所常设的免费学校以让陪审员在运用权力的同时，通过与社会精英分子密切接触并向其学习以掌握更为丰富的政治法律知识；陪审制度既是司法制度，更应该作为政治制度而发挥作用，通过这种人民主权的形式赋予公民以主政的地位，使公民们感到对社会有责任，是在参加自己的政府，以此实现法治精神和参与意识向全社会的渗透。除此之外，托克维尔还提出以政治民主消解社会民主可能带来的危害：一是靠中央政府顶层的民主设计来推进政治参与，促使人民去理解和讨论公共政治问题；二是靠中央政府行政权力的下放和地方自治政府的积极作为来实现基层民主，地方自治政府要为普通民众更广泛的参与政治生活提供机会，在其中中介性自愿社团的作用不可忽视。

四、启　示

民主问题深深地纠结于近现代政治变革和政治发展之中，托克维尔对民主概念的审慎阐释展现了近现代民主政治的发展轨迹和可能存在的问题。"托克维尔的伟大之处在于，他既能激发对民主的明确期望，同时又能深究民主的痛苦奥秘。"[2]拥有贵族身份的托克维尔能够在政治变动时代坚定地捍卫和高扬代表平民意向的民主制度，这是一种难能可贵的政治态度上的冷静和理智。我们自然也不能奢望这样一位生活在 19 世纪上半叶的政治思想家能够一劳永逸地解决现代民主政治的所有问题，然而透过托克维尔对民主问题

---

[1]　托克维尔：《论美国的民主》上卷，董果良译，商务印书馆 1988 年版，第 309 页。
[2]　马南：《民主的本性——托克维尔的政治哲学》，崇明、倪玉珍译，华夏出版社 2011 年版，第 50 页。

的审慎阐述我们的确对西方自由民主制内在困境有了更为深刻的理解,并对民主这个现代人热衷拥护的"好东西"有了更为全面的了解和把握。

民主需要丰富的社会历史条件作为其存在的基础。民主不仅仅是外在的投票程序和相应的政府形式,而且是历史积淀、风俗习惯、社会教化和规则强化等共同作用的结果。"民主不止是一种制度行为的型式。民主是对某种态度和价值的一种肯定,这些态度和价值由于他们必须对制度的变革充当敏感的操纵控制器,就比任何一套特殊的制度更为重要。"①民主的实现不仅是一个简单的、客观的制度化过程,更是一个现代公民意识和公民文化的生成过程。我们不能简单地将民主化进程归结为是一个健全法律、推行制度的规则安排过程,而是应该在考察具体的民俗传统、道德风范、政治文化、行为习惯等因素后再选择行之有效的民主改革措施,防止齐一化的普世主义民主观可能带来的消极后果。正如杜威所言:"每一代人必须为自己再造一遍民主,民主的本质与精髓乃是某种不能从一个人或一代人传给另一个人或另一代人的东西,而必须根据社会生活的需要、问题与条件进行建构。"②我们必须要看到民主内涵的理想诉求和价值标准无法脱离现实的社会存在基础,健全和推行民主制度与开展民主意识培养和民主素质教育对于真正践行民主同样重要。

民主是内生于和谐共同体之中的伦理协调能力。民主的规则离不开德行的维系,脱离道德内涵和伦理意蕴的民主是没有生命力的,沉浸在热闹的投票游戏和熙熙攘攘的权利争论之中是政治现代性的极端表现。民主并非是要强行建立一条基准线以彻底消除贵族品格、崇高意识和首创精神。完全缺乏内在崇高精神境界的民主,只能像柏拉图和亚里士多德所指出的,只不过是一片混乱和只做表面文章的瞎起哄。民主应是一种摆脱私利和私欲约束从而走向更高境界的内心协调能力,民主要求我们必须要突破狭隘的原子化自我并积极正视他者的伦理意义。我们要将民主视为一种伟大的理念,借此我们可以团结起来形成一个坚强有力的共同体,并且我们每个人可以在这种团结的共

---

① 悉尼·胡克:《理性、社会神话与民主》,徐崇温译,上海人民出版社 1965 年版,第293 页。
② 杜威:《新旧个人主义——杜威文选》,孙有中编译,上海人民出版社 1997 年版,第27 页。

同体中对自己人性中不和谐的部分加以调整和修正,从而为未来的良善生活展开积极筹划。

民主要致力于塑造一种开放包容的生活空间。民主要抛弃原子主义的自我观念,民主的自我意识应内涵着对于他者的开放和包容。罗伯特·达尔将完全的包容性视为民主的重要标准。① 民主内在的多样性和包容性体现在社会实践层面上就是要积极培育各种自主性社会团体以形成强大的公共领域,这种现代公共领域在对政治体制形成规治的同时会孕育参与、合作、谅解、互信、温和、宽容的公民品性——这对于现代民主政治发展乃至整个共同体生活的和谐有序至关重要。"民主时代的人试图通过最具普遍性的总体观念来触及相似者,而在情感上则是通过同情来与之发生关联,这一同情使他与每个和所有相似者相认同。普遍化的抽象和认同性的激情服从的是同一个动力。通过普遍的观念,他使所有人与所有其他人相混同,通过敏感的同情,他使自己与任何人相混同。在这双重的理智的和情感的活动中,民主时代的人既没有作为自己来确立自我,也没有在他人之中忘记自我。"② 现实的民主政治既要放弃排他主义的不容异己,也要杜绝毫无原则的过度纵容,而是应强调自我和他者逐步放弃分歧、实现互补、走向和谐,从而营造一种有序参与、平等承认、和谐互动的生活空间。

托克维尔明言,他并不是完全在为美国的民主制度与实践写一篇颂词,而且并非美国式民主是民主可能的唯一模式,他只是希望能从美国的民主文化和制度架构中找到可资借鉴的教益。毋庸讳言,托克维尔促进了温和民主制的发展,他"接受了民主革命,预言了它的缺点,并试图用完全民主的手段来加以弥补"。③ 今天我们循着托克维尔的思想轨迹来思考现代民主概念,是为了让我们丰富对民主理念的政治想象力,深化对民主问题的政治洞察力,并在政治实践领域内更加审慎地热爱民主这个"好东西"。

① 参见罗伯特·达尔:《论民主》,李柏光、林猛译,商务印书馆1999年版,第85页。
② 马南:《民主的本性——托克维尔的政治哲学》,崇明、倪玉珍译,华夏出版社2011年版,第103页。
③ 列奥·施特劳斯、约瑟夫·克罗波西:《政治哲学史》(下),李天然等译,河北人民出版社1993年版,第903页。

第二节　民主化与公共领域:哈贝马斯与查尔斯·泰勒

　　托克维尔将在市民生活中对结社的运用看作是抵制民主政治时代个人主义极端发展的最为重要的手段:"要是人类打算文明下去或走向文明,那就要使结社的艺术随着身份平等的扩大而正比地发展和完善。"①这种对现实民主政治的良性发展起至关重要作用的结社问题与政治哲学中的公共领域问题密切相关,深入探讨公共领域问题有助于我们把握现代民主政治发展的症结所在,也是弥补个人主义时代公共性缺失的客观要求。"公共领域作为存在于政治国家和市民社会之间的一块中间地带,它能够把独立个人间的相互承认和自主交往关系升华为一种普遍关系,形成公共伦理,达致公共理性。"②公共领域是当代政治哲学研究的一个前沿性问题,德国著名政治哲学家哈贝马斯完整地呈现了公共领域问题,加拿大政治哲学家、著名的共同体主义者查尔斯·泰勒则深入推进了公共领域的研究,这引起了众多学者对公共领域的广泛关注和高度审视,并促使公共领域成为现代主流政治话语的一部分。

一、哈贝马斯论公共领域的现代转型及其启示

　　尽管公共领域是一个现代政治哲学话语,但其历史源头却是古希腊以直接讨论和平等参与为特征的公共政治生活。"在高度发达的希腊城邦里,自由民所共有的公共领域(koine)和每个人所特有的私人领域(idia)之间泾渭分明。公共生活(政治生活)在广场上进行,但并不固定;公共领域既建立在对谈(lexis)之上——对谈可以分别采取讨论和诉讼的形式,又建立在共同活动(实践)之上——这种实践可能是战争,也可能是竞技活动。"③在古希腊,自由公民以对话和实践能力而共同形成真正的政治领域,即公共领域的古典形态——该领域既是自由公民彼此之间倾听意见和交流政见的必需场所,又

①　托克维尔:《论美国的民主》下卷,董果良译,商务印书馆1988年版,第640页。
②　杨仁忠:《公共领域论》,人民出版社2009年版,第290页。
③　哈贝马斯:《公共领域的结构转型》,曹卫东等译,学林出版社1999年版,第3页。

是公民个体之政治本质性得以展现的自由空间。

(一)哈贝马斯的公共领域概念

要对哈贝马斯的公共领域概念进行明确界定,是比较困难的。作为社会批判理论的倡导者,哈贝马斯的研究工作就是致力于"'为批判的社会理论'广泛探寻'充分的规范基础'。"①因而,我们可以把哈贝马斯的公共领域大概理解为一种通过理性讨论、公开辩论而调和国家和社会需求的社会批判空间,具体而言指界于公共权力领域与纯粹私人领域之间的公民参与政治事务的空间,它内涵着作为个体的社会公民与公共权力部门(主要是政府)之间的互动关系。这种互动关系主要体现为公民个体通过一定的传媒手段对公共权力领域保持一种批判性的监督,以有助于国家与社会的良性互动与协调发展。哈贝马斯重视公共领域的批判精神,努力通过观念和文化的力量来规制政治权力,用理性启蒙来影响政治权力拥有者,从而不断扩展民主生存的土壤和空间。

公共领域的形成和发展具有特定的社会历史背景和文化发展渊源。哈贝马斯是从古希腊关于"公"与"私"的划分来分析作为社会批判空间的公共领域的历史缘起的。在古希腊,公共领域是具有公民权的公民活动领域;私人领域则是没有公民权的个体(奴隶、家庭妇女等)活动的领域,是屈从于必然性的为公共领域的准入提供物质性条件的领域。这种理解与我们现代人所理解的公共领域与私人领域是不同的。哈贝马斯认为,在欧洲封建社会则基本上不存在于私人领域相分离的公共领域,既没有古希腊罗马伦理共享意义上的古典公共领域,也没有以现代市场经济和民主政治为基础的现代公共领域。但哈贝马斯并不认为公共领域在此时彻底完全消逝,而是认为存在作为一种地位的标志的"代表型公共领域",即拥有权力的封建统治者成为了政治公共性的集中体现和"代表"。到了欧洲封建社会后期,随着封建贵族政治的衰落和近代民族国家的出现,"代表型公共领域"逐渐萎缩,"作为政府的对应物,市民社会建立了起来。迄今为止一直局限于家庭经济的主动性和依附性冲破

---

① 戴维·米勒、韦农·波格丹诺主编:《布莱克维尔政治学百科全书》,邓正来等译,中国政法大学出版社 2002 年版,第 327 页。

了家庭的藩篱，进入了公共领域"。① 于是，浓缩了封建庄园制度、政教二元结构和社会多元形态的欧洲中世纪的代表型公共领域成为了古典公共领域向现代公共领域发展的过渡阶段，并为真正意义上的现代公共领域的最终形成奠定了历史基础。

在哈贝马斯看来，现代典范意义上的公共领域是资产阶级公共领域，主要由拥有部分经济和政治特权的资产阶级组成，表现为严格限制在资产阶级内部的人员在小规模的咖啡馆、图书馆、大学及博物馆等场所自由谈论时政、发表政见。这种资产阶级公共领域的出现渗透了资产阶级的政治理想：建立一个民主的、平等参与的、自由讨论的社会整体。这种资产阶级公共领域具有很强的理想性，并在此基础上形成极强的批判性。"一方面，他从资本主义历史进程当中抽象出一个理想型的'公共领域'/'公共性'，另一方面又把这个理想范畴当做规范，对社会福利国家中的公共生活方式加以批判。"② 哈贝马斯分析了18世纪资产阶级社会中出现的俱乐部、咖啡馆、沙龙、杂志和报纸等公共媒介所促成的一种社会公众讨论公共问题、进行自由交往的公共空间。这种公共空间是独立于政治建构之外的公共交往和公众舆论，它们对于政治权力的运作具有批判性，同时又是政治合法性的基础。

哈贝马斯以资产阶级公共领域为理想典范，为我们提供了一种反思社会问题与开展政治监督的批判性视角。我们可以通过公共领域来加深对社会问题的理解，并促进社会问题上升为政治议题，"公共领域是一个预警系统，带有一些非专用的、但具有全社会敏感性的传感器。从民主理论角度来看，公共领域还必须把问题压力放大，也就是说不仅仅察觉和辨认出问题，而且令人信服地、富有影响地使问题成为讨论议题，提出解决问题的建议，并且造成一定声势，使得议会组织接过这些问题并加以处理"。③ 一个社会总是会存在各种各样的问题，但是并非所有的问题都会成为需要解决的政治议题。公共领域的功能不在于直接解决问题，而在于通过公众舆论的理性批判和自由交流将

---

① 哈贝马斯：《公共领域的社会转型》，曹卫东等译，学林出版社1999年版，第18页。
② 曹卫东：《权力的他者》，上海教育出版社2004年版，第43页。
③ 哈贝马斯：《在事实与规范之间》，童世骏译，生活·读书·新知三联书店2003年版，第445页。

社会存在的各种问题充分暴露，并通过对政治系统形成一种批判和监督作用促使其去合理解决由公共领域所反映的那些问题。由此可见，公共领域能够通过自由交往实现人的理性解放，从而不断刺激政治系统为寻找其合法性依据而努力。这里所讲的合法性是指广大社会成员对国家所维持的统治秩序的认可和同意，在哈贝马斯看来，这种认可和同意不是以某种先定的观念为基点，而是以自由沟通和相互交涉的制度机制为基点的。①

（二）公共领域的现代转型

随着资本主义社会经济的发展和国家干预主义的加强，作为一种社会批判性典范的资产阶级公共领域出现了从结构到功能的转型，作为公共领域运行工具的大众传媒受到了公共权力与市场势力的双重宰制，国家和私人垄断企业使公共领域的自由讨论机制退化为控制的领域，导致了作为公共性载体的公共领域的社会批判性的降低和衰落。"作为当代西方社会公共领域主要行动者的那些利益团体，一方面常常与国家之间、或者彼此之间达成幕后交易，另一方面常常通过一种表演性的公共性的运用而确保至少有一种平民支持。"②在哈贝马斯看来，这种转变主要发生于资本主义从自由竞争的市场时代到以国家为主导的垄断时代的过渡时期，这种公共领域在晚期现代性中的没落主要体现在以下几个方面：

第一，公共领域与私人领域渐趋融合，独立的私人领域遭到了入侵和消解。随着资本主义的深入发展，私人冲突和矛盾无法再通过私人自律获得解决，因而需要公共领域的介入，于是私人冲突与矛盾转向政治层面，国家干预主义由此出现。"公"与"私"的界限出现了模糊化，政治与经济、国家与社会由分离走向融合，原有的社会结构遭到破坏，公共领域得以存在的前提面临巨大的危机。同时，由于普遍社会福利政策的实行，家庭逐渐成为收入和空闲时间的消费者、公共保障和生活补助的接受者，家庭慢慢失去了其资本形成以及基本的传统功能和引导功能，"家庭失去了经济职能，与此同时，也失去了塑

---

① 参见李佃来：《公共领域与生活世界》，人民出版社 2006 年版，第 119 页。
② 童世骏：《公与私：划界问题的归属问题》，载黄俊杰、江宜桦编：《公私领域新探：东亚与西方观点之比较》，华东师范大学出版社 2008 年版，第 140 页。

造个人内心的力量"。① 与此同时,本应从完备的公众主体的内心领域发展成形的文学公共领域,反而在大众文化传媒的破坏中变成了家庭内心领域遭到入侵的助推器。在现代社会理性化过程中,家庭私人领域被在理性化过程中被逐渐膨胀的以市场体系和科层制行政体系为代表的系统所控制和规训,从而出现了日常生活世界的被殖民化。

第二,社会公众由文化批判转向文化消费,操纵的公共性排挤了批判的公共性。随着国家社会化和社会国家化趋势的增强,"公众分裂成没有公开批判意识的少数专家和公共接受的消费大众"。② 具有社会批判意识的公众的地位和作用逐渐变得无关紧要。社会公众即使偶尔进入了公共权力的循环运动之中,其目的也只是"附和",因为他们作为工资或薪水的受领者并享有普遍的社会福利,在这种情况下社会公众专注于自我欲望的满足并以之作为价值判断和社会选择的标准和依据,丧失了对于公共参与的热情和政治认同感。"广大居民的非政治化和政治的公众社会的衰落,是一种倾向于把实际问题从公开讨论中排除出去的统治制度的组成部分。"③在这样一种情况下,"公共性似乎是自上而下建立起来的,它试图为某些姿态罩上良好愿望的光环"。④哈贝马斯将这种公共性称为操纵的公共性,因为这种公共性不仅在公众面前呈现了统治的合法性,而且操纵了社会公众。于是,我们看到在社会公众执着于物质欲望满足而丧失公共批判性的同时,出现了温和的专制主义以及政治的碎片化。我们在对巨大的监护权力日益依赖的同时丧失了我们的政治自由,这种政治自由是我们作为公民能够共同运用的对自身命运的政治把握。

第三,政府权力和私人势力对大众传媒实施双重裁制,社会共识和公众舆论被精心策划。大众传媒手段是从私人通信系统中发展起来的,是在社会公众的批判当中发展起来的一个公众讨论的延伸。但随着商业化趋势的加强,

---

① 哈贝马斯:《公共领域的社会转型》,曹卫东等译,学林出版社 1999 年版,第 183 页。
② 哈贝马斯:《公共领域的社会转型》,曹卫东等译,学林出版社 1999 年版,第 200 页。
③ 哈贝马斯:《作为"意识形态"的技术与科学》,李黎、郭官义译,学林出版社 1999 年版,第 111 页。
④ 哈贝马斯:《公共领域的社会转型》,曹卫东等译,学林出版社 1999 年版,第 202 页。

商品流通与公众交往的界限越来越难以确定。现代公共领域面临着如下两个方面的问题：一是这种公共领域中的争论是否会被以比专制政权更加隐蔽的方式受到金钱、政治或二者联合的操控；二是现代媒介的性质是否允许一种真正公开、多面的交流，而这种交流被认为在一种就公共事件的真正意见中发生。① 具有批判精神的公共传媒在商业化以及经济、技术和组织一体化的过程中变成了"社会权力的综合体"。现代传媒手段的商业化与纯粹经济领域中的商业广告达成一种默契的共谋关系，并赋予了它所宣传的对象一种公共利益的权威，使其获得了一种超自然权威的神圣光环。"公共利益看起来所必须的行为共识，实际上是一种精心策划的'公众舆论'。"②现代公共领域沦为了一种"利益竞争的场所"，遭到了利益集团的操纵，虚假的公共性替代了真正的公共性。

　　哈贝马斯阐述了晚期资本主义国家大众传媒的功能转变，并考察了公共领域与法治、政党、议会、选举活动的复杂关系，从而全面揭示了资产阶级公共领域的衰落与蜕变。我们应该如何来对抗现代公共领域从结构到功能的转型所带来的衰落与蜕变呢？哈贝马斯要求重振早期现代性的公共领域以实现它未完成的规划。他指出："被社会组织强占的，而且在集体性私人利益的压力下被权力化的公共领域，只有在它本身完全满足公共性要求的情况下，即在它重新变成严格意义上的公共领域的情况下，才能发挥超出纯粹参与政治妥协之外的政治批判功能和政治监督功能。"③这种重建本真公共性的观点浓缩于哈贝马斯的交往行为理论之中，这是一种取代了"意识哲学"的"交往行为的主体间哲学"："公共领域最好被描述为一个关于内容、观点、也就是意见的交往网络；在那里，交往之流被以一种特定方式加以过滤和综合，从而成为根据特定议题集束而成的公共意见或舆论。……公共领域的特征毋宁是在于一种交往结构，……是在交往行动中产生的社会空间。"④

---

① 参见 Charles Taylor,"Liberal Politics and the Public Sphere", in *Philosophical Arguments*, Harvard University Press,1995,p.260。

② 哈贝马斯：《公共领域的社会转型》，曹卫东等译，学林出版社 1999 年版，第 230 页。

③ 哈贝马斯：《公共领域的社会转型》，曹卫东等译，学林出版社 1999 年版，第 243 页。

④ 哈贝马斯：《在事实与规范之间》，童世骏译，生活·读书·新知三联书店 2003 年版，第 446 页。

（三）启示

哈贝马斯的公共领域理论的最大贡献不在于得出了某种权威性的理论，而在于激励和引导着众多的学者对公共领域的关注和深入分析研究，从而开创了公共领域的理论话语。"从早期的《公共领域的结构转型》对公共领域理论的系统建构，到中期'语言学'转向对'交互主体性'的讨论（以主体之间利用批判的语言进行公开的辩论），再到晚期的程序主义民主对当代全球政治的关怀，无不体现了哈贝马斯对康德'理性的公共运用'和阿伦特积极的'公开政治行动'的遵从与发展。同时，不论在公共领域概念的确定和公共领域理论的建构上，还是在公共领域思想及其功能的拓展上，都表现出了他对康德和阿伦特的超越。这构成了他公共领域理论的显著特征，并奠定了他在这一理论发展史上的创造性地位。从某种意义上说，正是有了哈贝马斯才有了公共领域的理论话语。"①通过对哈贝马斯的公共领域概念的分析，我们至少可以从以下几个方面来丰富我们对于现代政治生活的理解：

其一，公共领域有赖于具有独立个性与批判意识并能够理性思考的社会群体。这一群体具有公共良知和社会参与意识，具有参与性、全面性、正义性和创造性特质的批判精神，对社会表现出强烈的公共关怀。同时，这一群体必须有丰富的现代科学文化知识以保证其对社会公共事务的发言权和话语的合法性。通过这一群体的充分自由交往，才能真正将公共领域的批判功能与国家的命运和前途紧密联系起来，从而实现公共领域与政治国家之间通过理性对话而建立相互关照和良性互动的关系，并使国家层面的政治活动更具民主性。

其二，公共领域得以发育和壮大的基础是公众舆论而非大众舆论。大众舆论是未经反思的、未经讨论和批判加以调和的不确定的判断和意见，因我们形成于相同的社会化过程中而可能以完全同一的形式为你我所共有；公众舆论则是产生于相互讨论之中的经过反思的产物，是一种经过大家共同努力的在共同的界定行动中的信念表达，反映了一种积极形成的共识，并非一种消极接受的评价而是一种批判性思考。这种产生于共同行动的公众舆论而非单纯

---

① 杨仁忠：《公共领域论》，人民出版社 2009 年版，第 165 页。

聚合性统一的大众舆论,才是培育真正具有活力的现代公共领域的丰厚土壤。

其三,公共领域与政治领域之间并非泾渭分明、壁垒森然和绝对对立的,而是应该关注自治,要对作为集体决策的固有组成部分的争论和交流产生影响。在现代社会中,单纯由立法机构、议会、政府所确定的政治体系不能单独进行充分的民主争论,民主决策的问题还必须交由外在于政治体系的公共领域来加以讨论解决。这种公共领域能够在对话与交流中塑造参与者的自我理解和认同,使参与者的意见在相互的他者关照中成为民主决策的有机组成部分。并且,公共领域不仅要被视为一种对政治进行限制的社会形式,而且本身应被视为民主政治的一种存在环境。① 我们应时刻注意民主决策的开放渠道的各种新形式,积极培育多层次的公共领域并使之形成一种相互嵌套式结构,使广大社会民众在政治体系与公共领域的平衡与共生之中形成一种良性互动的和谐关系,从而避免个人与社会的分裂,使社会政治生活充满活力。

其四,要注重公共领域与宽容的复杂关系。从哈贝马斯对公共领域的历时态考察来看,西方文化传统中的宽容精神和宽容意识是公共领域得以发展的重要因素。对于身处政治民主化趋势中的现代人而言,要宽容地对待公共领域,避免政治权力和商业利益对公共领域和宰制和阉割,培育公共领域自由自主的发展空间。同时,作为公共领域的参与者要克服自我中心的偏执意识,对于他者保持耐心公正的理解和宽容,从而保证公共领域能够作为清醒、理性而负责任的交往场域而更充分地发挥其积极作用。

二、查尔斯·泰勒的公共领域理论

"公共领域"概念是泰勒对现实政治生活进行追问式、批判式和开放式哲学考察的重要表现,集中体现了泰勒对民主政治时代公共话语表达的审慎阐释。泰勒的公共领域概念饱含了他对西方社会进入现代性以来逐渐出现的"政治碎片化"趋势的深深忧虑,同时也透露出他对未来西方民主政治模式的规范化构想。

---

① 参见 Charles Taylor, "Liberal Politics and the Public Sphere", in *Philosophical Arguments*, Harvard University Press, 1995, p.287。

（一）公共领域的世俗化内涵

作为共同体价值之坚定捍卫者的查尔斯·泰勒无疑是怀着一种深厚的古希腊情结来探讨公共领域问题的，这种崇尚自然的古典情怀使泰勒对公共领域的讨论少了一些人为建构的制度主义色彩而更符合此概念的本然意义。当然，真正现代意义上的公共领域出现于西方现代化的进程之中，是与资本主义市场经济（特别是印刷资本主义）和现代市民社会的发展相伴随的，泰勒从概念史的角度对现代公共领域的世俗化内涵进行了追溯。

在泰勒看来，现代公共领域的形成过程也就是西方社会世俗化的过程，这是一个如此转变的过程：从信仰上帝之不可挑战和不可置疑到信仰上帝只是众多选择之一，且信仰上帝不是最容易为人所选择的。① 由此可见，泰勒的"世俗化"既是指现代世界中宗教信仰和实践的衰退，又是指宗教认同的遮蔽以及趋向宗教和意识形态之中立性的转变。泰勒指出，现代公共领域具有根本的世俗性，世俗性之所以是"根本的"是"因为它不仅是与一个社会的神圣基础相比较而言的，而且是与在超越了现代共同行动的某种东西中构成的社会的理念相比较而言的"。② 世俗性并不意味着传统社会信仰在现代社会处境中的式微，而是特别指人们在现代性处境中之自我认同以及共同行动的正当性根据不再援引某种超越性的论据（如上帝的理念、"伟大的存在之链"的理念、"古代宪政"的理想等等）。传统社会视自身为伟大的存在之链的某部分的具体呈现，这样生成社会的东西是其所体现的形而上的秩序，人们在一个事先存在于那里的框架中行动。现代公共领域的理念不同于这样的一种理解：我们的社会由一种古远时代已经是我们的法律所促成，这种社会是一个将我们联系在一起的基本框架，超越了我们自主的共同行动。现代公共领域并非由外在于我们共同行动的东西构成，不存在如上帝、存在之链、古远时代流传下来的法律等使共同行动得以可能的框架，而只是以这种方式共同行动。

---

① 参见 Charles Taylor, *A Secular Age*, The Belknap Press of Harvard University Press, 2007, p.3。

② Charles Taylor, "Liberal Politics and the Public Sphere", in *Philosophical Arguments*, Harvard University Press, 1995, p.267.

"公共领域由人们的共同行为所构成,别无其他。"①现代以前,传统法律是我们任何共同行动的前提,我们的共同行动缺少这种前提是不可能发生的;而对于现代公共领域而言,这些传统结构是可以调整的,它并不比于其中采取的行动享有任何的优先权。一种世俗行为只是基于其自身的共同行动,它缺少一种行动超越的构成(an action-transcendent constitution),即公共行动缺少超越的维度而只是基于世俗的目的。现代公共领域的生成就是这种世俗性的展开,在现代处境中,人们通过现世的共同行动而达成某种结社,围绕这种结社而孕育出的公共话语空间就是公共领域。这种公共领域之构成本身在于人们的共同行动与共同理解。总之,公共领域形成了一种完全存在于凡俗时间(profane time)之中并外在于政治的社会构成样态。

泰勒在一定程度上承接了哈贝马斯对公共领域的现代性格进行阐释:"公共领域是一种公共空间,于其中社会成员可以通过各种媒介、印刷品、电子产品相遇,其中自然也有面对面的遭遇,借此讨论有关公共利益的议题并对这些议题形成公共舆论。"②即公共领域是独立于任何政治结构而自发自主地形成的进行结社、理性讨论、辩论与沟通的场域。哈贝马斯在其教授资格论文《公共领域的结构转型》中指出,公共领域的主题是在 18 世纪出现的公众舆论(public opinion)这一概念。"舆论"指未得到充分论证的不确定的判断和意见,并且事关一个人在他者那里的声誉和被承认程度,因而其内涵有一种他者向度和集体意味。舆论包含两个要素:(1)舆论与受到争议的或可引起争论的问题有关;(2)舆论在理性上应当是可以被辩护的。③ 促成现代公共领域并于其中获得发展的公众舆论是在与"大众舆论"(the opinion of mankind)相对的意义上来使用的。"大众舆论"是未经反思的和未经讨论和批判加以调和的,只是在代际之间消极地传送,主要通过大量不相关的、局部的传递行为而得自父母和长者。大众舆论因我们形成于相同的社会化过程之中,而可能

---

① 张容南:《一种解释学的现代性话语:查尔斯·泰勒论现代性》,上海世纪出版集团 2011 年版,第 155 页。

② Charles Taylor, *Modern Social Imaginaries*, Duke University Press, 2004, p.83.

③ 戴维·米勒、韦农·波格丹诺主编:《布莱克维尔政治学百科全书》,邓正来等译,中国政法大学出版社 2002 年版,第 663 页。

以完全同一的形式为你我所拥有。与之相对,公众舆论是产生于讨论之中的经过反思的产物,反映了一种积极形成的共识。这不是一种消极接受的评价,而是一种批判性的思考。公众舆论被认为是经由其持有者之间的一种讨论而得到详尽阐发的,在其中不同的观点以某种方式相遇并能够达成一致:它是大家共同努力的结果,是一种在共同的界定行动中的信念表达。两个未曾谋面的人也可以通过书籍、邮政信件、报刊等快捷的现代世俗媒介在一种讨论的公共空间中发生关系,而发生在客厅、咖啡馆、沙龙或会议室等更"公共"场所的面对面的会见则会伴着相互的论证辩驳而更易于形成公众舆论。总之,大众舆论提供的只是一种聚合性统一,而公众舆论则产生于一系列共同行动和彼此互释。现代公共领域的形成过程就是公众舆论的酝酿产生过程,这与不断出现的全新传媒手段及由此促成的日益广泛的世俗交往行为密切相关。

在泰勒看来,社会公众自主形成的公共领域,既依赖于可形成公共讨论的大量独立流通的印刷品,又离不开关键性共同理解可能发生的合适的文化语境。泰勒将产生于某种场合的聚集的公共空间称为"主题性公共空间"(topical common space),而公共领域则超越了这种主题性公共空间,是许多这样的主题性公共空间结合而形成的一种更大的非聚集性空间。这种靠共同理解维系并得到不断扩展的公共领域,泰勒称为"元主题公共空间"(meta-topical common space)。公共领域的构成者是现代社会中互相陌生的人们(这不同于古典城邦中的"政治同侪"),这些彼此陌生如一盘散沙的人们可以借助于文字媒体的传播而可能形成一个公共空间。在这种公共空间中,传统的联系纽带和维系手段日渐式微,而代之以基于平等商谈所达成的共同理解和彼此共识。由此可见,现代公共领域是介于靠等级性和层次感来维系的现代公共权力领域(政治领域)和靠血缘亲情与传统习俗来维系的私人领域之间的一个中间地带:一方面,公共领域作为公共权力的批判空间对日益世俗化的政治领域进行规范;另一方面,公共领域虽立足于不受公共权力领域管辖的私人领域,却又跨越了个人和家庭的藩篱而致力于社会公共事务。

(二)现代公共领域对民主政治的规治

现代公共领域是公民个体就社会公共事务展开自由、公开和理性讨论而形成共识性公共意见的社会文化交往空间。这种公共意见是产生于批判性争论之中的一种反思性观点，而非一种碰巧为其所共有的观点的机械叠加。作为现代自由社会的一个重要特征，公共领域在一个自治社会的自我确证方面发挥着重要作用，人们作为个体在彼此共识的形成中自由地发表自己的意见，并且所达成的共识会以某种方式对政府行政行为发生影响。公共领域作为一种超政治的、世俗的、反思性的社会文化批判空间，能对政治行动起到诱导和监督作用。正是由于公共领域的这种重要地位和作用，使其成为自由社会中被关注的对象。

现代公共领域拥有一种政府应予以倾听的规范性地位，这种规范性地位来自于以下两个方面：一是公共领域所形成的这种公共意见可能是启发性的，政府最好被建议去加以接受，"优秀的著作有赖于国家所有阶级中的开明人士；他们是真理的点缀品。他们已经统治了欧洲；他们启发政府注意自己的职能、缺点和利益，注意……倾听和尊重公众舆论：这些著作是耐心的大师，等待着国家公务员苏醒和他们的激情渐渐消失的时刻的来临"。① 即拥有智识的学者决定公众舆论，而统治者则将公众批判讨论的结果付诸实践。二是公共领域所形成的公共意见代表了人民自主的观点，政府应在一种理性公众中得以合法化并进行统治和管理。这样，合法性的审议诱导公众舆论并允许其理性最大化。于是，公共领域就成为一个理性观点得到准确表达并应指导政府行为的场所，这逐渐成为现代自由社会的一个重要特征。

这种现代公共领域不同于古代共和制，因为它被自觉地视为外在于政治权力，其本身不是权力的运作——这种超政治地位是十分关键的："这种超政治地位不只是被消极地界定为权力的缺乏。它同样被积极地看待：正因为公众舆论不是一种权力的运用，它可以被理想化地同偏私精神相脱离。"②换言之，同现代公共领域相伴随的是一种政治权力必须被外在事物所监督和审查的理念，这并非来自于权力或传统权威，而是来自于一种理性话语，即"权力被理性所驯化"。现代公共领域的出现包含了一种对不为冲突和差异所分裂

---

① 哈贝马斯：《公共领域的结构转型》，曹卫东等译，学林出版社1999年版，第113页"引文"24。

② Charles Taylor, "Liberal Politics and the Public Sphere", in *Philosophical Arguments*, Harvard University Press, 1995, p.265.

的旧社会秩序之理想的背离,相反它意味着争论的发生和继续,而且这是合法进行的。这是一种外在于权力的理性争论,是一种无偏私地对界定共同善的追求。"公共领域要做的是能使社会达成一种共识,这是在无政治领域调解的情况下,是在一种外在于权力却对权力具有规范作用的理性话语中实现的。"①由此可见,现代公共领域酝酿冷静的、理性的、公正的公共舆论,代表一种集体的省思与判断。现代公共领域首要的在于其超政治性:社会成员聚集到一起形成一个并非由政治结构构成的社团去追求一个共同目的,这被视为一个外在于国家并比国家领域更为广阔的社会领域。总之,对于泰勒而言,现代公共领域超乎或外在于政治权力之上,并且是政治权力正当性得以证明的根据,更为重要的是它代表了政治民主化的趋势并彰显着一个社会的生机和活力。

泰勒指出,我们应接受主权隶属于人民和人民治理的主张。若这种人民主权的理想在现代自由社会中真正深入人心的话,则自治的萎缩将会对自由社会的稳定和其所保护的自由构成威胁。为了避免这种可能的威胁,我们需要积极培育现代公共领域以重塑自治精神和提振自治能力。泰勒认为,在现代西方民主制中存在有两大阵营:一是坚持超政治是自由的主要堡垒,主张市场经济尽可能不受国家干预,公共领域尽可能清晰地与政治相区分;二是关注自治,主张应努力使政治权力和一般会塑造我们生活条件的任何东西对集体决策作出回应。之所以会有这两种观点的区别和分化,是因为人们在对个体自由和自治何者优先、对平等要求的理解和对自由社会中稳定性和合法性条件的评价等方面存在很大差异。无疑,泰勒隶属于后一个阵营。该阵营关注作为一种集体自治体系的民主制的健康发展,认为公共领域在此不仅起到限制和警示作用,而且会对作为集体决策的固有组成部分的争论和交流发生影响。

在公共领域中,决策部分地是由参与者的共同理解构成的。泰勒认为,一个真正的民主决策的条件包括(a)相关民众将其自身理解为隶属一个共同

---

① Charles Taylor, "Liberal Politics and the Public Sphere", in *Philosophical Arguments*, Harvard University Press, 1995, p.266.

体,这个共同体共有共同的目的并在这种目的的共有中对其成员加以承认;
(b)不同集团、类型、阶层的公民会被给予一个真正的发言机会并能对争论形
成影响;(c)由此产生的决策真正是多数偏好的体现。① 对于一个由只关心自
己生活计划的主体构成的社会而言,条件(b)和(c)——甚至只有条件
(c)——就足够了。但是现代民主制真是这样吗? 如何才能存在一种对民主
决策的规则和结果的遵守的广泛接受呢? 在一个共同体中,"你被给予一个
发言机会"依赖的不只是特殊的交换,而且还包括整体关系的契合状态:个体
其对于"被倾听"的理解依赖于他们的目标与共同目的的关系以及同其他共
同体之目的的关系,正是基于此个体才能获得一种休戚与共感。在这样的一
种情况下,对个体其某种建议的拒绝就可能与该个体"已被倾听"相容。所
以,自由社会的民主决策与参与者的自我理解密切相关。在现代社会中,单纯
由立法机构、议会、政府所确定的政治体系不能单独进行充分的民主争论,只
通过这些渠道将会遗漏大量的公民和团体。这些民主决策问题也必须交由
外在于政治体系的公共领域加以讨论解决,一个发达的公共领域对于民主政
治至关重要:这种公共领域能够在对话与交流中塑造参与者的自我理解和积
极认同,使参与者的意见在相互的他者关照中成为民主决策的有机组成部分,
进而使由此达成的民主决策在共同行动中得到真正执行。

(三)公共领域的未来发展

在泰勒看来,公共领域是西方市民社会发挥重要作用的主要形式之一
(泰勒认为市民社会的主要形式是公共领域和市场经济:公共领域可以对社
会问题产生质疑或形成共识,市场经济的功能则在于经由谈判而达成互惠协
定)。② 泰勒的"市民社会"具有与国家(state,是一种类似韦伯式理解的具有
物质力量的垄断代理机构)相对的意义,它兴起于东欧社会在极权主义消退
后的改革要求之中,致力于追求一种独立于国家的自主社团网络,在其中通过
共同关注将市民加以联合,并通过这种自主社团网络的存在本身或其行动对

① 参见 Charles Taylor,"Liberal Politics and the Public Sphere", in *Philosophical Arguments*,
Harvard University Press,1995,p.276。
② 参见韩升:《生活于共同体之中——查尔斯·泰勒的政治哲学》,中国社会科学出版社
2010 年版,第 197 页。

公共政策进行影响。泰勒认为,市民社会至少存在以下三重意义:"(1)在一种最起码的意义上,市民社会存在于有不是处于国家权力监护之下的自由社团的地方。(2)在一种较强的意义上,市民社会存在于作为整体的社会通过这样的自由社团来组织自身并协调自身行动的地方。(3)作为第二种意义的替代或补充,只要各种社团的整体能举足轻重地决定或改变国家政策的进程,我们就能谈论市民社会。"①可以说,第一种意义上的市民社会作为一种事实已经存在于西方社会之中,真正关键的是第二、第三种意义所引入的公共维度,正是这两层意义上的市民社会在社会现实中的实现存在很大问题。对于泰勒而言,要真正促成兼具以上三层意义的现代市民社会,我们必须积极应对现代公共领域发展可能面临的挑战。

泰勒认为,存在这样的一种思想倾向,认为某事物几乎可作为一个自然事实而对我们的生活发挥至关重要的作用,仿佛这类事物总是一成不变地存在在那里。在对公共领域的理解上,这种倾向混淆了这种公共空间中的新因素和尚未得到充分理解的因素。在民主政治中,规则和决策应由人民作出的民主渴望,意味着以下三个方面:(1)民众应在他们将成为什么这件事情上拥有发言权,而不只是告诉他们是什么;(2)这种发言权应真正是他们的,并不为宣传、误导、非理性恐惧所操控;(3)它应在某种程度上反映了他们深思熟虑的意见和渴望,而非闭塞的和本能反应的偏见。② 由是观之,现代公共领域所致力于实现的民主决策看起来带有较重的乌托邦色彩,尤其是第三个条件似乎在围绕普选而展开的大众民主中永远无法满足;并且,巨大的利益集团会通过对媒体、主要政治政党、宣传手段的控制而对社会公众进行操控,从而使公共争论为其目标服务,这也造成了第二个条件的难以满足。来自于对民主决策的本质理解上的差别和可能存在的深刻哲学偏见,会使我们对上述条件满足的评估面临巨大困难。

基于此,泰勒关注的问题,一是这种公共领域中的争论是否会被以比专制

---

① Charles Taylor, "Invoking Civil Society", in *Philosophical Arguments*, Harvard University Press, 1995, p.208.

② 参见 Charles Taylor, "Liberal Politics and the Public Sphere", in *Philosophical Arguments*, Harvard University Press, 1995, p.273。

政权更加隐蔽的方式受到金钱、政治或二者联合的操控，二是现代媒介的性质是否允许一种真正公开、多面的交流，而这种交流被认为在一种就公共事件的真正的公共意见中发生。① 的确，作为公共领域发展的重要形式的大众传媒在今天有可能受到政治权力和私人势力的双重裁制，社会共识和公众舆论有可能被精心策划。具有批判精神的公共领域在商业化以及经济、技术和组织一体化的进程中变成了"社会权力的综合体"，报刊业等传媒手段的商业化使"公共领域的公认功能和有组织的私人利益之间的竞争被统一起来"，大众传媒被赋予一种公共利益取向的权威而获得一种超自然权威的神圣光环。② 于是，公共领域丧失了其建设性的社会批判价值而沦为一种利益角逐的场所，并堕落为被利益集团所控制和操纵的空间，在其中伪公共性代替了真正的社会共识。当然，这样一种公共领域的衰落状态自然无法真正培育出有利于民主政治健康发展的自治精神和自治能力，自然更无从奢谈真正成熟与完善的现代市民社会。

面对越来越多被放逐的民主个体和拥有日益强大监护权的现代政府体系，泰勒并未完全丧失信心，而是审慎地探讨了民主进程失败的类型以及可能的补救措施：第一，是在巨大的、集权化的官僚制社会中普遍存在公民异化感（the familiar sense of citizen alienation）。大多数普通的公民面对强大的国家机器会产生强烈的无助感，因为他们对于政治进程难以有任何实质性的影响，其结果是政治疏离感和政治冷漠感的加剧，而普通社会民众只能生活在一种体现为巨大监护权的温和专制主义之中。面对这种状况，泰勒认为，应使政治权力分散，并使政府功能在一种更地方化的层次上应用。重要的公共事务由地方决定的事实提高了地方媒体的重要性；并且，国家有关重要公共事务的争论同样可以由地方性公共领域加以改变。这种地方性公共领域是嵌套式的（nested，即同一民主个体可以以多重面貌活跃于不同社团之中），存在于更大的公共领域中发挥作用。这种嵌套式公共领域的内部争论对社会公众开放，

① 参见 Charles Taylor，"Liberal Politics and the Public Sphere"，in *Philosophical Arguments*，Harvard University Press，1995，p.260。
② 参见哈贝马斯：《公共领域的结构转型》，曹卫东等译，学林出版社 1999 年版，第 224—230 页。

因而可以向外发生作用,从而有助于国家公共事务的决定。泰勒以女性主义运动和生态运动为例指出,它们并非如同政治进程(请愿、示威和游行等)那样行动,而是在将其内部事务的讨论向社会公众开放的过程中对社会公众产生影响,进而重构公共议程。现代社会的集权化和官僚化倾向只能通过地方社会和嵌套式公共领域的双重分权来加以缓解。由此可见,泰勒提出的公共领域至少在两个方面不同于其早期(18 世纪)的范本:一是早期模式设定了一种整体性空间,而现代则是大量公共领域相互嵌套而存在;二是早期模式中政治体系与公共领域之间泾渭分明的状态已有所改变,二者之间的界限已经有所松动,在一种现代民主制中,政治体系和公共领域的界线必须在最大程度上是可以相互渗透的。① 这种嵌套式公共领域对于民主政治未来的健康发展意义非凡。

第二,是民主决策可能会由于政治共同体内部的不睦而受到阻碍并陷入困境。这典型地体现为阶级斗争,其中处于最不利地位的公民普遍感觉到其利益遭到系统地忽视和否定。另一种不睦可能出现于文化共同体感到得不到更大社会的承认并因而不愿根据大多数人的共同理解而行动之时,这种不睦可能会产生一种分离主义的要求。我们的民主政治的主要目标之一是防止这种不睦的产生。然而,在我们这样一个文化多元主义时代,要让所有群体都拥有一种发言权着实不易。民主个体的原子主义观点使其越来越难以形成一个共同目的并加以实现,即出现了泰勒所谓的"政治碎片化"。这种伴随着同情纽带弱化的政治碎片化使公民作为一个整体越来越无力对抗利维坦式的强大国家。在一个日益政治碎片化的社会里,每个社会成员都会发现越来越难以将政治社会认同为一个自身可以在其中获得归属并完善自身的和谐共同体。认同的缺乏反映了一种纯粹工具性地看待社会的原子主义观点,并且它同时又强化了这种原子主义,由此形成了一种恶的循环。泰勒认为,要对抗这种碎片化并无普遍的规则可以遵循,而是要依据特殊情况而定。然而,有一点是可以肯定的:积极地培育多层次的公共领域,推进民主分权和放权是必不可少

---

① 参见 Charles Taylor, "Liberal Politics and the Public Sphere", in *Philosophical Arguments*, Harvard University Press, 1995, p.280。

的。一种自由主义政治体系追求的应是政治体系和公共领域之间的平衡和共生,通过二者之间开放的边界人们彼此之间可以在两个领域中形成一种良性互动。

泰勒认为,自由主义的目标至少包括自由、自治和基于平等的权利规则三个方面。一个真正的自由社会必须对上述因素都有所考虑,并且要关注真正民主决策的条件,公共领域不仅要被视为一种对政治进行限制的社会形式,而且本身应被视为民主政治的一种存在环境。① 现代民主政治对自由的培育以及平等条件下自治的发展,需要某些类型的公共领域。这些公共领域存在于不同的历史文化语境之中,可能会同其 18 世纪的范本有很大差异,故而我们应时刻注意民主决策之开放渠道的各种新形式。泰勒相信,在法律框架之下,以各种各样拥有自身价值追求的自由社团及由此孕育的充满生机与活力的现代公共领域来应对庞大国家的管制,就可以凝聚公民的忠诚感,从而避免个人与社会的分裂,使民主政治在一种公共话语的理性表达中获得健康发展。

(四)结语

查尔斯·泰勒完全基于自身对民主政治的体悟而展开对现代公共领域概念的剖析:英、法双语家庭出身(母亲家族讲法语,父亲家族讲英语)使他从小就感受到民主时代文化交融的重要性,欧、美双重的学术经历使他对民主政治的呈现样式有了非同寻常的理解,持续的魁北克分离运动及其自身对政治活动的积极参与成为他政治哲学思想的源头活水。尽管泰勒深受黑格尔的影响,但他绝不是一个着重于理论建构的体系哲学家,我们可以从他对公共领域概念阐释的实践趋向上看到这一点。同时,我们也能看到,泰勒的公共领域话语不仅与其政治哲学的其他理念密切相关,而且也内在地渗透于他的人类行为解释、现代性叙事、宗教思想之中。在泰勒身上,我们看到了对现实生活的敏感理解、对学术研究的饱满热情,对公共事务的积极践行和对人类共同命运的深切关注,我们期待着这样一位民主政治时代的公共知识分子在现代公共话语表达中发出更强有力的声音!

---

① 参见 Charles Taylor,"Liberal Politics and the Public Sphere", in *Philosophical Arguments*, Harvard University Press, 1995, p.287。

第三节　民主时代的消极主义群众观批判

一般而言，"群众"与"人民"联系在一起，代表了推动人类社会历史发展与进步的肯定性力量，具有积极正面的政治意味，是我们意识形态建设的重要话语构成。然而，西方文化对"群众"一词的理解带有明显的消极倾向，比如在英语中"群众"一般表述为 the masses 或者 the crowd，其中前者带有简单多数的机械聚合之义，而后者则更是蕴涵了空洞漂浮、个性消解的同质化取向。"在资产阶级的群众理论中，群众的特征基本上都是消极、负面、低劣的。……'群众人'是没有个人面孔的无名氏，没有独立人格，也没有独立个性，……群众易受传染和暗示的影响，判断能力低下、目光短浅、盲目轻信、冲动无常，……群众追随领袖和屈从于权威，轻易就能受'群众领袖'的煽动、利用、操纵和奴役……"①我们将西方文化中存在的这种对群众采取完全消极理解、忽视甚至掩盖群众对个体自我乃至人类整体历史进步所具有积极意义的观点称为消极主义群众观，这种观点片面放大了群众生活可能存在的某些不足，宣扬极端个人主义和盲目英雄崇拜，遗忘了推动社会发展的根本力量，在理论和实践层面都对我们的群众史观形成了极大的挑战。深入剖析这种消极主义群众观，在公共性视阈内对群众概念进行正本清源的历史唯物主义奠基，能够破除种种对群众观念的曲解和误识，从而保证我们在维护意识形态安全中夯实全面推进科学社会主义之中国事业的深层根基。

一、消极主义群众观的"消极"理解

在消极主义群众观看来，群众是一个空洞、虚假甚至带有欺骗性和蒙蔽性的概念，在这个概念的扩散和渗透中，个体自我逐渐遭到了消解，对历史推进发挥关键作用的英雄人物逐渐沉入庸庸碌碌的芸芸众生之中，虚妄无知的乌合之众在鼓动和挑唆中被欺骗甚至被利用，成为别有用心的个人或利益集团

---

① 徐贲：《在傻子和英雄之间：群众社会的两张面孔》，花城出版社 2010 年版，第 464—465 页。

的工具。"孤立的个人具有主宰自己的反应行为的能力,群体则缺乏这种能力。"①对于失去了自主自我的个体而言,在潜移默化中遭到压制甚至奴役就在所难免了,因为即使有一天真的领悟了这种空洞、虚假和欺骗,也已经无力抵抗集体无意识对个体自我所造成的巨大压力。对于消极主义群众观而言,失去个性、渐入标准化和齐一化的群众时代内涵着这样一种命运自主性的丧失,这种对于群众的"消极"理解可以从以下几个方面展开:

首先,群众的崛起代表了一种英雄主义没落的庸人时代的到来,在这里,涌现出的是一个压抑个性、封闭心灵、权力至上的"神圣大我"。尼采以"超人"所对抗的正是这样一种奴隶道德的横行状态:"一切没落的本能(怨恨、不满、破坏欲、无政府主义、虚无主义等)的体现者,奴隶本能,长期蛰居低层的怯懦、懒惰和庸众本能也不例外,混入了一切等级的血液。隔两三代之后,就难辨种族了——一切都庸众化了。由此产生了一种反对精选、特权、权力和安全感、严格的实践、残酷等等的总本能,以致事实上连特权者本人也要向这种本能屈服——想要掌权的人,就要去巴结庸众,就要同庸众共事,他们必须拉拢庸众——"②在尼采看来,群众时代标志着陈旧价值的兴起而非新时代的曙光,唯有"超人"方能在"众庶"与"物质"下以"独是者"的身份重振精神价值。尼采的观点是西方消极主义群众观的极端代表,蕴涵了对于西方物质主义崛起与精神卓越萎缩之痛心疾首的指责,在这里,群众代表了英雄时代的彻底衰败,代表了创新精神、卓越意识、奋发有为的行将远去,代表了在平庸乏味的物质追求中苟延残喘的"众生相"。

继而,群众概念的空洞性背离了人的真实存在。消极主义群众观认为,唯有个体自我才是真实的、独一无二的,而笼统地以"群众"概论则必然脱离了个体自我的真实存在,注定带来空洞与虚幻,并由此压缩现实个体自由行动的空间,带来人格的侏儒化和命运的被摆布。"'群众'这个词愚弄了我们,就是说,我们会被它误引到以数量的范畴来思考人类的方向上去:好像人类就是一

---

① 古斯塔夫·勒庞:《乌合之众:大众心理研究》,冯克利译,广西师范大学出版社 2011 年版,第 60 页。
② 弗里德里希·尼采:《权力意志——重估一切价值的尝试》,张念东、凌素心译,商务印书馆 1991 年版,第 459 页。

个单一的无名整体。但是,群众在任何可能的定义上都不可能是那使人如其所是的本质的承荷者。……诉诸群众概念,是一种诡辩的手段,为的是维护空洞虚夸的事业,躲避自我,逃脱责任,以及放弃趋向真正的人的存在的努力。"①也就是说,群众概念的空洞性掩盖了人生活存在的真实性,肢解了自我存在于世的完整性,压制了个体寻求突破与超越的冲动与可能,在泯然众人的过程中放弃了自身在这个世界上的高贵而真实的独特存在,由此,自我将不再是自我,而仅仅是千篇一律的"无名氏"。

由此,我们可以得出,"群众"无法保证意义充盈的自我存在感,形成了对本真性自我的巨大挑战。"人就是这样地被抛入了漂流不定的状态之中,失去了对于连接过去与未来的历史连续性的一切感觉,人不能保持其为人。"②消极主义群众观坚信,人的自我存在是第一位的,而且这来自于自我在这个世界上的独一无二性,而在群众中,本真性自我遭到严重冲击,自我真正的存在感注定是要消失的,有的只是虚无主义的狂欢和貌似卓越的平庸。因为"群众是无实存的生命,是无信仰的迷信。它可以踏平一切。它不愿意容忍独立与卓越,而是倾向于迫使人们成为像蚂蚁一样的自动机"。③ 群众抹平了自我的个性独立,以大众的名义进行一种意义的虚构,在群众的虚构品质占据了支配地位后,自我对存在的确切追求就被牺牲掉了,沉浸在召唤、追逐、诱惑、享乐、迷醉的群众诉求中,慢慢放弃了对"我是谁"这个自我认同的根本关注。消极主义群众观把群众作为一种绝对的异在,在不断稀释着我们作为我们生存意义之根本体现的自我存在感,群众的话语霸权必然带来自我心灵的放逐,在迷茫、困顿的大众化游走中最终陷入无可救药的自我迷失,所谓虚无主义的产生与此紧密相关。

更为严重的是,"群众"是非理性狂热与盲目冲动的温床,有可能造成集体无意识的暴力后果。在消极主义群众观看来,"群众"所代表的群体效应一

---

① 卡尔·雅斯贝斯:《时代的精神状况》,王德峰译,上海世纪出版集团 2003 年版,第82 页。

② 卡尔·雅斯贝斯:《时代的精神状况》,王德峰译,上海世纪出版集团 2003 年版,第45 页。

③ 卡尔·雅斯贝斯:《时代的精神状况》,王德峰译,上海世纪出版集团 2003 年版,第42 页。

且形成就会产生巨大的吞噬力,对个体所残存仅有的自我意识构成致命威胁,自我良知与道德自律所能具有的抵抗微乎其微,在甚至最为简单的刺激下也有可能投身于非理性的狂热风暴之中。"孤立的个人很清楚,在孤身一人时,他不能焚烧宫殿或洗劫商店,即使受到这样做的诱惑,他也很容易抵制这种诱惑。但是在成为群体的一员时,他就会意识到人数赋予他的力量,这足以让他生出杀人劫掠的念头,并且会理解屈从于这种诱惑。"①也就是说,群众效应足以消除自我的审慎判断力,且能完全释放人作为生物性存在的破坏性力量,这是自然欲望的超着坏的方面的充分展现,在这里,责任观念、悲悯情怀、宽容意识、献身精神纷纷退让,法不责众的心态和经验助长了这种集体所呈现出来的破坏性力量。于是,我们看到,"在群体中间,就像'傻瓜、低能儿和心怀忌妒的人'一样,在摆脱了自己卑微无能的感觉之后,会产生出一种暴烈、短暂但又巨大的能量"。②

在对群众的这种不信任、不认可甚至恐惧性的拒绝中,渗透着一种英雄主义的没落情怀和对过往历史悲剧的战战兢兢。在这种消极主义群众观看来,群众所代表的大众化趋向实际上是社会发展的平庸化,是虚假民主派对真正贵族派的胜利,在这场胜利中,真正的英雄主义让位于投机取巧的心怀鬼胎者,而所谓的群众依然蒙昧在通往启蒙的艰难旅程之中。其实,我们不能对这种消极主义的群众观采取简单的否定态度,因为它确实也为我们在民主时代构思一种积极的和谐共同体生活提供诸多警醒与启示,尽管这种提醒是从一种消极意义上作出的。当然,消极主义的群众观之所以是片面的,是因为面对现代性的日益变幻和飞速发展出现了历史唯物主义的诸多遗忘。

二、消极主义群众观的"历史遗忘"

在概述了消极主义群众观对群众的"消极"理解之后,为了更好地理解以及从正面阐述群众概念,我们非常有必要澄清造成这种消极主义群众观的时代境遇及其存在的历史遗忘。我们处在一个绝对变动的时代,"一切固定的

---

① 古斯塔夫·勒庞:《乌合之众:大众心理研究》,冯克利译,广西师范大学出版社 2011 年版,第 61—62 页。

② 冯克利:《尤利西斯的自缚:政治思想笔记》,江苏人民出版社 2004 年版,第 137 页。

僵化的关系以及与之相适应的素被尊崇的观念和见解都被消除了,一切新形成的关系等不到固定下来就陈旧了。一切等级的和固定的东西都烟消云散了,一切神圣的东西都被亵渎了"。① 在这种时代境遇中,旧的社会维系纽带和共同体生活遭到解构,围绕着利益交换而形成的社会契约关系显得脆弱不堪,基于此而形成的社会群体生活似乎难以在关系稳固中坚定我们的生活信心,在这种困惑与纠结中陷入对群众观念的动摇和误识也是可以理解的,在此,我们需要明确我们身处其中的时代特点以及消极主义群众观可能存在的历史遗忘。

第一,消极主义群众观在高举工具理性的技术与机器的片面统治中,遗忘了人所具有的巨大的历史创造性。对于消极主义群众观而言,在群众中就意味着"他不是他自己,他除了是一排插销中的一根插销以外,除了是有着一般有用性的物体以外,不具有什么真正的个性。……没有什么东西是由于具有实存的真实性而吸引着他的。无论是愉悦还是不适,是奋发努力还是疲劳倦怠,他仍然不过是执行着他的日常任务而已"。② 技术与机器以及由此而生成的庞大的官僚制,确实成为现代人生活的巨大异己存在,尤其是当我们在群众话语的大肆宣扬中彻底融入社会功能而被完全客观化以后,我们每一个人都有滑向千篇一律的"单面人"的可能。在这一点上,消极主义群众观在悲观主义的道路上越滑越远,然而正如查尔斯·泰勒对我们的提醒:面对技术主义的统治,我们的自由度不是零! 消极主义群众观在把技术与机器看作困囚我们的牢不可破的铁笼的同时,遗忘了我们尚有丰富的道德资源和文化传统可以发掘培育出对抗这种技术理性的强大力量,"我们不要认为我们的困境是注定要去产生一个不断增长的技术控制欲,对之我们要么称快要么悲叹,因人而异,而是,我们要把它理解为可以争论的,理解为一个或许是永不停息的战斗的场所"。③ 社会总在一种复杂性力量的动态平衡中才能前进,片面强调和放大某一种力量都是不现实的,是对人类所具有的巨大历史创造性的遗忘,在这

① 马克思、恩格斯:《共产党宣言》,人民出版社 1997 年版,第 30—31 页。
② 卡尔·雅斯贝斯:《时代的精神状况》,王德峰译,上海世纪出版集团 2003 年版,第 54 页。
③ 查尔斯·泰勒:《本真性的伦理》,程炼译,上海三联书店 2012 年版,第 129—130 页。

一点上，我们应该坚信人类所具有的反思与批判的自我意识能够在现代性的语境中破茧成蝶，沐浴着公共理性的光辉演绎人类未来生活的美好。

第二，消极主义群众观在日常生活的盲目肯定中，遗忘了精神维度的自我实现。与群众观念相伴随而生的是近现代以来的对日常物质生活的盲目肯定，工作、牟利、家庭等私人生活取代了公共政治生活成为了历史的主角。消极主义群众观看到了这种群众性的狂欢："本质的人性降格为通常的人性，降格为作为功能化的肉体存在的生命力，降格为凡庸琐屑的享乐。劳动与快乐的分离使生活丧失了其可能的严肃性；公共生活变成单纯的娱乐；私人生活则成为刺激与厌倦之间的交替，以及对新奇事物不断的渴求，而新奇事物是层出不穷的，但又迅速被遗忘。没有前后连续的持久性，有的只是消遣。"①在消极主义群众观看来，作为一种简单聚合的群众，仅仅是一种物质性生活的联合，是一种生理功能性需要的相互满足，这样一群追求蝇头小利的人不可能孕育出巨大的社会创造力。然而，人毕竟不是简单片面的动物性存在而是具有多重需要的复杂综合体，当基于生理需要与物质利益而达成的功能性联合日渐强大时，自然会产生对之进行对抗的逆反性力量，这种力量有时候是通过一种消极的形式体现出来的，比如现代价值虚无主义的出现本身就表明了这种社会生活的辩证法。必须要肯定的是，福利国家兴起与群众对物质生活丰裕的追逐，并不能遏制和终结人类可能具有的更高层次自我实现的精神追求。

第三，消极主义群众观在孤独的自我独白和陶醉中，遗忘了承认话语的积极构成作用。在消极主义群众观看来，个体的孤独是命中注定的，是维持自我个性、拒绝沉沦的根本方式。"它保全它自己的时候，是将自己作为一个独特的世界来看待的；它认识到外在于它的世界是异己的，它完完全全地学会了将自己和那异己的世界分割开来，它感到了和异己世界的格格不入。"②在这里，米德意义上的"有意义的他者"是封闭的，唯有抗拒大众化生活状态才能真正实现本真性自我的保持。从个体生成的发生学意义上来讲，对他者的绝对拒绝是不可能，因为即便是我们采取一种消极方式来对待他者，这也是在一种相

---

① 卡尔·雅斯贝斯：《时代的精神状况》，王德峰译，上海世纪出版集团 2003 年版，第 50—51 页。
② 葛红兵、宋耕：《身体政治》，上海三联书店 2005 年版，第 172 页。

反相成中实现了相互的自我证成。承继黑格尔的承认观念，当代学者霍耐特、查尔斯·泰勒等丰富和发挥了有关承认问题的哲学话语，使我们获得一个新的视角来看待自我与他者、整全世界之间的复杂关联，同时也使消极主义群众观的历史遗忘问题凸显出来。"承认"肯定的是构成群体的独立个体之间的一种积极互动关系，是真正达成自我实现的重要途径。当然，主体之间相互承认前提是异质化个体的独立存在，而非大众的同质化状态。因而，消极主义群众观遗忘的是自我与他者之间积极的承认关系以及自我得以彰显的社会语境，在这里，每一个个体都扮演了重要的角色，都是在成就自身的同时也在成就他人。

第四，消极主义群众观在群体效应的非理性张狂中，遗忘了和谐共同体生活的可能性。在消极主义群众观看来，"不能绝对地说，群体没有理性或不受理性的影响。但是它所接收的论证，以及能够对它产生影响的论证，在逻辑上属于十分拙劣的一类，因此把它们称为推理，只能算是一种比喻"。① 也就是说，在受到有鼓动性的意见蛊惑以后，群体往往缺少明智的判断力和最为基本的分析能力，而仅仅是诉诸于一种非理性的情感宣泄以及由此而来的行为上的冲动、盲目、破坏性，等等。在一些群体性社会事件中，我们确实看到了这种群体的非理性，然而，不能由此断言人类社会和谐共同体生活的不可能性。"就和个体一样，群体也可能发展出具有强烈为恶倾向的特征。但是，群体也能发展出人际彼此关爱、相互联系的价值和制度。"②我们不能因为群众生活可能存在的种种非理性就对之完全丧失了信心，在人类发展史上的大部分时间内，群众生活的宁静、安闲、协同、互助、共融是不可抹杀的和不容忽视的。当然，我们不能否认，随着人类社会的不断发展，尤其是网络社会的发展，人与之间相互联系手段的日益增多，这确实为非理性的谣言传播提供了途径。但是，挑战与机遇肯定是并存的，在新的条件下，借助于人类社会交往的多样化和普遍化，我们完全有能力开启人类和谐共同体生活的更大可能性。

---

① 古斯塔夫·勒庞：《乌合之众：大众心理研究》，冯克利译，广西师范大学出版社 2011 年版，第 85 页。

② Ervin Staub, *The Roots of Evil: The Origins of Genocide and Other Group Violence*, Cambridge University Press, 1989, pp.27-28.

消极主义群众观偏执于群众生活的消极一面,遗忘了民主交流可能开辟的全新公共生活。消极主义群众观认为,群众生活必然是散沙型的。"散沙型群众并不拥有公共生活共同价值和正义秩序,他们是以相互隔绝的形态聚合在一起的,缺乏真正的公共性。由于群众个体的高度原子化和孤立化,他们不再拥有共同世界,不再能就政治和人格价值发生联系,不再能形成真正的人际社会。他们之间有联系,是因为一起被挟裹在某种'运动'之中,一起跟随某种意识形态召唤、一起服从某种不可抗拒的政治权力、一起崇拜某个魅力无限的伟大领袖、一起崇拜从属于某个自然的民族国家、一切陷身于一个他们无力改变的制度之中。"①不可否认,在人类历史发展的特定时期,这种散沙型群众确实成为了一股搅动历史发展的逆反力量,但是,我们更应该看到群体凝聚力可能对于未来美好幸福生活的启动与开创。我们认可消极主义群众观囿于特定的社会发展条件而存在的历史遗忘,这是一种历史唯物主义的态度;我们更应该在新的时代境域中勇于承担起超越散沙型群众的历史重任,在民主化的社会发展潮流中唤醒我们应有的群众记忆,这更是一种对未来生活负责的历史唯物主义态度。

三、历史唯物主义的积极群众观及其公共性视野

历史唯物主义群众史观立基于"现实的个人"之上,现实的个人处于实践以及由实践所开启的一定社会关系和交往关系之中,"不是处在某种虚幻的离群索居和固定不变状态中的人,而是处在现实的、可以通过经验观察到的、在一定条件下进行的发展过程中的人"。② 因而,历史唯物主义的群众观具有社会实践的现实根基,在个体与群体之间、自我与他者之间保持了适当的张力,是对推动人类社会发展深层动力的科学发掘和准确揭示,也是我们超越西方消极主义群众观简单化、片面化、抽象化取向的重要依据。在此,群众不能"被理解为'类',理解为一种内在的、无声的、把许多个人自然地联系起来的普遍性"。③ 在历史唯物主义的群众史观看来,群众超越了乌合之众的简单聚

---

① 徐贲:《在傻子和英雄之间:群众社会的两张面孔》,花城出版社 2010 年版,第 505 页。
② 《马克思恩格斯选集》第 1 卷,人民出版社 1995 年版,第 73 页。
③ 《马克思恩格斯选集》第 1 卷,人民出版社 1995 年版,第 56 页。

合,具有积极的建构意义,是人类历史发展的根本动力。这种立基于现实的个人的群众史观,矫正了西方消极主义群众观的盲目和偏狭,唤醒了我们正面、积极的群众理解,至少可以从以下几个方面来丰富和完善我们的群众观念。

第一,存在论意义上的群众:确认个体的自我构成。群众是诸现实的个人在社会实践中借助于彼此交往而形成的群体生存状态,这里面包含了个体之间的交流互动、协同应对和和谐共在,借助于这种交互关系作为个体的自我能够得到不断的完善和发展,并在群体中表现出自我的与众不同之处。可以说,离开了群众的奠基和烘托,个体自我注定是虚幻的想象。正是在这种存在论的意义上,群众为个体自我的生成与发展进行了根本奠基。存在论意义上的群众超越了乌合之众的消极片面性,不是靠欺骗性的宣传鼓动形成的暂时性简单聚集,而是在日益普遍的社会实践和社会交往过程形成的你中有我、我中有你的群体共在。在群众中,诸个体自我之间保持了适当的张力,在一种积极互动形成的承认关系中达成了共识、理解和默契,孕育了一种超越旧有依附关系的新型社会生活共同体。随着社会流动性的加快,人们的社会交往范围不断扩展,作为个体的自我不断在陌生人构成的群体性联合中实现着自我确证。在此,"群众"概念绝不是一种空洞无物的意识形态宣传,而是蕴涵了日益扩展的社会交往中不断形成的一种的协同互动关系,群众不是对个体自我的消解,而是对之的肯定与呈现,而是具有一种积极的自我构成关系。只有在这种关系中,自我才能成为自我,自我才能作为自我而存在。

第二,自由论意义上的群众:展现积极的自由追求。对于消极主义群众观而言,群众中的个体注定是不自由的,因为他受到了来自群体的非理性鼓动和引诱,自身的行动和思想都受到了来自群体的巨大压力。这种迫于外界压力而不得不作出的行动并不是出于自己的真实意图和目的,而且更为重要的是,服膺于群众后自己也就完全迷失了自我,自主行动的空间在很大程度上遭到了压缩。所以,群众是对自由的威胁和损害。其实,这种对于群众的政治哲学理解属于消极自由观,即自由仅仅在免于控制的领域中存在,"在这种意义上,自由意味着不被别人干涉"。① 然而,历史唯物主义恰恰告诉我们,自由在

---

① 以赛亚·柏林:《自由论》,胡传胜译,译林出版社 2003 年版,第 191 页。

于对必然的认识以及对世界的实践性改造之中,这是一种积极自由观,并不是把个体自我看作一种纯粹消极的存在,而是突出在确定自我人格的基础上通过主体客体化和客体主体化的辩证统一来实现个体自我,当然,这包括在群体生活中通过争取承认斗争而达成的个体自由。在这样一层意义上,群众之于个体自由而言,就不是威胁和损害而是一种正面的展现。也就是说,个体自我在群众中恰当地处理各种关系,形成自我与他者、自我与群众的融洽协作关系,这个过程是个体自由实现的过程。

第三,权利论意义上的群众:保障真正的权利实现。在消极主义群众观看来,群众最有可能以"多数人的名义"实现对"少数人权利"的肆意侵害和践踏,这构成了对权利神圣性的亵渎和玷污。不可否认,历史上某些时期确实存在过这种非常态化的暴民政治,这对后世的警醒也不可谓不深刻。然而,我们主张的历史唯物主义群众观早已远远脱离了非理性的暴民阶段,是在现代公共理性的视野内对于群体化生存的审慎构思,由此而诞生的群众理论不但不会侵害个体权利,而且会形成对整体的权利实现的主动保障。因为,群众能够制约权利主张和要求的原子化倾向,在一种更为宏大的社会历史背景中保障真正的实现权利。"虽然权利为社会发展带来了巨大的生机,但是,仅有权利是不够的,社会的、文化传承要求更多的原则对权利进行指引和制约。必须有其他的力量、观念与人权相结合,才能呈现出一个日益美好的世界。"[1]必须看到,权利的真正实现是一个复杂的社会过程,缺少公共理性的视野,无从奢谈真正的权利实现。经历了现代公共理性洗礼的群众,突破了原子化个体的狭隘与自私,展现了一种积极的社会整合力量,能够为社会各个阶层的权利实现提供有力的社会支持。

第四,民主论意义上的群众:推进社会的民主进程。民主的本意即"人民的统治"、"群众的统治",这在古希腊被柏拉图斥责为"铜铁当道",只是到了近代,群众才和民主一起获得了一定程度上的正面理解。在今天这个民主价值已经获得普遍认可的时代,我们对于群众也应该有一种更为全面深入的把握。群众与社会民主(与注重顶层政治设计的政治民主相对,意指来自社会

---

[1]　何志鹏:《权利基本理论:反思与建构》,北京大学出版社 2012 年版,第 234—235 页。

基层的民主观念、民主意识、民主文化以及由此而来的自发的民主实践）紧密相连，是推进民主化进程的最为根本的力量。由普遍经历了现代性启蒙的个体自我在公共理性的指引下自觉形成一种注重交流与协作的生活共同体，在其中，自我觉醒、理性对话、协同互补、宽容律己的社会良性互动状态将会形成，这就是在现代公共领域意义上理解的群众。经历过公共理性的群众对民主的理解是自觉而谨慎的，由此而带来的民主行动与民主实践是健康而有序的。"只有拥有健全自我意识、独立人格、理性鉴别能力和宽容接纳态度的社会民众，才能拒绝非理性的所谓'民主'的狂热诱惑，才能理智而清晰的表达自身的政治诉求，才能真正拥有自身的政治话语权并以之影响民主决策的进程。"①离开了这种具有公共意识和公共理性的群众的认同、支持和推动，即使再完美的民主制度设计和民主程序规划也只是虚妄的空中楼阁而已。

当然，我们不能无视西方消极意义群众观在某些方面对我们的提示和警醒，批判不是破坏性的解构而是建设性的扬弃，这才是真正的历史唯物主义态度，也是确保我们在群众时代稳步前进的重要前提。概而言之，历史唯物主义的积极群众观念立基于现实的个人及其实践活动之上，超越了西方消极主义的群众观，扬弃了对简单聚集之群体群众观念的抽象理解，充分肯定和认可了经过现代公共理性启蒙的社会民众在新的时代条件下形成稳定有序社会生活共同体的可能，由此而形成的群众将彻底抛弃迷信、盲目、偏狭的庸众标签。这是对社会现实生活之公共性向度的积极再现，并为个体自我的积极构成进行坚实的公共生活世界奠基，积极的自由追求、真正的权利实现和社会的民主进程由此也将获得实质性推进。

第四节　民主问题的政治哲学再反思

近现代以来，人们对于民主问题的讨论过多地局限在政治科学的范围内，主要是从制度设计、规则制订与人类普遍化行为的约束这一关系入手展开分

---

① 韩升：《查尔斯·泰勒的语言存在论及其政治哲学面向》，《马克思主义与现实》2013 年第 5 期。

析探讨。这种过分强调规范化论证而缺少文化价值关注的思路，造成了我们在民主问题认识上的短视和民主实践行动上的乏力。将民主问题纳入政治哲学的视野，全面理解民主的来龙去脉和文化渊源，才能让民主更好地融入现实生活世界以发挥其对优化社会生活、促进共同体和谐发展的积极作用。

一、祛魅民主：回归古典时代的概念探源

自从西方启蒙运动宣布进入人类理性时代以来，原有诸多社会现象的神秘外衣被不断地剥落，"伟大的存在之链"已经被打破，人类理性的触角不断祛魅着这个世界。人类自我力量的强大不仅展现在世界被认识、被解释、被改造、被征服等方面，而且促使众多的"人造物"获得了前所未有的魅力，民主就是如此：现代性的发展与民主的崛起是同一个过程，在上帝的神圣世界不断被压缩的同时民主的世俗领域在资本、利益、契约等等的推动下一路高歌猛进、大肆扩张！"民主就是一个神话，人们对它的憧憬、渴望和颂扬使它成了一个神话，并妨碍了对它的理性思考和科学认识。"①人类历史的发展充满了这种反讽，祛魅与着魅恰恰是同时进行的。现代性的愈益深入，民主所代表的人人参与、人人享有、人人实现的完美理想就愈加强烈，我们崇尚民主、热爱民主、高扬民主。"民主至上的自满无孔不入，还经常导致狂热。对民主的讴歌像麻醉性的云层笼罩在公众头上，引发出思想的迷惑和阵阵的欣快。我们必须先大量地摄入新鲜空气，才可能对西方民主的状态作头脑清醒的评估。"②民主究竟代表了什么呢？民主究竟如何引领我们走向更加和谐、幸福的共同体生活呢？在我们人类自我意识高度发展的今天，要实现对民主问题的政治哲学反思，我们首先需要对民主概念进行历史追溯，才能让我们在民主实践探索的道路上走得更为清醒、更为理智！在此，回到人类政治哲学得以形成的古希腊时代重温苏格拉底、柏拉图、亚里士多德对于民主问题的论述将是最好的选择。

按照著名政治学家萨托利的考察，"民主"一词大约是在 2400 年前发明

---

① 张康之、张乾友：《共同体的进化》，中国社会科学出版社 2012 年版，第 17 页。
② 克莱·G.瑞恩：《道德自负的美国：民主的危机与霸权的图谋》，程农译，世纪出版集团、上海人民出版社 2008 年版，第 21 页。

出来的,一般认为是希罗多德首先说出了"民主"一词。① 作为历史学家的希罗多德比较、总结、归纳了古希腊社会中存在的各种政体,将民主政治归结为政事取决于民众,且民众参与国家政治生活的权利是平等的。可以说,古希腊尤其是雅典城邦的民主制是民主思想得以形成的根源所在,这不仅代表了一种对政治生活新形式的探索,更代表了一种理想的和谐共同体模式的出现。"按照雅典人的概念,城邦是一个社会,在这个社会中,它的成员过着和谐的共同生活;在这个社会中,允许尽可能多的公民积极参与活动,不因为地位的高低或财富的多少而受到歧视;在这个社会中,它的各个成员的才能都找到了自然的、自发的和愉快的出路。而且,伯里克利的雅典在相当大的程度上——很可能超过了任何其他人类社会——实现了这个理想。"② 由梭伦改革所奠基、经克利斯提尼改革所确定直到伯里克利时代获得高度发展的民主制,为古代民主思想的孕育提供了实践基础。

伴随着民主政治实践的进行,人们也开始对民主制及其实践有所认识,并对民主的优劣得失形成了一定判断。首先值得一提的是苏格拉底对民主的反对。在色诺芬的《回忆苏格拉底》中,我们能够读到一段苏格拉底质问哈尔密戴斯(苏格拉底认为他熟悉公共事务、有才干远比当时执政的人更有本领,因此鼓励他参加政府工作)的文字:"在最有智慧的人面前你并没有感到惭愧,在最强有力的人面前你也没有感到害怕,而在最愚昧无知、最微不足道的人面前你到害羞得说不出话来了! 这些人当中叫你害羞的是擀毡工人,还是补鞋匠,还是铜匠,还是农民,还是批发商,还是在市场上斤斤计较贱买贵卖的人们的呢? 因为整个国民议会都是由这些人组成的。"③ 苏格拉底讥讽民主制多数人决定的规则可以把无知的人变成国家的统帅,也可以在马匹不足时提交国民议会表决而将驴变成马。我们看到,苏格拉底对民主制的反对直接影响了他的学生柏拉图,尤其是苏格拉底被处死这一事件更是加剧了柏拉图对民主

---

① 参见乔万尼·萨托利:《民主新论》,冯克利、阎克文译,世纪出版集团、上海人民出版社2009年版,第305页。
② 乔治·霍兰·萨拜因:《政治学说史》上册,盛葵阳、崔妙因译,商务印书馆1986年版,第35页。
③ 色诺芬:《回忆苏格拉底》,吴永泉译,商务印书馆1984年版,第111页。

制的抵制。在柏拉图看来,崇尚自由的民主制充满了变动,缺乏应有的管理,容易导致狂热、偏执和集体的非理性。我们可以在《理性国》中看到,柏拉图对这种民主制之自由状态的批判性描述:"当前风气是父亲尽量使自己象孩子,甚至怕自己的儿子,而儿子也跟父亲平起平坐,既不敬也不怕自己的双亲,似乎这样一来他才算一个自由人。……教师害怕学生,迎合学生,学生反而漠视教师和保育员。……狗也完全象谚语所说的'变得象其女主人一样'了,同样,驴马也惯于十分自由地在大街上到处撞人,如果你碰上它们而不让路的话。什么东西都充满了自由精神。"[1]在柏拉图看来,任由这种充满自由精神的民主制发展的话,将势必"铜铁当道,国破家亡"[2]!当然,柏拉图对民主制的这种尖锐批判在后来的著述中得到了一定程度的修正。

与苏格拉底和柏拉图相比,亚里士多德对民主制的认识更为客观、理智,我们可以首先来看一下他对古希腊民主政治("平民政体")所进行的最为重要的概括:"平民政体的第一个品种是最严格地遵守平等原则的品种。在这种城邦中,法律规定所谓平等,就是穷人不占富人的便宜:两者处于同样的地位,谁都不做对方的主宰。有些思想家认为自由和平等在平民政体中特别受到重视,我们如果认为他们所设想的是恰当的,那么就应该让所有的人尽可能地一律参加并分配政治权利。因为平民总是占居多数,由多数的意旨裁决一切政事而树立城邦的治权,就必然建成平民政体。平民政体的另一种是以财产为基础,订定担任公职的资格,但所要求的财产数额是低微的;凡能达到这个数额就具有任官的资格,不及格的不得参与公职。又一(第三)种是,凡出身(族裔)无可指摘的公民都能受任公职,而其治理则完全以法律为依归。又一(第四)种是[不问出身(是否双亲都属自由公民),]凡属公民就人人可以受任公职,但其治理仍然完全以法律为依归。又一(第五)种平民政体同上述这一种类似,凡属公民都可受职,但其政事的最后裁断不是决定于法律而是决定于群众,在这种政体中,[依公众决议所宣布的]'命令'就可以代替'法律'。"[3]通过亚里士多德的论述,我们可以看到民主制的几个基本特征:公民

---

① 柏拉图:《理想国》,郭斌和、张竹明译,商务印书馆1986年版,第340—341页。

② 柏拉图:《理想国》,郭斌和、张竹明译,商务印书馆1986年版,第129页。

③ 亚里士多德:《政治学》,吴寿彭译,商务印书馆1965年版,第189—190页。

平等参与政治生活,政治决策服从多数原则,公共职务依据不同条件对社会公众开放等。在亚里士多德所归结的三种变态政体中,平民政体是"最可容忍的",因为在他看来,"城邦原为许多人所合组的团体;许多人出资举办的宴会可以胜过一人独办的酒席;相似地,在许多事例上,群众比任何一人又可能作较好的裁断。又,物多者比较不易腐败。大泽水多则不朽,小池水少则易朽;多数群众也比少数人为不易腐败。单独一人就容易因愤懑或其它任何相似的感情而失去平衡,终致损伤了他的判断力;但全体人民总不会同时发怒,同时错断"。① 由此可见,亚里士多德对民主政体所蕴涵的集体智慧还是比较推崇的。

然而,对于崇尚中庸的亚里士多德而言,民主制的极端形式是必须加以避免的。在亚里士多德看来,上述第五种民主制就是一种极端的民主制,在这种民主制中平民而非法律是最高权力的拥有者,这种民主制甚至根本就不是一种政体。"在这种形式中,起决定作用的煽动家(代替了'良好的人')和人民的决定(代替了法律),平民成为暴君而为所欲为。政权在很多人手中,但只有所有的人一起运用它,而不能由每个单独的人加以运用。煽动家成为了贫民的领袖。官员的作用化为乌有。良好公民遭受迫害。"②亚里士多德将伯里克利及其以后的民主制视为这种极端的民主制而对于梭伦的改革给予很高的评价,因为他认为民主治理的最佳形式就是由拥有中等财产的人担任官员进行治理,并在法治的基础上实现富人与穷人的和解。中产阶级具有节制和中庸的德操,且很少有大的野心,能够在社会的各个阶级之间维持一种良好的均衡状态。我们从亚里士多德对民主政体的这种批判中能够看到他对共和政体的钟情,这种钟情包含了他对社会公平正义的理解与向往。最为理想的政体以强大的中产阶级为基础,就是社会不同利益阶层都能参与其中并从中获益的政体,而这正是亚里士多德所中意的共和政体的核心精神。亚里士多德的共和政体主要具有三个方面的特征:"共和政治的价值特征首先是兼顾所有不同阶级阶层的利益;共和政治的执政特征是政治权力对全社会成员的平等

① 亚里士多德:《政治学》,吴寿彭译,商务印书馆1965年版,第163—164页。
② 涅尔谢相茨:《古希腊政治学说》,蔡拓译,商务印书馆1991年版,第185页。

开放,政治统治权由社会不同阶级共同掌握;共和政治的行事特征是按照法律来处理公共事务和社会纠纷,即以规范的、和平的方式处理阶级之间的利益冲突和社会成员间的纠纷,或者说以中庸的原则处理利益冲突和社会纠纷。"①亚里士多德对民主制的论述及其对共和制的推崇,代表了一种既有理想主义的冲动又不乏现实主义的冷静的审慎政治态度,也正是基于此他成了西方政治学的奠基者和人类历史上最为重要的政治学家。

当我们回到古典时代对民主概念进行探源时就会发现,当时的民主仅仅是一种组织共同体生活的政体形式,代表的仅仅是一种社会政治生活的组织方式。我们从苏格拉底、柏拉图、亚里士多德的论述中能够看到,纯粹的民主政治在当时是受到质疑,甚至是批判和反对的,因为它似乎总是和暴民统治、乌合之众、毫无节制、草率动荡等联系在一起。这与我们现代对民主的认知和判断大相径庭:"自18世纪以来,民主政治已成为评价政府体制的一个主要标准而不只限于一种政体形式。"②应该看到,这种认知和判断上的差异源自于古代与现代实际共同体生活的差异:古典时代的人主要以伦理秩序来组织社会生活,强调人天生的不平等和等级秩序的层次感,在这种情况下注重政治权力向下转移的民主制自然招致社会贵族阶层的反感;现时代的人主要以平等的社会契约来组织生活生活,强调人生而平等和社会等级结构的扁平化,在这种情况下普遍参与政治生活势必受到广大社会民主的赞同。当然,这其中的社会历史变迁和价值观念更替是一个非常漫长的过程,民主化的进程绝不仅仅是一个个人政治参与权利的扩展和普及过程,更是在作为一个自然历史过程的社会演进中人的自我意识不断发展的过程。不管怎么说,古典民主制奠定了现代民主政治的历史基础:"雅典民主制首创的主权在民原则,为后世的公民观念和人民主权理论的发展提供了历史素材;雅典民主制下的全体公民平等参政实践,奠定了现代大众政治参与的思想;雅典民主制崇尚法治的理念,是西方法治思想的源头。"③更为重要的是,古典的民主理论内涵的冷静态

①　孙永芬:《西方民主理论史纲》,人民出版社2008年版,第17页。
②　戴维·米勒、韦农·波格丹诺主编:《布莱克维尔政治学百科全书》,邓正来等译,中国政法大学出版社2002年版,第202页。
③　孙永芬:《西方民主理论史纲》,人民出版社2008年版,第33页。

度、审慎精神和批判意识将有助于引导我们的现代民主观念良性发展,并促进我们在完善民主政治的实践行动中组织起更为和谐有序的现代共同体生活。

二、还原民主:再现真实面貌的文化考察

通过对古典时代民主概念的探源,我们明晰了民主最初的也是最本真的文化意蕴。随着近现代民主化实际进程的加快,民主的正能量被无限释放,民主的正价值被无穷放大,民主的负效应遭到忽视和掩盖,在被热烈追捧和拥护中民主变得放之四海而皆准。然而,与此同时不得不说的是,在实质上民主正在失去最为真实而厚重的文化根基,脱离真实生活世界的民主话语变得异常空洞和虚无。当民主的理念随着启蒙之光在人间大地实现普照之时,人们迅速地聚集在民主的旗帜之下,仿佛一下子全部成了民主的信徒,然而这时的民主却前所未有地遭遇到了形式化和口号化的困境。"最不明确的词语,有时反而影响最大。例如像民主……等等,它们的含义极为模糊,即使一大堆专著也不足以确定它们的所指。然而这区区几个词语的确有着神奇的威力,它们似乎是解决一切问题的灵丹妙药。……只要一听到它们,人人都会肃然起敬,俯首而立。许多人人把它们当作自然的力量,甚至是超自然的力量。它们在人们心中唤起宏伟壮丽的幻象,也正是它们的含糊不清,使它们有了神秘的力量。它们是藏在圣坛背后的神灵,信众只能诚惶诚恐地来到它们面前。"[1]民主由古典到现代转型的结果,不应该是空洞的信条、虚幻的表象和让听闻者热血沸腾的政治蛊惑。现代民主同样需要民情风貌、社会习俗、历史积淀等特定的文化支撑,需要真实存在于特定文化场域中人的理智对待与审慎践行。现代民主绝不仅仅是规则的制订和推行,民主应是一种优良的现代生活方式,这离不开文化的滋养和奠基。"民主的观念因此既不应该被视为一个绝对物,也不应该被视为一个公式。它经历了本世纪(20世纪)所特有的理论限度、经验限度,以及矛盾。但是它应该同时作为调节的系统和政治的前景而存在。"[2]近现代以来被送上神坛的民主亟待再现本真的文化内涵,打破民主的

---

[1] 古斯塔夫·勒庞:《乌合之众:大众心理研究》,冯克利译,广西师范大学2011年版,第123页。

[2] 埃德加·莫兰:《人本政治导言》,陈一壮译,商务印书馆2010年版,第105页。

幻象,重现民主的真实,挖掘民主实现的文化条件并加以努力促成,这样我们才能实现实质上的民主。

　　民主化的过程就是一个以文化人、达之文明的过程,因而在广义上我们可以说民主化就是文化,当然这是一个积累、沉淀、渗透、升华的漫长过程。作为一种和谐有序共同体生活样式的民主文化不是一蹴而就的,它首先需要在长期的社会交往和人际互动中营造出浓厚的民主社会氛围。这种民主社会氛围的形成不是一朝一夕就可实现的,是一个国家政治文化长期孕育的结果,体现在社会生活的方方面面甚至是点滴的细枝末节上,民主的宏大叙事、是非判断有些时候可能还不如生活的细节所展现的民主事实更有说服力。民主政治大厦的建成脱离不了深厚扎实的社会根基,政治民主化的进程必然体现社会历史发展的真实状况和基本趋势。"真正的民主化,不仅仅是政治体制的变化,而且是政治文化、社会形态的转型。"①概言之,民主的有效运行离不开一个充分发展、成熟完善的市民社会,这种市民社会所蕴涵的和谐民主氛围有助于突破普通社会民众对国家政治权力的过度依赖,促成共同体生活的有效组织方式和积极行动模式。如果忽视这种民主实现的市民社会条件,所谓的民主构想仅仅是一种理想主义的乌托邦设计,这种民主构想对于处于民主化转型中的国家而言绝不是福音。真正的民主实现离不开广大社会民众对民主理念的普遍认同,以及围绕民主理念而展开的积极协同行动。"如果公民和领导人对民主的观念、价值和实践给予强有力的支持,一种稳定的民主的前景就更加光明;如果这些信念和倾向落实到国家的文化中,并且大部分能够在代际之间传承,这就是最可靠的支持。换言之,就是国家拥有一种民主的政治文化。"②民主的健康运行需要完善的市民社会条件,尤其是需要健全觉悟的市民意识:当民主意识真正融入广大社会民众的日常行动,当民主观念成为一个社会实现积极自我构成的文化氛围,真正的民主社会也就到来了。

　　健康的民主心理同样是从文化层面再现民主真实的重要因素。民主离不开生活在现实社会中的活生生的人,人的行动是在复杂的心理因素指导和调

---

①　刘瑜:《民主的细节》,上海三联书店 2009 年版,第 124 页。

②　罗伯特·达尔:《论民主》,林柏光、林猛译,商务印书馆 1999 年版,第 165 页。

控下实现的,故而心理因素与心理条件对民主的健康运行异常重要。民主的心理条件指的是"社会成员实行民主时必须具有的性格特点和思想习惯"。① 这种民主的心理条件是在长期的社会交往和政治实践中慢慢形成的显意识与潜意识的综合表现,是现代民主生活得以实现的最深层同时也是最活跃的影响因素。美国学者卡尔·科恩从多个角度分析探讨了民主得以实现的心理条件:相信错误在所难免,重视实践验证,坚持政治信任中的批判态度,日常生活的灵活应对,求全与失望之间的现实平衡态度,利益冲突中的适当妥协精神,胸襟开阔的他者容忍,实事求是、拒绝偏见的客观态度,对自己所属的共同体充满信心。② 综合科恩的观点我们发现,共同体生活的他者向度是理解这种民主心理条件的重要方面,民主所需的心理条件体现了社会生活的协同性,是一个社会真正实现民主不可或缺的必备要素。由于民主问题必然涉及众多个体心理与行为的交互影响,群体心理的积极导向可以实现良性互动以保证和谐共同体生活的实现,也有可能在相互刺激所形成的消极放纵中导致群魔乱舞,因而对于民主心理必须予以充分重视和积极疏导。法国社会心理学家古斯塔夫·勒庞在《乌合之众:大众心理研究》中就探讨了这种"民主直通独裁的心理机制"(冯克利语),对民主时代的群体心理保持了高度的警惕。

民主社会的建成和完善需要塑造人格健全、乐观积极、关注公共并拥有一定生存技能和自我发展能力的公民个体。既然民主机制与相关文化因素相伴而生、相协发展才能实现民主的生活化,那么优良的民主教育对于培养民主的人、健全民主机制、优化民主文化就是不可缺少的了。杜威指出:"民主的基础是信仰人性所具有的才能;信仰人类的理智和信仰合伙和合作经验的力量。这并不是不相信这些事物本身就已经完备了,而是相信如果给它们一个机会,它们就会成长起来而且就能够继续不断地产生指导集体行动所必需的知识和智慧。"③"除非民主的思想与行为的习惯变成人民素质的一部分,否则,政治上的民主是不可靠的。"④在此,杜威提出了有关民主教育的重要性。要想让

---

① 科恩:《论民主》,聂崇信、朱秀贤译,商务印书馆1988年版,第172页。
② 参见科恩:《论民主》,聂崇信、朱秀贤译,商务印书馆1988年版,第174—192页。
③ 约翰·杜威:《人的问题》,傅统先、邱春译,上海人民出版社1965年版,第45页。
④ 约翰·杜威:《人的问题》,傅统先、邱春译,上海人民出版社1965年版,第51页。

民主成为一种现代优良的生活方式,就必须实现民主从少部分人所掌握的理论形式向大多数人所拥有的生活形式转变,而这主要依赖的就是有关民主的相关教育。卡尔·科恩将有关民主的教育分为四类:(1)实用教育,即为培养人事交往中的明智行为而接受不可或缺的常识的过程,这有助于妥帖处理人际交往中的日常生活问题;(2)基本教育,即训练使用人类基本的智能工具,如写和算,这能够保证广大社会民众在信息普及方面有效投入公共关注;(3)技术教育,即为掌握负责处理并非人人都能对付的专业性问题而进行的专门学习,这样才能提高社会工作效率并实现社会管理的科学化;(4)人文教育,即通过文学、历史、哲学的普及性教育来努力促成人格完善和人性完满,以此实现为公共政策的高超与智慧奠定基础。① 由此可见,民主的实现远非朝夕之功,因为民主个体的培养是一项浩大的系统工程,优良的教育以及由此而来完善的社会养成将充分地展现真正民主所应具有的深厚文化底蕴。

综合上述,我们看到浓厚的民主氛围、健康的民主心理和优良的民主教育对于民主的真正实现构成了重要的文化基础,这种文化基础有助于塑造民主的认同根基即培养具有健全人格、道德品性、自我意识和他者向度的公民个体,这是保证民主机制健康有效运行的前提条件。没有民主的自我意识和协调的交往互动,就根本谈不上共同体和谐民主生活的实现。民主自我的成长与完善脱离不了特定共同体文化对之的直接影响和潜移默化的改变,我们不能企求民主实现的同一化、标准化进程,正如我们不能撇开具体的社会历史文化条件来孤零零地将民主自我界定为原子性个体一样。生活在真正民主社会中的公民个体对"我是谁"这一认同的根本问题有较为清晰的了解和把握。按照西方共同体主义的基本观点,"我是谁"来自于生活在同一共同体中的平等他者的积极承认,也就是说,平等主体之间的积极交往、话语交流、和谐互动所形成的开放包容的文化空间是实现自我感知和自我定位的基本框架。"我们无论是通过与他人的关系,还是通过与他人共同进行的活动,在塑造自身时其实都不是'内向'探察以找到自身,而是'向外'探察他人和协同活动。我们寻找自身的地方,基本上就是与他人共享的世界,而不是我们通过反思自己的

---

① 参见科恩:《论民主》,聂崇信、朱秀贤译,商务印书馆1988年版,第166—167页。

所思所感为自己创造的那个世界。"①民主就是在平等主体之间相互承认的基础上所实现的积极协同，这是每一个现代生活共同体在充分自我文化认知的基础上实现自我发展、自我完善、自我超越的肯定性表现。所以，离开立基于自我与他者的现实交往所促成的文化根基来谈论民主，注定只是脱离现实生活基础的纸上谈兵，所构思的也只是海市蜃楼、空中楼阁而已！

在现代世界上，任何一个国家和民族都不会公开宣称自己站在民主的对立面上，也就是说民主已经成为了一种普遍接受的基本理念，民主所内涵的平等观念、权利意识和自由取向等进步意旨理应得到肯定和张扬。这种民主基本理念的普遍性并不等同于民主之千篇一律的一致性，"普遍性并不抹杀多样性，而是协调多样性。道德普遍性融和到了无数个性和事业的独特性里，剔除其中纯粹自私的意欲，促使它们去丰富社会整体。通过剔除个人的偏私和破坏道德共同体的成分，普遍性把各种各样的个性和事业都纳入到自己的宏业里"。② 现实的民主通过在普遍性与独特性之间保持适当的张力，而实现对文化多样性的协调、整合与超越。民主的现实主义精神在提醒着我们，背弃历史、无视传统、忽略民情的所谓普世主义民主情怀是十分危险的，极有可能让我们在推进实质性民主的前进道路上遭遇极大的困难和挫折。民主的积极价值只有真正渗透进具体而现实的特定文化之中才能成为该文化共同体实现和谐交往的推动力量，现实的民主不能靠简单的移植和嫁接，而是需要笃定谦卑的学习态度融入世界政治文明的发展之中。民主应该是世界多元主义文化通过相互交流、平等发展共同孕育出的代表人类历史发展趋势的积极生活方式。

三、重塑民主：面向和谐生活的审慎构思

基于上述对民主问题的分析与探讨，民主已经成为展现政治现代化程度的最重要方面，尽管民主的概念仍存在争议，围绕民主之价值而展开的争论也仍将持续，然而民主作为现代政治话语体系的内在构成这一点似乎已是盖棺

---

① 伊恩·伯基特：《社会性自我：自我与社会面面观》，李康译，北京大学出版社 2012 年版，第 5 页。
② 克莱·G.瑞恩：《道德自负的美国：民主的危机与霸权的图谋》，程农译，世纪出版集团、上海人民出版社 2008 年版，第 87 页。

定论。民主作为一种重要的政治话语构成必然具有强烈的现实感和明确的实践指向,因而我们需要在民主制度设计、民主观念普及、民主行动维护等方面面向未来和谐的共同体生活进行审慎构思。对此,以下几个方面的问题值得我们关注。

在政治民主与社会民主的协调中推进协商民主。我们在此所谈及的"政治民主"主要是指围绕着个人政治参与权利而展开的国家顶层政治制度设计,它带有明显的人为建构性和利益博弈色彩;而"社会民主"更多的是从社会状态的意义上来说的,"社会民主是指这样一个社会,它的民族精神要求其成员认为自己有平等的社会地位。……社会民主的特征因素不但是它在社会层面运行,更在于它的自发性和内生性"。① 与自上而下强调规治方式的政治民主相比,社会民主更多地体现了普通社会民众的一般生活方式和普遍存在的政治观念等自下而上地对政治公共性问题的影响,政治民主与社会民主协调互动才能真正推进面向和谐共同体生活的民主进程。围绕公共性问题而展开现代民主政治需要在政府管理者的顶层设计与普通社会民众的基本诉求之间形成良性互动,积极健康的民主意识能够培育稳定有序的民主秩序,而日趋完备的民主秩序则能够激发更为主动自觉的民主意识。在这种政治民主与社会民主的协调互动中,能够把顶层政治构思和一般民众诉求加以沟通关联的协商民主模式突显出来。在利益格局日益多元化的社会条件下,"协商民主就是公民通过自由而平等的对话、讨论、审议等方式,参与公共决策和政治生活"。② 在协商民主中,普通的社会民众能够广泛地参与到各种公共讨论之中,并对具有普遍约束力的公共政策进行批判性研讨、分析和评价,从而保证公共决策真正的科学化和民主化。被誉为"当代黑格尔"的德国思想家哈贝马斯基于其交往行为理论构建了一种新型的民主的话语政治模式,强调通过普遍商谈而达成共识的过程就是一个民主化的过程,同时也是一个合法化的过程。我们在哈贝马斯的商谈民主理论理论中看到了这种协商民主的精致表达,那就是通过现代公共领域的非正式协商和现代决策机构的正式协商实现

---

① 乔万尼·萨托利:《民主新论》,冯克利、阎克文译,世纪出版集团、上海人民出版社 2009 年版,第 21 页。

② 孙永芬:《西方民主理论史纲》,人民出版社 2008 年版,第 279 页。

商谈民主的双规制,这其实也是对社会民主与政治民主协调互动的进一步丰富和展开。"商议性政治是在意见形成和意志形成过程的不同层次上沿着两个轨道进行的——一个是具有宪法建制形式的,一个是不具有正式形式的;……只有经过一个公共的'为了承认的斗争',彼此争执的利益立场才能受到有关政治机构重视,才能被列入议会议程并加以讨论,必要时被加工成议案和有约束力的决定。只有对一种新的刑事罪案的管制和对有关提供全日制托儿所——不管是私立的还是公立的——的政治决议的实施,才是对私人生活领域的干预,并改变有正式规定的责任和现存的惯例。"①哈贝马斯的商谈民主实现了社会参与与政治决策之间的有机互动,一个社会问题从产生直到上升成为一项政治议题并获得最近的解决方案,这整个过程通过协商把社会领域与政治领域很好地关联起来。必须看到,协商民主实现了社会各个阶层之间的良性互动,能够有效整合社会各个方面的利益诉求和价值观念,在凝聚社会共识和促成社会重大公共问题的解决方面将发挥至关重要的作用。当然,协商民主作为一种理想的民主实现形式,其最终在现代公共生活中发挥积极作用还有赖于政治民主设计和社会民主培育中所促成的公正清明的政治秩序、开放包容的舆论环境和积极主动的参与意识。

在协商民主的构思中,有一个问题是非常重要的,那就是民主的宽容问题。面对社会多元化的现实,民主政治应该将宽容作为题中之义。宽容是处理自我与他者关系的一个基本原则,更是现代个体在参与共同体生活的过程中应该确立的一种对待差异的审慎态度。"宽容与一系列消极因素,包括不容异己、纵容和漠不关心是相对的。所谓不容异己通常是疯狂地、也许甚至是残忍地用强制性手段故意去挑剔自己所不赞同的行为。另一方面,所谓纵容则可以认为是过分的宽容,漠不关心之所以与宽容有明显的区别,是因为漠不关心所允许的行为既不是赞同的,亦不是不被赞同的;而且,漠不关心体现的是单纯的被动,而宽容则意味着主动的限制因素。在那些尊崇宽容的人来看,可把宽容看作是不容异己(拒绝容忍那些理应容忍的东西)与纵容(容忍不应

---

① 哈贝马斯:《在事实与规范之间》,童世骏译,生活·读书·新知三联书店 2003 年版,第389—390 页。

容忍的东西)二者之间的中间项,但它又不致于发展到漠不关心的程度(拒绝对应作出判断的事情作出判断)。"①由此可见,真正的宽容能够保证现代独立个体之间形成一种适当的张力,在孕育现代共同体的休戚与共感的同时又能维护个体独特的存在状态,也只有这样才能使我们在公共领域与私人领域之间形成一种真正的边界意识。在民主政治审慎的宽容模式下,面对社会差异普遍存在的客观现实,要促成社会不同群体和个人之间的一种积极协商的话语公共空间,尤其是对亚文化群体、少数持不同政见者等要在基本政治权利上予以保证,并允许其在宪法和法律的框架内通过自由言论来表达政治主张和价值观念。民主政治以个体权利为政治演化的起点,在有关利益可能存在冲突的公共决策及其实施的过程中强调多数人意见决定的原则,这就有可能造成对少数人群体的伤害,因而民主决策的过程中要特别注意这种多数人暴政的问题。要防止这一点,就要注意培养现代公民的学习意识和谦让精神,要理解民主化的进程不是一种简单的理想化程序的强行推行,而是一种在相互人格尊重基础上通过协商与妥协逐渐达成一致并走向文明的过程。"民主政治本身,即所有群体的成员(在原则上)都是平等的公民,他们相互之间不仅可以发生争论,而且可以通过某种方法最终达成妥协。在必要的谈判和妥协中,他们所学到的东西要比他们从研究其标准中学到的东西重要得多。"②我们在当代西方共同体主义者所力主的有关"承认"的政治哲学话语当中,理解了宽容的民主政治对社会差异的尊重和对平等协商的维护。所谓"承认"就是自我在与有意义的他者的话语交流和行动交往中所形成的一种平等的主体间性关系,这样一种承认关系也正是我们在现代民主政治的宽容构思中所致力于实现的。

　　基于上述有关民主与宽容、协商、承认等问题的思考,面对着社会多元化发展的现实,我们现在需要扬弃中心与边缘的框架意识。中心代表了社会层级结构中的强势力量,而边缘则意味着一种被忽视甚至被遗忘的社会存在,中心与边缘的形成代表了经济上的不均衡、政治上的不平等以及文化上的不开

---

①　戴维·米勒、韦农·波格丹诺主编:《布莱克维尔政治学百科全书》,邓正来等译,中国政法大学出版社2002年版,第820页。

②　迈克尔·沃尔泽:《论宽容》,袁建华译,上海人民出版社2000年版,第97页。

放。长期以来存在的中心—边缘的社会现实在巩固着传统的社会政治模式，也在强化着人们头脑中固有的尊卑有别的差序格局观念。这种固有的中心与边缘的框架意识生成于漫长而封闭的传统社会共同体之中，是对自我本位文化的顽固监守和自私维护，带有极强的非理性主义迷信和狂热色彩，是与真正的现代民主文化格格不入的。现代民主政治兴起于身份政治被权利政治所取代的平等主义时代，在近代启蒙之光的普照下，伟大的存在之链被打破，中心与边缘的格局所代表的封闭、迷信、保守与僵化正在被日益开放而进步的历史潮流所遗弃。"民主作为一个社会自我制度化的过程，意味着一个具有开放意识形态的社会，也就是说，这个社会不会以任何封闭的信仰、信条或观念为基础。"①也就是说，现代民主内生着对中心—边缘这一不平等框架的扬弃与超越，更是对这一框架所维系的自我本位文化的挑战。当然，力图超越中心—边缘格局的民主模式并不是绝对的一盘散沙和完全的相对主义，在民主模式下社会主流文化应该在积极传播社会正能量的同时得到光大和弘扬，但是这个过程中应该拒绝对非主流文化的压制和打击，其实社会主流文化及其蕴涵的正能量正是在各种文化样态的相互比较、鉴别、竞争、共存、共荣中形成的。民主模式尊重社会文化生成与发展的自我演化，那些顽固地坚持自我中心而其他皆为非主流之边缘的文化存在形式注定要在开放与平等的民主氛围中陷入自我臆想的毁灭悲剧之中。扬弃中心—边缘这一框架意识的民主代表了一种理性主义。"这种理性主义不仅超越了我们从启蒙运动继承而来的理性主义的客观形式，也超越了后现代主义所普遍化的相对主义。它是一种民主的理性主义，即一种建立在民主作为一个结构和社会自我制度化过程基础之上的理性主义。在民主理性主义的背景下，民主的合理性不再诉诸于自然或社会演进的客观趋势得以证明，而是借助侧重于原因阐释和推论的理性来加以论证，上述做法将明确否认有关社会变革的任何'定向'观念。"②也就是说，民主的理性主义打破了某些政治意图和政治规划的天生优越感，坚持在一种

---

① 塔基斯·福托鲍洛斯：《当代多重危机与包容性民主》，李宏译，山东大学出版社 2008 年版，第 145 页。

② 塔基斯·福托鲍洛斯：《当代多重危机与包容性民主》，李宏译，山东大学出版社 2008 年版，第 148—149 页。

开放包容的社会氛围中通过非暴力的和平话语交流形式来实现对和谐共同体生活的公共构思和协同追求,是对民主的理想诉求和现实境况的合理兼顾。

概而言之,践行民主并不是要完全抛弃文化传统和历史传承让个体完全回归自足的原子化存在状态,然后在进行重新的排列组合以达到一种完美理想的社会秩序状态。民主概念的现实性充分展现在其社会生态学和文化人类学意义之中,脱离经验性的历史事实对民主规范性的探讨注定只是一种纯粹的坏的乌托邦想象。在日益开放的文化多元主义时代,只有立足于特定共同体历史文化传统并将平等协商、宽大包容、矜持审慎融入其中的民主规划,才能使民主在真正面向现实的生活世界的过程中成为营造和谐、幸福的共同体生活的"好东西"。

第 五 章

权利的伦理重构:和谐保证论

"权利"是近现代政治哲学的关键词之一,然而在究竟"何谓权利"这个问题上却是众说纷纭,这充分体现了权利概念本身的复杂性以及权利作为一种文化现象在社会历史变迁中的不断演变发展。但是,有一点是确定不移的,那就是任何的权利理论都是在某种共同体生活所孕育的交往互动中得益于事实认知和规范确立之间的张力而形成的,因而必须突破狭隘封闭的个人本位主义来从他者向度和共同体视角全面呈现权利概念的深厚文化底蕴。西方自由主义权利理论的原子化个人致思前提以及对权利之道德内涵和文化根基的无视甚至漠视,遭到了西方共同体主义的批判与质疑。当代西方共同体主义者对自由主义"权利优先于善"的批判以及对日益失去道德根基的权利的伦理重构,为我们在现代性深入发展的时代背景下全面理解权利的内涵提供了一个重要的视角,也是我们突破狭隘的自我本位主义走向社会和谐发展的重要参照和基本保证。

第一节 共同体视角下的权利分析

汉语中"权利"在英语中为 right,在德语中为 Recht,均包含了"正当要求"这一道德意指。权利概念为西方文化史所接纳已有七百余年,而中国人的现代权利思维是在西学东渐的过程中确立的,距今也已有百余年历史。按照《布莱克维尔政治学百科全书》的解释,"在政治哲学中,权利这一术语主要有三种使用方式:1)描述一种制度安排,其中利益得到法律的保护,选择具有法律效力,商品和机遇在有保障的基础上提供给个人。2)表达一种正当合理的要求,即上述制度安排应该建立并得到维护和尊重。3)表现这个要求的一种特定的正当理由即一种基本的道德原则,该原则赋予诸如平等、自主或道德等基本的个人价值以重要意义"。① 由此可见,权利概念的普适性体现了独立个体的利益表达与要求,但是权利的真正实现却又远远突破了这一点而具有深厚的文化和道德内涵,而这也正是我们以共同体为视角对权利展开政治哲学分析的基础。

一、权利观念的历史文化生成

一般而言,在西方权利观念的普遍形成发生于18世纪,在这一时期随着启蒙运动的深入,原有的人身依附关系和固定的社会等级结构被打破,人们自我意识和个体独立精神觉醒,基于平等追求的社会竞争与冲突取代了权力依附与权力依赖而成为社会的基本状态,个人主义成为一种普遍的社会价值观,政治构思的世俗化趋势进一步加强。权利观念在此时的普遍形成,并不能掩盖其作为一种重要的历史文化事件所具有的文脉传承和历史延续,权利观念体现了西方以古希腊罗马以来所慢慢孕育形成和发展的自然法思想、正义观念以及契约精神的历史文化积淀,也折射出了在西方由传统社会向现代社会过渡进程中人们的普遍精神向往和文化诉求,并与世界资本化以来人们实际的生产生活息息相关。可以说,权利是一个具有浓重西方文化色彩的概念,"权利从内在的本质到外在的形式都与西方文化和历史传统有着不可分离的关系;人权思想、人权观念、人权理论、人权制度都是在西方文明的画布上随着长期的历史进步而逐渐勾勒出来、逐渐成型、逐渐清晰、逐渐吸引了人们的注意的"。② 形成于西方文化语境的权利概念,反映了西方历史传统和社会生态的自然演化特点,同时也是西方文化为人类社会的整体发展与文明进步所作出的积极贡献。

在现代权利观念历史文化生成的进程绕不开自然权利(natural rights)的问题。在西方自然权利理论历史久远,是阐释现代权利来源的主导理论。

---

① 戴维·米勒、韦农·波格丹诺主编:《布莱克维尔政治学百科全书》,邓正来等译,中国政法大学出版社2002年版,第711页。
② 何志鹏:《权利基本理论:反思与构建》,北京大学出版社2012年版,第76页。

"自然权利"的词源是拉丁文的 jus nafural，也称为天赋人权(inherent rights)，这种权利的"自然"体现了四层相关的意义："第一，它们是生而有之，并不是习惯或社会赋予的。不管这些权利是否由神所赋予，所有的人（只要是人）都有资格拥有它们；这就是说，从与人们的存在不可分离的意义上，或仅仅是从人性的意义上，这些权利对人来说是'自然拥有的'（这就是我称之为'本质主义'的观点），并且，它之所以是自然的，还有这样进一层的意思：正如理性发现自然法则那样，它们是可以被理性先验认知的。"①这种先天的、为人所共有的、与人性不可分离的、能够为人的理性所认知的自然权利，在致力于打破出身差异、等级壁垒的资产阶级革命时代无疑具有非常大的感召力和吸引力，在推进人类平等化发展的历史道路上确实也发挥了巨大的作用，并成为现代政治体制合法性考量的源泉与标准。近现代政治学在很大程度上就是依据这种平等而无根的、不可让渡的、神圣不可侵犯的个体自然权利而构思和规划的。

我们应该看到自然权利观念在推进资本主义崛起和打破封建束缚实现人格独立与解放进程中所发挥的积极的历史作用，但是也必须要承认自然权利在权利发生的社会历史前提上的盲视。不管这是出于有意还是无意，这个问题都无法忽视。也正是基于此，自然权利在轻而易举地抹杀了家庭出身、阶级归属、经济地位等方面的现实差异后就与抽象性、非历史性、空洞性等诸多的消极负面评价语汇自然地联系在了一起。按照萨姆纳(L.W.Sumner)的解释，古典自然权利理论的全盛时期主要体现在 17 世纪，格劳秀斯、普芬道夫、洛克等人奠定了革命性权利言论的宣言，并在 19 世纪后期为英国的功利主义和唯心主义所取代，而现代自然权利理论的复苏则发生于第二次世界大战以后，主要体现在英美自由主义政治哲学之中。② 不管是古典还是现代的自然权利理论都在"权利为什么是自然的"、"权利的来源和依据是什么"等问题上没有给出很好的解释，而这也正是自然权利理论遭到人们质疑的重要原因。尽管自然权利理论蕴涵了一种平等而完美的社会秩序形成的逻辑起点，然而这种貌

---

① 贝思·J.辛格：《实用主义、权利和民主》，王守昌等译，上海译文出版社 2001 年版，第 49 页。
② 参见 L.W.萨姆纳：《权利的道德基础》，李茂森译，中国人民大学出版社 2011 年版，第 84—85 页。

似普适性的价值追求在遭遇到社会现实问题的考验时难掩其空洞无力。各种自然状态的构思以及由此而演化出的契约理论都在追求一种普适性的制度安排,如影随形与之相伴的是抽象政治构思的乌托邦迷城以及人类依此实践而付出的巨大代价。对于权利主体背景性文化支撑的无视和超历史定位,将使我们陷入权利话语的喋喋不休之中而遗忘了权利论争背后的根本价值取向——自我健全和社会和谐发展。因为这种自然权利理论的隐含前提是原子论个人主义,我们拥有权利完全是基于我们作为个体的人的本性,并由此推导出个体权利的普遍化,我们在崇尚个体权利优先的现代自由主义政治哲学中深深地理解到了这一点。

概而言之,权利观念的生成是一个西方文化历史事件,即便是彰显原子论个人主义的自然权利观也是西方追求独立理性传统的延续,因而也具有浓重的西方文化共同体意味,在这里面依然充满了各种意见的相互论争和相互批判。脱离具体文化传统语境的超历史权利是虚妄的,正如麦金太尔所言:"根本不存在此类权利,相信它们就如相信狐狸精与独角兽那样没有什么区别。"①基于此,权利作为一个概念的内涵所呈现出来的多样性和歧异性也就顺理成章了。所谓先天权利仅仅是一种构思,脱离开生活于各种各样实际共同体之中的有意义的他者,自我权利是无法想象更是无法实现的。因为作为权利承载者的个人只有在相互的社会交往中才能实现自我的完善与发展,也就是说生活于共同体之中的积极他者对自我生成具有非常重要的构成性作用,这种构成性作用绝不仅仅体现在相互的物质欲望满足方面,更为重要的是在彼此的言语交流和实际交往中能够实现彼此作为主体的精神追求、意义归属和人格升华。"现实的人不可能是社会和文化的中立者。他总是某种社会和文化环境的产物。不同的文化和文明传统是不同的人类生产方式。这样一来,那种在一切时间和场合都属于全体人类的权利就是人类作为'无社会'和'无文化'的存在物所享有的权利。既然人类不是也不可能是这样的存在物,那么,就不可能有这样的权利。"②因而,我们应该将权利作为一种文化现象,

---

① A.麦金太尔:《追寻美德》,宋继杰译,译林出版社2003年版,第88页。
② A.J.M.米尔恩:《人的权利与人的多样性——人权哲学》,夏勇、张志铭译,中国大百科全书出版社1995年版,第5页。

要真正理解权利概念就必须要深入社会实践之中,在各种实际的社会生活中考察自我与他者之间的社会交往关系以及由此而表达的相应利益诉求和精神旨趣。

从一种更为积极而宏大的意义上来讲,权利概念的出现反映了不同社会群体之间利益格局的变动与调整,展现了形成于不同文化背景之中的独立个体相互之间的一种有机联系,甚至可以作为一种社会纽结来促进社会新秩序的形成,从而导向一种更为积极和谐的社会发展状态。"共同体视角的权利概念所要解决的是共同体内的纷争与纠纷,所追求的是共同体内诸成员的和谐、有序和共存。从共同体观念出发,权利不再是先验的'神话',也不再是不证自明的'常识',而是全体成员为了保全共同体、保持和谐生活秩序而有意识地对自我适应经验所进行的理性总结与文化创造。也就是说,权利是成员个体在适应如何成功达成共同体生活的过程中,整合理性与经验,对某种意向性理想生活状态的规范性表述。"① 也正是在这层意义上,"权利话语既非资产阶级的,亦非贵族的,或者新教徒的,或者无产阶级的。它一直是各种各样紧张的和交错的社会斗争的对象,它的进步趋势的相当大部分来自于被统治和被压迫的集团的贡献。此外,权利话语发挥了联结的源泉和集团要求表达的框架的作用,而不是反映社会哲学或社会意识形态的作用"。② 概而言之,权利话语在近现代政治哲学中主导地位的确立充分展现了社会历史文化变迁的基本趋势,我们对之进行批判性反思的不是权利观念及其所代表的人类社会历史进步的走向,而是失去了道德约束和良善支撑而自我无限膨胀的权利至上主义可能带来的权利冲突、社会冲突,乃至在人类精神生活中更为严重的精神虚无主义问题。

当然,人类社会历史发展的基本趋势不可逆转,共同体视角的权利概念并不是要给自我的个体存在施以枷锁和束缚,让已被打破的人身依附重新出现,而是站在新的历史起点上对何谓真正的自我主体意识和个体独立精神所进行

---

① 韩升:《生活于共同体之中——查尔斯·泰勒的政治哲学》,中国社会科学出版社 2010 年版,第 156 页。

② 塞缪尔·鲍尔斯、赫伯特·金蒂斯:《民主与资本主义》,韩水法译,商务印书馆 2013 年版,第 220—221 页。

的时代诠释，也是对我们究竟该如何共同地生活在一起所做的政治哲学思考。因为现代性让我们在短短的几百年时间里实现了从一个极端到另一个极端（即从消解自我于固定社会等级之中的自我缺席状态到彻底放纵自我以忽视他者存在的唯我独尊状态）的转变。我们希望以此让日渐疏离和松散化的共同体生活状态获得一种生动的张力，这样自我才能在绝对的同质化和异质化之间找到合适的定位，从而真正实现自我认同的权利维护。对于日益原子化的自我存在而言，孤独寂寞的荒原并非生活幸福的乐土，打破自我封闭的心灵牢笼，在积极的社会交往中重新实现自我才是面向未来的幸福之道。

二、以积极他者的思路来缓解权利冲突

现代权利理论的哲学基础是原子论的现代性主体观念以及相互需要满足论的社会存在理据，在政治哲学的理论构思中即现代个体（人）主义，洛克的白板说和莱布尼茨的单子论是最为重要的代表。"在西方，个体意识的逐步觉醒开始于文艺复兴，借助于对古典文献和艺术的复兴，个体逐渐从当时各种外在和内在的束缚中解放出来，中间经过宗教改革，直到十八世纪启蒙运动，基本确立了现代个体主义的内涵，个体逐步取代上帝而成为世界的主人。这中间尤其以霍布斯、洛克以及后来功利主义发展出来的个体主义在现代社会中占据着主流地位……这种个体主义影响极大，确立了现代社会价值基础的载体，是一系列现代政治后果的源头。"[1]通过回顾历史我们发现，伴随着传统社会向现代社会的过渡，原有的社会等级机构已经被打破，在理性与欲望同时获得释放的情况下人的各方面需求随着主体意识和权利观念日益增强而不断扩张，囿于社会可以供给的资源无法弥合人们日益增长的欲求，加之社会制度设计必然存在的滞后性，权利冲突的问题也就在所难免了。霍布斯基于个体欲望与激情的放纵，以"人对人就像狼对狼一样"来描述缺少国家治理的人类自然状态并以"外在障碍的缺席"来构思自我的自由，这也正反映了西方社会

---

① 孙向晨：《面对他者——莱维纳斯哲学思想研究》，上海三联书店 2008 年版，第 267—268 页。

在现代化进程中出现的权利冲突以及由此而放大的社会普遍冲突问题。在一个权利意识被充分调动甚至无穷放大到魅化程度的社会里，自我存在极有可能掩盖甚至压制积极他者的存在，"他人就是地狱"正是这种极端化的表达，也是围绕权利冲突而展开的社会冲突的集中表现。

原子论的现代性主体观念是自我封闭的，着力于以无节制的欲望和被理性调节的欲望（即利益）来理解和构思实际上生活各种共同体之中的"现实的个人"的权利体系。这种权利观无视他者以及共同体在自我权利实现中的积极作用，因而成为诱发现代权利冲突的深层次思想根源。其实，一直以来，西方共同体主义思想传统中的诸多思想家都展开了对这种现代性主体观念及其权利构思的批判，马克思就是其中非常重要的一个。马克思所实现的近代哲学革命性变革其中最为重要的就是融入他者视角以主体彼此之间的相互关系来规定现实个人的本质，这也正是历史唯物主义最为动人之处。其实，早在马克思的博士论文中，他借助于比较德谟克利特和伊壁鸠鲁的原子观，通过对伊壁鸠鲁原子偏斜说的强调，就已经透露出了对于笛卡儿所开启和代表的现代性主体观念的超越以及对于有意义的他者在自我构成中积极作用的肯定。"我们现在考察一下从原子的偏斜运动所直接产生出来的结论。这种结论表明，原子否定了一切的运动和关系，而在运动和关系中原子作为一个定在须受另一个定在的规定。这意思可以这样来表达：即原子从那与它相对立的定在抽象出来了，并且避开了它。"①孤独的原子不仅无法构成真实的世界，甚至无法让自身成为一种真实存在，原子在发生偏离过程中与其他原子的碰撞使其成为一个真正现实的原子，世界的真实构成也就顺理成章了。然而，碰撞并不是消亡自身，而是在力的相互作用让彼此更为坚实和强大。将原子偏斜碰撞说引申到社会哲学的层面就是，社会共同体形成于普遍发生的社会交往，自我只有在社会实践中与他者发生积极的社会交往才能真正实现自我的现实存在。因而，在这里，我们似乎已经隐约看到了马克思关于人的本质在其现实性上是一切社会关系的总和的历史唯物主义论断。"事实上，我们知道马克思关于'他者'的理解在其后续的思想中有着惊人的连续性和一致性，并且越来

---

① 马克思：《博士论文》，贺麟译，人民出版社1961年版，第22页。

越摆脱黑格尔的束缚,摆脱德国古典哲学式的表述,更为直接地回归具体的生活世界,当然他不是通过现象学的方式,而是通过研究法、国家以及经济生活来面对人现实存在的社会性。"①理解马克思他者思想中所包含的对原子论现代性主体观念的批判与超越,对于我们反思与批判自我封闭的抽象权利观以及由此而引发的权利冲突问题将具有重要的启迪作用。

对现代西方共同体主义产生了重要影响的乔治·赫伯特·米德的社会哲学同样值得我们重视。他提出了积极他者的观点,以肯认个体权利存在与实现的他者意义和共同体根据。"在适应调节共同体合作关系的社会规范的同时,正在走向成熟的个体不仅认识到他们面对社会成员而具有的义务,而且还意识到了他们被赋予的权利,以至于他们能合法地依靠他们对于尊重的要求。权利在一定意义上就是个体的要求,我可以肯定,普遍化的他者会满足这些要求。因此,只有在主体把自己完全看作共同体的成员时,才能赋予主体这样的权利。"②米德以"普遍化的他者"来意指使个体自我获得统一性的共同体,而这也正是自我认同确立和个体权利实现的前提。"我们还必须是一个共同体的成员,要有一个控制所有态度的态度共同体,否则我们就不能成为我们自己。我们必须有共同的态度,否则我们就不能享有权利。我们作为有自我意识的人所获得东西使我们成为这样的社会成员并使我们获得自我。自我只有在与其他自我的明确关系中才能存在。"③米德以共同体成员的相互关系来理解权利问题,指出肯定自我权利的同时也肯定了共同体其他成员的权利,这是对卢梭社会契约论思想的继承与发扬,其中包含了社会共同体成员之间支配共同生活和彼此关系的相互理解。"正如我们全体所做的那样,在参与形成、发展和保持一系列规范的过程中,个人也参与形成泛化的他人的可理解的态度。支配权利制度的规范是这种态度的构成要素,这就是说,一个共同体,在

① 孙向晨:《面对他者——莱维纳斯哲学思想研究》,上海三联书店 2008 年版,第 286—287 页。

② 阿克塞尔·霍耐特:《为承认而斗争》,胡继华译,世纪出版集团、上海人民出版社 2005 年版,第 85 页。

③ 乔治·H.米德:《心灵、自我与社会》,赵月瑟译,上海译文出版社 1992 年版,第 145 页。

概括泛化的他人的态度时,就形成各种权利并赋予这些权利所具有的资格和义务。"①被自由主义娇宠和放纵的优先于一切的个体权利,正是忽视了这种积极他者普遍化而成的构成性共同体,也正是这种权利观念成了权利冲突乃至更广泛的社会冲突的深层次思想根源。而西方共同体主义者对自由主义之权利优先论的批判性反思也正是看到了这一点,并通过重申积极的他者来纠正和重构自由主义的理论前提,这对于缓解日趋严重的社会权利冲突也具有一定的启示意义。

三、在社会和谐交往中实现权利

权利问题的出现本身就蕴涵了一种社会交往和社会关系,权利的真正实现自然也离不开现实的社会交往和真实的社会关系处理。"只有到了这个时候,即个人对物的所有需要都要求得到他人和社会的承认时,个人的人格需要都要求得到普遍的他人尊重时,才会出现权利的问题。权利是对个体之人的社会地位的认可,这个个体又是具有普遍性的个体,是立于社会之中的并构成了整个社会的每一个个体。"②因而,权利不应该停留在抽象的理论建构和学理讨论方面,真正落实到社会实践中的权利话语才能更好地促成人的发展和社会的和谐。个体自我只有突破离群索居的孤零零存在状态以积极融入与有意义的他者的和谐交往之中,才能在社会实践中表达自我真实的权利诉求和真正实现自我权利的保障。

在一个日益个体化的时代,思考社会交往和权利实现问题本身就是一项非常富有挑战性的工作,我们应该感谢那些为时代问题殚精竭虑的当代思想家们,比如哈贝马斯就是其中之一,因为是他们让我们在困顿和迷茫之中看到了希望和出路。哈贝马斯所提出的交往行为理论,为我们在积极社会交往中保障各自的权利实现促进社会和谐发展提供了有益的借鉴。在哈贝马斯看来,现实生活世界中容易遭到忽视的交往行为肯定了真实社会关系中人与人

---

① 贝思·J.辛格:《实用主义、权利和民主》,王守昌等译,上海译文出版社 2001 年版,第 22 页。
② 张康之、张乾友:《共同体的进化》,中国社会科学出版社 2012 年版,第 166 页。

之间的相互主体性,确认了自我与他者之间在共同生活世界基础上的"视阈融合",借助于语言和符号展开社会主体相互之间的交流和沟通从而达到社会共识的形成,正是这种社会共识才使人类共同应对时代难题成为可能。"对于双方来说,解释的任务在于,把他者的语境解释包容到自己的语境解释当中,以便在修正的基础上用'世界'对'我们的生活世界'背景下的'他者的'生活世界和'自我的'生活世界加以确定,从而尽可能地使相互不同的语境解释达成一致。"①在此,我们看到了哈贝马斯对于语言的重视,通过语言而实现的沟通摆脱了策略性和工具性的困囿,实现了社会主体相互之间的彼此承认和尊重。当然,在此,自我与他者并没有失去自身而同化到对方之中,而是保持了彼此之间的本真性存在,这种本真性存在相较于先前的存在状态已经达到了一个新的高度,因为这里面渗透了平等、理解、尊重、包容与和谐。"个人与其他个人之间是平等的,但不能因此而否定他们作为个体与其他个体之间的绝对差异。对差异十分敏感的普遍主义要求每个人相互之间都平等尊重,这种尊重就是对他者的包容,而且是对他者的他性的包容,在包容过程中既不同化他者,也不利用他者。"②在这个过程中,自我与他者改变了"你死我活"的绝对对立关系,实现了"你中有我,我中有你"的交往互动,在哈贝马斯更具实践色彩的早期著作《公共领域的结构转型》中其实已经蕴涵了这种交往行为理论的基本构思,而这也使他成为现代公共领域话语理论的重要代表之一。尽管哈贝马斯的交往行为理论引起了一定的质疑,但是它在重新诠释新时代条件下人与人之间的社会关系方面确实给出了诸多的启示,这将有助于我们将他者视角融入当下的权利话语体系,在促成社会和谐发展的层面上对权利问题展开新的思考。

权利的实现与发展过程必然展开于人们真实的社会交往和现实的社会实践之中,在其中发掘、培育、宣扬和落实和谐价值指引将具有重要的意义。和谐不是趋同、同化和和稀泥,而是"和而不同",是对差异的尊重和包容,是自我与他者的共在共融、优势互补,是人类生活共同体得以维系和发展最为根本

---

① 尤尔根·哈贝马斯:《交往行为理论》(第一卷:行为合理性和社会合理性),曹卫东译,世纪出版集团、上海人民出版社 2004 年版,第 100—101 页。
② 尤尔根·哈贝马斯:《包容他者》,曹卫东译,上海人民出版社 2002 年版,第 43 页。

和最为重要的理念。以和谐引导权利实现与发展至少应包含如下方面：第一，以和谐观念确立权利保障顺序，作为观念指引的和谐观念可以使制度制定者和操作者更加清晰地按照人的发展要求、社会的整体秩序以及人与自然持续共处的要求确立权利等级体系；第二，以和谐理念化解权利冲突，和谐理念对于整体匀称的强调可能在具体权利冲突的化解中对冲突各方进行统筹分析，从而给出化解冲突之道；第三，以和谐思维转换权利实现方式，通过从对抗式发展到非对抗式、从零和博弈发展到非零和博弈的和谐思维可以以更加温和的方式求取最优的权利实现方式；第四，以和谐理想指导权利发展方向，尊重差异、包容异类、拒绝排斥、营造共识、共融共存的和谐理想能够始终使处于发展变迁的权利向着人类共同的幸福生活目标迈进。①

权利所代表的个人主义取向需要和谐思想的调和、整理与优化，只有这些才能避免日益被神化的权利思维在导致社会共同体生活的碎片化和人类精神的虚无化中最终放逐和消解了权利自身。"和谐是承认、保障、实现人权的基本导向和主要方针。通过和谐的目标与思想宗旨，可以补正人权思想中的缺陷，可以弥合人权制度中的不足，可以使权利的实现更多地走向其终极目标：人自身的幸福。而避免在规范和制度操作的过程中迷失。以和谐指导人权，是未来社会发展的希望之路。"②在古今中外人类文化史的演进中，包含了深厚而丰富的和谐思想，对之加以深度挖掘和时代阐发，将有助于我们突破狭隘的个人主义局限，站在一个更为宏大的视野中看待日益紧密融合的人类生活共同体，这是我们理解权利问题的前提与基础。

第二节 权利至上的困境与批判

作为西方主流政治哲学话语的自由主义大都推崇并奉行权利至上的基本理念，这代表了政治现代性的基本旨趣。"权利属于我们，它构成了我们的存在；我们实践着它；它是我们的常识。权利不是与谬误相对，而是与义务相对。

---

① 参见何志鹏：《权利基本理论：反思与构建》，北京大学出版社 2012 年版，第 236—237 页。

② 何志鹏：《权利基本理论：反思与构建》，北京大学出版社 2012 年版，第 238—239 页。

它是自由的一部分，或者说是自由的本质。它源于人类对生活、对痛苦最少的生活的深切期望。对普遍的需求及其同整个自然的关系的分析，表明这种欲望不仅是一种空想。当一个人充分意识到自己需要什么，认识到自己正受到别人的威胁，而别人也正受到他的威胁时，这种意识即可被称为权利，并且可以被转化为一个与政治相关的术语。使社会机器运转起来的发条就是这种认识，它导致了这样的算计：只要他同意尊重别人的生命、自由和财产（对此他不会有天生的尊重），就会诱导别人也给予他相应的尊重。这就是权利的基石，一种牢固建立在个人利益之上的新道德观。"①在当代政治哲学中，罗伯特·诺奇克的权利理论是权利至上论的代表。权利至上论将权利作为政治理论构思的根基，并赋予权利以至高无上的地位和意义。权利至上论的哲学基础是原子式个人的自足存在，在权利与善的关系上则体现为权利绝对优先于善。正如同现代性的两面性一样，权利至上的政治话语在让我们感受到自我价值突显的同时也陷入到穷途末路的政治前景之中。

保罗·霍普认为，在当今西方国家存在严重的权利主义问题。"因为一些个人和组织对于行使或渴求'他们的权利'带着某种狂热与偏执，以至于往往到了迷信的程度。对权利趋之若鹜所带来的后果常常是：使得与对手协商、妥协，甚至接受争议本身都变得极其困难。一种基于权利的政治，必定会削弱民主治理的根基。"②在我们这样一个日益世俗化的时代，权利却仿佛被魅化到了一个前所未有的地位，似乎成为了主导我们生活世界的基本指针，围绕着权利序列而展开的生活在琐碎与斤斤计较之中渐渐失去了其本身的意义，原本能够充分展现人之存在价值的政治行动日益堕落为一种利益算计的交易行为，原本能够塑造和完善人之公共理性的政治话语日益变成一种喋喋不休的讨价还价……所有这些正是引起人们对权利至上的自由主义政治话语及其困境深表忧虑的地方。当然，我们在此对权利的批判性反思，"不是要对权利这一概念从根本上进行攻击。它也不是对特殊权利或者对整体权利观念的攻

---

①　艾伦·布卢姆：《美国精神的封闭》，战旭英译，凤凰出版传媒集团、译林出版社 2007 年版，第 120—121 页。

②　保罗·霍普：《个人主义时代之共同体重建》，沈毅译，浙江大学出版社 2010 年版，第 34 页。

击,而是要求我们对权利的某种轻率而又习以为常的思考与讲述的方式进行重新评估"。①

一、迈克尔·桑德尔对权利优先于善的驳斥

桑德尔是当代西方著名的共同体主义政治哲学家,在《自由主义与正义的局限》一书的最后部分,他对权利与善的关系问题进行了集中的阐述。② 在桑德尔看来,罗尔斯《正义论》的伟大之处就在于引发了政治哲学领域中的三种至关重要的争论:一是功利主义与捍卫权利的自由主义之间的争论;二是权利取向自由主义内部的激进派与平等派之间的争论;三是围绕政府等公共机构是否应该坚持价值中立而展开的权利与善何者优先的争论。③ 在这三种争论中第三种更为关键,因为与之相关的不是权利应该不应该得到尊重的问题,而是权利本身存在的真实性问题:没有任何先在良善观念支撑的权利是真实存在的吗? 在桑德尔看来,脱离任何良善观念的权利注定是虚幻空洞的,得不到维持自身存在的正当合理性证明,由此而引导的政治行动自然是空洞无力和毫无前途的。

权利优先论与自由主义国家政治理念所秉持的价值中立原则密切相关。在自由主义看来,政治生活中至关重要的不是实现公民的道德卓越或者促进某种良善生活,而是构思一种宽容公正的中立性政治秩序和管理框架去维护个体自我的权利。"中立性是自由主义所涉及的一个重要主题。……中立性原则要求政府在面对不同的社会是非观念时必须保持中立态度。也就是说,中立性原则可以确保政府能够公平公正地对待构成我们复杂的现代社会的不同群体和共同体。这对于避免政府鼓励民众去寻求某种特定的社会是非观念是很有必要的;这样可以避免政府由于明确地支持某些行为而贬损其他的行

---

① 玛丽·安·格伦顿:《权利话语——穷途末路的政治言辞》,周威译,北京大学出版社2006年版,第20页。

② 在《公共哲学:政治中的道德问题》(迈克尔·桑德尔著,朱东华等译,中国人民大学出版社2013年版)中对该部分也有收录。

③ 参见迈克尔·J.桑德尔:《自由主义与正义的局限》,万俊人等译,译林出版社2001年版,第223—225页。

为,从而让个人拥有决定生活价值的权利。"①中立性原则指引下的政治规划必然看重程序的重要性,以力求公正的程序设计来优化日益多元化的社会格局,而且这已经成为自由主义政治哲学的基本主旨,桑德尔将之称为"程序共和国"。在包括桑德尔在内的西方共同体主义者看来,这种所谓的价值中立原则不仅是不可能的(因为价值中立背后也隐藏着一定的价值观念和道德意指,所谓事实与价值的绝对二分仅仅是一种自我臆想而已),而且在政治实践中强行对之加以推行以施行所谓的价值观念不干涉主义则会导致个体存在原子化和社会碎片化趋势的进一步加剧,道德无政府主义和价值虚无主义更为严重,公民美德丧失乃至公民权利的最终消解。

　　在桑德尔看来,罗尔斯《正义论》中对于政治正义原则的构思就基于此价值中立原则,由此所引申出的权利优先论与康德式个人观念相联系,即自我存在是不受先在的任何道德约束的,能够在国家和政府所提供的价值中立框架中自主选择自我的目的,如果将某种良善观念加之于权利之上则有可能造成对他人权利的干涉甚至破坏。"一个道德的人是一个具有自己选定的目的的主体,他的基本偏爱取决于条件,这些条件使他能去构造一种尽可能充分地——只要环境允许——表现他作为一个自由平等的理性存在物的本性的生活方式。"②然而,脱离了道德约束的自我必然会造成义务的混淆不清和责任的难以界定,更为重要的是公共责任将会由此而迷失。"权利优先于善的主张以及维护这一主张的人的概念,不仅使康德式自由主义与效用主义对立,而且与任何认为我们有义务完成不是我们自己选择的目标——例如自然或者上帝所赋予的目的,或者我们作为家庭、民族、文化或传统的成员而获得身份所赋予的目标——的观点相对立。"③也正是这一点引起了人们对罗尔斯权利优先论的质疑和批判,并促使罗尔斯在后来的《政治自由主义》中对这个问题进行修正式的回复。罗尔斯区分了"政治自由主义"和"完备自由主义",并指出

---

① 保罗·霍普:《个人主义时代之共同体重建》,沈毅译,浙江大学出版社 2010 年版,第124页。

② 约翰·罗尔斯:《正义论》,何怀宏等译,中国社会科学出版社 1988 年版,第 564 页。

③ 迈克尔·桑德尔:《民主的不满:美国在寻求一种公共哲学》,曾纪茂译,凤凰出版传媒集团、江苏人民出版社 2008 年版,第 13 页。

政治自由主义不再求助于康德式个人观念,不同于以道德理性的名义来追求完美政治设计的完备自由主义,拒绝因完备性学说引发的各种道德、宗教争议,致力于一种充分宽容的"重叠共识"。"倘若公平正义能使一种重叠共识成为可能,那么它就可以使肇始于三个世纪以前的通过人们逐步接受宽容原则、并导致出现不支持某一特定教派的国家和平等良心自由的那种思想自由运动得到完善和扩展。如果民主社会的历史条件和社会环境业已既定,那么对于达成一种政治正义观念的一致契约来说,这种扩展就是必要的。把宽容原则运用于哲学之中,这本身就是让公民自己按照他们所自由认肯的观点来解决各种宗教问题、哲学问题和道德问题。"①在罗尔斯看来,现代民主社会中存在多元的道德观点和宗教观点,人们不再以完备性道德理想和宗教理想来塑造公共政治生活,重叠共识为正义原则提供了新的支持,所谓政治美德仅仅是由于能够维护人民权利的立宪政体才得到普遍的肯定。

桑德尔认为,罗尔斯在《政治自由主义》中对权利优先于善所作的辩护并不成功。因为罗尔斯所强调的理性多元论事实不仅仅存在于道德和宗教领域,同样存在于正义领域之中,所谓维护权利的政治正义观念必然依赖于道德观念和宗教信仰,对道德和宗教观念进行强硬的括置会导致我们付出非常高的政治代价。"一种彻底撇开道德和宗教的政治很快就会产生祛魅效应。在政治商谈缺少道德共鸣的地方,对具有更大意义的公共生活的热望就会表现得让人失望。像'道德大多数'和基督教权利组织这样的群体,都寻求用狭隘的和缺乏宽容的道德主义来装饰这种赤裸裸的公共广场。在原教旨主义甚嚣尘上的地方,自由主义者只能望而却步。祛魅也有了更多的世俗形式。由于缺乏一种表明公共问题之道德向度的政治日程,公共注意力只会盯住公共岗位上的私人问题不放。公共商谈日益倾心注目于各种花边新闻和'调侃秀'(talk show)所提供的丑闻、刺激性绯闻和忏悔故事,最后连主流媒体也掺乎其中。"②在《民主的不满:美国在寻求一种公共哲学》中,桑德尔运用大量的事实表达了类似的观点。在道德观念和宗教观念问题上避而不言、保持缄默,任

---

① 约翰·罗尔斯:《政治自由主义》,万俊人译,译林出版社 2000 年版,第 163—164 页。
② 迈克尔·J.桑德尔:《自由主义与正义的局限》,万俊人等译,译林出版社 2001 年版,第264—265 页。

由权利恣意妄为,标志着程序共和国的来临,也意味着真正的自治和共同体生活的丧失。必须要看到,包括桑德尔在内的西方共同体主义者对权利优先论的审慎理解,包含了对于日益空泛化、表面化、形式化、空洞化的权利政治话语的批判性反思。

二、日益空洞化的权利话语

哈佛大学资深法学教授玛丽·安·格伦顿在《权利话语——穷途末路的政治言辞》中,对权利成为主宰一切的政治话语的状况表示了深深的忧虑:"我们的权利话语就像是一本载满词汇和短语的书,但却缺少语法和句法。规定或者提议了各种各样的权利。由此拓展了个人自由的范畴,但却未对它们的归途、彼此的关联以及它们与相应的责任或者总体福利的关系给予太多地考虑。……在我们多元化的社会里,当人们沉溺于过分单一的权利话语形式时,我们不必要地增加了导致社会不和谐的事端。对那些利益冲突、观念各异的个人和群体而言,建立同盟、达成妥协,或者哪怕是获得最低限度的相互克制、彼此理解以促进和睦共处、深入交流,都变成了一个难题。我们简化了的权利话语有规律地促使短视的作为胜过了长期的打算,危机的零星干预压倒了系统的预防措施,特殊的利益凌驾于公益之上。当前,面对自由、多元的现代社会,它恰好无法胜任解决此类问题的工作。"①在权利主宰一切的政治话语体系之中,理智而审慎的道德判断力和丰富而充沛的道德情感在权利政治实践中渐趋式微,我们能够开展和谐对话交流的道德根基遭到无情削弱,面对公共责任更多地展现出了极端个人主义的无情缄默,美德的丧失使我们在个人偏狭的原子化趋向中继续跑偏。

格伦顿将权利绝对化时代我们的自我形象称为"孑然而立的权利承载者",个体化自我的自决和自足被无穷地放大,我们孤独的品性被异乎寻常地培养起来,在言语交流中达成默契的欣喜感正在远离我们。更为严重的情况是我们完全对此不以为然而安享于自我日益狭小而封闭的空间之中,所谓与

---

① 玛丽·安·格伦顿:《权利话语——穷途末路的政治言辞》,周威译,北京大学出版社2006年版,第18—19页。

他者的交流渐渐单一化为围绕单纯的基于利益的权利维护和保障而展开的讨价还价，权利话语的一家独大正在让我们滑向一种缄默和独白的状态，真正富有生机的民主社会似乎正在离我们越来越远。单纯依靠权利维系的民主国家在调动广大社会民众参与社会公共治理的道路上步履维艰，越来越多的普通民众沉浸在个人私生活快乐的追求和国家所提供的福利安乐之中，而对更为宏大的公共政治事业不闻不问，政治参与的热情正在普遍下降，公共责任感正在丧失，能够促成社会共识和协调共存的公共话语交流越来越少，真正富有生机的社会民主治理正在渐渐远离。"一个生机勃勃的民主社会，一个从个人自由与总体福利之间存在的张力中激发创造力的社会的维系，恰恰要求对此类事项进行一种持续性的讨论。如果政治话语只是让一边的声音戛然而止，那么自由主义自身便会处于危险之下。然而，这恰是我们简单的权利方言经常为之的事情。"①当我们习惯于以权利来意指所有对我们而言至关重要的东西时，我们其实就已经失去了生命中最重要的某些东西，比如责任、信任等，正是这些道德话语所具有的他者向度在构成和完善着我们的自我。如果顽固地执着于日益封闭的自我权利，任由社会公共责任的不断迷失和共同体生活根基的销蚀，那么我们时代的自我形象注定是孤独而可悲的。因为共同体、责任、积极他者等在遭到消解的同时，"我是谁"这样一个自我认同的根本问题必然也将陷入到困惑与迷茫之中。

当下，充斥在社会生活一切领域中的权利话语似乎正在流行为一种时尚品，我们习惯于以权利的名义来掩盖自我自私狭隘的利益追求，不断膨胀的自我欲望在权利的光环下高调地张扬着自我中心主义的价值信条，公共讨论的权利论争所折射出的也正是这种自私而狭隘的个体维度……权利话语的泛化，隔断了理性探讨和审慎协商的可能，让自我在表面熙熙攘攘而实则独白沉默的状态中日趋浅薄和僵化。"张口权利、闭口权利的公共话语容易迎合一个问题所具有的经济的、眼前的和个体的维度，但同时却常常忽视了其所具有

---

① 玛丽·安·格伦顿:《权利话语——穷途末路的政治言辞》，周威译，北京大学出版社2006年版，第145页。

的道德的、长期的以及社会的内涵。"①仿佛权利真正取代上帝成为了一切价值评判的最终标准,仿佛一切都可以以权利的名义来进行,我们每个人都是权利的斗士,我们每天都在为权利呐喊,但"我们真正捍卫的权利是什么"、"我们为什么要这么做"等问题却处于晦暗不明的状态之中。从更深的层次来看,权利形成于个人意识的觉醒和对差异的高度认可,而被泛化的权利则在趋同中消解着权利生成之初的积极意义,因为我们对于他者差异的容忍与宽待越来越糟糕,社会在为权利的呼告奔走中渐渐失去了原本欣欣向荣的和谐共存局面。

以权利而言及一切的权利话语泛化导致了权利本身的空洞化,因为权利仿佛已经成为自我欲望及其实现的代名词,权利所蕴涵的自我积极构成、自我与有意义他者的交流互动、自我生成和发展于其中的共同体氛围正在消失。"由于权利观念的提出以及根据权利观念所作出的法律制度安排,把人们之间相互依存的主观内容几乎完全抹杀了,使人们在心灵上变得相互隔离了。……在行为上,人们往往用个人利益的效用最大化之标准来取舍与他们发生关系的内容。结果,人们之间的合作就完全成了工具。"②权利话语在实用主义的工具理性思维中日益失去了其实质内涵和深厚意蕴而空洞化。日益空洞化的权利话语在不顾一切的自我膨胀中无法维持其所宣扬的尊重、平等、宽容等基本取向,仅仅靠脱离了道德支撑的权利话语所维持的社会正义体系在促进社会和谐的具体政治行动中显得苍白无力。在这种状况下,个体原子化和社会碎片化的状况进一步加剧,社会有效联合的共同行动和共同体紧密融合的和谐状态变得越来越不可能。我们在权利的坚定维护和捍卫中看到的是自私、狭隘、盲目和越来越严重的短视,我们在疯狂推进权利的道路上感受到更多的是迷茫、困惑、无助和孤独,我们在实现权利的过程中品味到的是欲望满足的肉体快乐和精神低落的意义荒芜相互并存的五味杂陈。

---

① 玛丽·安·格伦顿:《权利话语——穷途末路的政治言辞》,周威译,北京大学出版社2006年版,第226页。

② 张康之、张乾友:《共同体的进化》,中国社会科学出版社2012年版,第174页。

第三节 认真对待权利:权利的道德奠基

必须看到,将世俗化的被剥离了道德意蕴的个人权利作为政治构思与公共筹划的先在原则,以程序主义权利维护来对待原本意义丰富的人类公共政治生活,会让我们患上严重的制度依赖症,并在面对复杂多变的政治际遇时愈加难以从容应对,真正对"我们"共同发展具有重要意义的"人类权利"难以得到保障和维系。因而,权利至上的程序主义态度,并非我们对待权利的认真态度! 我们在此借用自由主义者罗纳德·德沃金的说法"认真对待权利"来表明对权利与善之间的关系的重视,力求为日趋空洞化的权利进行伦理奠基,赋予其激发政治行动力的实质性内涵。

一、肯认权利的道德内涵

权利,绝不仅仅是一种个人利益的法律维护,更为重要的是包含了深厚的作为潜在正当性解释的道德内涵。这两个方面是紧密联系在一切的,并且后者更为关键和根本。因而,权利关乎人类的整全存在,必须要融入积极的道德意蕴,正如鲁道夫·冯·耶林所言:"为权利而斗争是一种权利人对自己的义务。主张自我生存是整个生物界的最高法则;在每个生物中,众所周知,都存在自我维护的本能。然而,之于人类,这不是仅关乎自然之生命,而且关乎其道德存在,但人的道德存在的条件是权利。在权利中,人类占有和捍卫其道德的生存条件——没有权利,人类将沦落至动物的层面,那么,恰如罗马人从抽象法立场出发,始终不渝地把奴隶与动物同等看待。因而,主张权利是道德的自我维护的义务——彻头彻尾地放弃此义务,虽然现在不再可能,但过去有可能,是道德上的自杀。"①自由主义权利话语的问题就在于放弃了权利背后的道德意指,仅仅从所谓个人利益维护的法规规范层面来理解权利,忽视或遗忘了能够给予权利话语以滋养和支撑的道德观念和文化传统,结果让权利陷入无根的飘摇状态之中。当然,必须要厘定我们有关道德的基本认知,因为在现

---

① 鲁道夫·冯·耶林:《为权利而斗争》,郑永流译,法律出版社 2012 年版,第 12—13 页。

代性发展的进程中对道德产生了严重的误解:"最初追求的即使不是自私的享乐——未来的历史学家在回顾历史时,不会把我们看作知道如何'享受'的享乐主义者,尽管我们一直在谈论这个话题——至少是在追求避免和缓解痛苦与悲伤,它后来却被歪曲成了一种生活方式和权利,成了道德优越的依据。无拘无束的舒适生活就是道德。"①这种道德的误解是基于人的自然欲望满足和人的独白式原子化存在状态而得出的,而我们在此的道德观点则融入了共同体生活中积极他者的视角,是对自我与他者在超越现实达至理想的进程中相互关系的审慎考量和理性评判。

当我们提出一种权利要求时,必然同时也作出了一定的道德判断。作为权利主体的我们每一个人都生活在一个现实的共同体中,权利要求的作出必然融入了所生活于其中的共同体的道德意象,是基于对自我与周围的他者的各种关系加以审慎考量的结果。这种权利要求包含了自我对社会价值观念和自我价值信条的理解与把握、对当前生活现实状况的突破与超越、对周围生活环境的判断与评价、对自身未来的期许与希望⋯⋯所有这些已经远远超出了法律规范所能包含的内容与意义。单纯外在的法律规范所能给予人在公共生活中的最低限制,远远不能满足人所应具有的无限性精神存在的意义要求,而道德则为我们开启了一片可以在更广阔空间自由实现的空间。我们永远占据不了道德的至高点,因为在现实意义上的我们不可能是完满的存在,但是正是道德可以让我们面对社会现实提出优化自我与他者利益关系的权利要求。

同样,权利的实现也离不开道德力量的支持和推动,我们只有在共同体生活的各种关联中才能将所提出的权利要求变成现实。现实社会生活的多元性要求我们在自我权利实现的进程中必须实现自我与他者价值观念的碰撞、交流与融合,并由此而引导相互之间的实践行动;否则在一种封闭而独白的状态下,权利的实现只是痴人说梦。权利实现过程中有可能出现的权利冲突化解问题,同样离不开道德力量的积极作为。面对复杂的权利纠纷关系,一味诉诸于程序主义的形式化解,有时候只会让我们沉浸入喋喋不休的诉讼辩论之中

---

① 艾伦·布卢姆:《美国精神的封闭》,战旭英译,凤凰出版传媒集团、译林出版社 2007 年版,第 191 页。

而无助于现实利益矛盾关系的理顺；此时，道德及其评判力量在应对权利冲突的积极作用就显现出来，因为它让我们拥有了自由裁量的空间，也让我们在自我权利维护中融入了对他者的体恤、认可和承认，正是道德的存在为平和商谈的协商伦理机制在现实社会关系处理中发挥作用提供了可能性空间。我们在脱离道德的自由主义权利实现进程中所遭遇道德困境与难题已经很好地证明了这一点。也正是在这样一种意义上，权利所代表的政治哲学之实践智慧需要道德所代表的伦理哲学的指引方能体现出来。

我们还必须看到，具体社会实践中的权利评价同样离不开道德的作用。随着社会多元化的深入发展，人们的权利要求和权利表达也会相应地发生变化，我们需要适时地在法律体系中调整我们的权利序列。"值得关注的是，权利本身是一个发展的概念。权利之船的引航者们、权利的探索者们不仅在作为权利基础的伦理学和道德问题上进行不懈努力，而且将视野投到了更为广阔的区域，又发现了崭新的目标。"[1]因而，在此就出现了权利的评价问题。我们依据什么进行权利的优先性排列呢？在此，权利评价者的道德素养以及由此而形成的公共责任意识就显得至关重要了。面对复杂且充满偶然性的社会现实，法律制度所实现的调整作用具有一定的滞后性，此时经过生活共同体长期文化熏陶并在与其他社会成员交往过程中内化形成的道德自觉，将在权利取舍与排序中发挥重要的作用。"法律权利并不能自我证明，还需要得到诸如道德等其他原理的支持。换而言之，法律可以成为评判和批判的对象。而道德则具有相应的这种评价和批判的功能。对此，沃尔德伦有这样一段精辟的论述，道德规范体系与其说是以一种肯定的或描述性的精神提出来的，还不如说是以一种批判精神提出来的，它虽然可能比法律体系要模糊或富有争议，但这不足以表明因此有必要抛弃像道德权利这样最富有成效和重要的批判性概念。"[2]此外，对一项具体权利的实现程度的评价同样也要依赖于评价者长期以来形成的道德意识和伦理观念，因为从根本意义上来讲，权利是属人的，离开了活生生的人及其复杂多变的情绪体验、心理感受、人格认知、道德意识、

---

[1]　何志鹏：《权利基本理论：反思与构建》，北京大学出版社 2012 年版，第 217 页。
[2]　李建华：《法治社会中的伦理秩序》，中国社会科学出版社 2004 年版，第 139 页。

伦理观念等,所谓权利及其评价和判断是没有任何意义的。这也验证了我们此前曾经提出的超历史权利的虚妄性,只有真实生活于各种各样共同体之中的现实的个人才可能拥有权利并对权利进行评判和取舍。

二、查尔斯·泰勒:权利背后"善"的表达

自由主义存在着对善的严重忽视,这是造成自由主义理论与实践困境的重要原因。"在自由主义心理学中,理性的道德与欲望的道德之所以失败,就完全是由于它们要么将善当做某种不可知的东西,要么是以这样的一种方式——以此方式,在关于应该如何去做上,我们莫衷一是——去界定它。在自由主义政治理论中,一种关于善的观点的缺失,使得去证成任何对权力的运用都变得根本不可能,而这种不可能,又为在那个思想体系中所有关于立法与裁判的学说之间的不连贯性所加强了。我们对于善之本质的视而不见,在现代社会中变成了一种日常经验与一种现实性的历史力量。"①然而,任何权利诉求背后都有"善"的观念的支撑和维系,这些善渗透于我们日常生活的方方面面,代表了一种积极、崇高、卓越、值得推崇的生活样式,并时时刻刻影响和改变着我们的生活。因为文化的多元化发展,善也呈现出来了多元性特征,但多元并不是无序和杂乱无章,借助于表达与交流,多元性的善能够在现代公共生活中发挥积极的构成性力量。在西方共同体主义者查尔斯·泰勒看来,权利至上论的产生是因为原本丰富而多元的善遭到了现代性一元论的压制,结果造成了精神崇高趋向的失落,日常生活在琐碎中流于平庸。要改变和化解权利至上论的困境就必须对遭到压制的多元性善进行重新表达,只有这样才能让善再次获得授权性力量以推进我们实现生活和谐的实践行动。

对于查尔斯·泰勒而言,有关善的表达体现在如下方面:(1)道德价值观基础的表达能够加深表达者自身的理解;(2)道德价值观背景的表达提高了对道德生活复杂性以及现代个体坚持不同领域的善的自觉;(3)表达可以推进价值观的理性辩论,以一种更充分和更清晰的方式理解道德反应的基础能

---

① 罗伯特·曼戈贝拉·昂格尔:《知识与政治》,支振锋译,中国政法大学出版社 2009 年版,第 342 页。

够促进对善的理性评价,这有助于反驳仅凭个人偏好、欲望满足和简单兴趣进行道德选择的相对主义观点;(4)不断推进的道德表达有助于对竞争性道德研究路径的批判,矫正现代道德哲学正在不断自我强化的不可表达性;(5)对道德框架和来源的表达能促进对所认同的善的道德责任和忠诚;(6)道德表达具有内在批判的作用,可能避免对于善的视阈的曲解和遮蔽。① 在泰勒看来,澄清和厘定表达及其道德意蕴能够呈现我们日常生活背后隐藏各种善的观点及其文化支撑,让我们在面向根源存在的道路上对自身的本真性状态保持清醒而理智的认知,这有助于缓解并救治我们已经患上并正在日趋严重的道德狂躁病和文化失忆症。这种对于善的表达并不是一劳永逸的,而是一项历史性推进的文化事业,我们在泰勒《自我的根源:现代认同的形成》所作的现代性概念史考察中印证了这一点;泰勒通过对现代性自我根源的历史文化追溯向我们表明,表达的道路没有终点,表达的空间无限广阔,表达是一项永恒的自我构成事业,是一种面向未来的积极历史追忆——这不是在历史的故纸堆里抱残守缺和空自悲叹,而是在文化寻根的征程中借助话语的力量整装待发。通过泰勒对于表达的强调,我们看到了语言对于人的自我生成所具有的重要力量,这既来自于对自我既定文化根基的话语坚守,同时又来自于对他者文化视野的开放包容。

表达离不开语言,为了更好地了解对于权利背后善的表达,我们需要在此对泰勒为代表的语言存在论观点及其政治哲学面向略作介绍。在西方文化传统中,一直就存在着一种"人是语言性存在"的思想主张,自亚里士多德伊始,包括赫尔德、洪堡、维特根斯坦、海德格尔等人在内的语言哲学观就属于这一思想文化传统。泰勒在其政治哲学阐发中所贯穿的语言存在论思想,就是对这一文化传统的继承和发展。泰勒批判了语言工具论的倾向,将语言与人类的自我确证和存在处境相联系,并以此来构思"共同体和谐生活如何可能"这一政治哲学的根本问题。

泰勒强调语言"解释"对人之本质构成的重要性,这种强调透露出一种与"游离性观点(the disengaged view)"完全相对的"介入性观点(the engaged

---

① 参见 Ruth Abbey,*Charles Taylor*,Acumen Publishing Limited,2000,pp.41-46。

view)"。前者代表了近代以来流行的主客二元对立的思想倾向,而后者则立基于生活世界的整体观念强调共在、共处、共融、共荣的协同观念和休戚与共感。介入性观点是对近代以来自然科学所强化的人之绝对优先地位的扬弃,也是对古老的"伟大的存在之链"观念的现代复兴,很好地呈现了世界构成的意义整体性和作为语言动物的人对这个世界的共享性。"语言性动物都拥有一种语言,正是由于这种语言世界呈现了不同层次的意义。……每个人都进入了一个相同的、共享的世界。"①对于泰勒而言,解释是人类生存经验的本质组成,人作为一种"自我解释的动物"而处于对完全解释的追求进程之中,并由此实现对人生意义的无穷追索和自我存在的形而上反思。当然,解释需要一定的思想依据和文化背景,这来自于解释者所生活于其中的通过理性对话与平和交流所形成的充满历史文化积淀和存在价值意蕴的话语共同体。泰勒的"解释",并非简单地通过传递信息的方式而进行所谓的形式刻画和客观描述,而是要深入文化传统之中与历史对话、融入生活之中与他者互动、思入精神之中对自身的知识基础和文化背景进行反思和检视,是以语言来呈现解释者和被解释者相互关联的共同体生活,并由此而折射一种形而上意义上的存在状态。借助于这种语言表达和自我解释,泰勒对于权利背后隐匿的道德本体论进行了澄清和展现,恢复了我们的权利诉求与道德根源之间的紧密联系,为权利至上论所表征的主客二元对立的分离和游离状态的终结提供了可能,并赋予了权利话语以勃勃生机和对于公共生活的构成性力量。

三、权利虚无主义批判与权利共在状态构思

必须要澄清一点,那就是对权利的伦理重构并非要消解权利而是对权利至上论的扬弃和对权利与善之间复杂关系的审慎呈现,因而在此要拒绝权利虚无主义。根据 L.W.萨姆纳的观点,权利虚无主义出于对权利语言滥用而导致的权利论争力下降的忧虑和恐惧而坚持认为世界上根本就不存在什么权利,不必重视什么权利的要求。这种权利虚无主义坚持权利只是一种虚构或

①　Arto Laitinen, *Strong Evaluation without Moral Sources: On Charles Taylor's Philosophical Anthropology and Ethics*, Walter de Gruyter, 2008, p.67.

幻觉,在如下两个方面对权利的存在构成了挑战:一是认为道德权利概念是混乱或荒谬的,并不是任何人都拥有所有权利,比如贫穷国家的成员不可能拥有得到援助的权利,这是一个概念性的挑战;二是认为一个具体的权利要求可能是合理的但却是错误的,合理性是正确性的必要条件但不是充足条件,贫穷国家的成员没有得到援助的权利是因为他们实际上没有这种权利,这是一个现实性的挑战。① 这两个方面的挑战实际上都是围绕着权利的绝对平等而展开的,前一种挑战针对的忽视文化差异的权利普世主义观念,放之四海而皆准的权利概念是脱离了社会文化语境的自我臆造;后一种挑战针对的缺少协商交流的权利道德主义,以慈善的道德名义强行实践所谓权利正义体系同样也是对于权利进步观念的逆反。尽管我们不能由这两个方面得出权利为虚构或幻觉的虚无主义结论,但是这两种挑战确实也为我们完善后现代的权利观念提供了重要启示。

权利虚无主义的出现反映了脱离道德支撑的程序主义权利至上论所造成的权利空洞化问题,同时也折射出了以个体化道德自觉消解权利规范性所引发权利私人化问题。然而,"作为一种制度性的安排,权利是社会文明与进步的产物,也是社会文明与进步的标志。对权利的尊重是对人类历史的尊重,对权利的保障是对人类生活方式和生活图景的保障。"②因此,我们不能由此对权利的真实性存在产生质疑,权利的现实意义就在于能够在自我与他者之间、在理想与现实之间、在个体与共同体之间保持了适当的张力,在其中个体独立的人格尊严、对他人正当权利的充分尊重、对肆意侵害权利行为的抗争都充分地体现出来,这也正是权利之道德意义最重要的展现。权利虚无主义则看不到权利在维持社会合理化运转进程中的积极作用,在权利问题上抹杀了一切可能的客观性标准,并将权利这一重要的政治哲学概念在现代政治理论体系和政治实践行动领域之中彻底放逐。权利虚无主义并非对权利的批判性积极重建,而是一种纯粹消极的解构主义态度,无助于我们推进现代政治实践的和谐趋向。必须看到,权利观念和权利意识毕竟展现了近三四百年以来人类整

---

① 参见 L.W.萨姆纳:《权利的道德基础》,李茂森译,中国人民大学出版社 2011 年版,第9—10 页。

② 何志鹏:《权利基本理论:反思与构建》,北京大学出版社 2012 年版,第 263 页。

体生活状态和社会发展进程的进步趋向，关键是我们围绕权利问题在经历了众多的困难、挫折、反复之后如何来看待当下和未来的权利走向。上述权利程序主义和道德主义及其引发的权利虚无主义问题必须被批判性超越，因为其中蕴涵的都是一种独白化、静态化的权利构思路径，面对日益开放和多元化的社会现实我们需要的是一种商谈性、动态化的权利致思进路。

基于上述的思考，我们在这里尝试着提出权利共在状态问题并对之进行一定的构思，以期对面向未来的权利发展问题有所助益。首先，是权利意识培养中的他者向度。也就是说，我们在权利意识的培养和塑造中要淡化极端的个人主义倾向和过分的自我本位态度，而是应该适当地融入积极他者的视角，要看到共处于一个共同体中的他者对自我权利实现的构成性作用，打破局部、狭隘、封闭的观念，从更为整体、长远和开放的层面上来改变自我权利意识中的对立思维，在潜移默化中让积极他者的构成性意义渗透进自我的权利观念体系之中。其次，是权利具体实现中的承认关系。围绕利益而展开的权利实现行动需要我们在不断推进的社会交往中实现互主体性的彼此平等承认关系，在一个相互联系日益密切的时代实现长远发展就必须以相互信任的态度将对方置于同样平等的主体地位来加以对待，以邻为壑、此消彼长的对立关系所导致的必然是两败俱伤的最差局面，只有构筑其真正平等承认的社会交往关系才能实现共存、共融、共荣的良好状态。再次，是权利维护行动中的宽容精神。现实社会实践中避免不了权利冲突问题的发生，顽固捍卫自身一己利益而毫不让步实不足取，此种情况下特别需要的就是宽容精神，用一种建设性的态度来看到处于冲突关系中的对方，设身处地，换位思考，在彼此面前将会打开一片更为广阔的生活空间。最后，是权利整体考量中的和谐旨归。理解权利问题需要突破狭隘的"小我"，将"小我"放置于实际生活的共同体之中，化身为"大我"进行更为宏观的权利考量，我们就能发现权利的和谐旨归，"人对人就像狼对狼一样"的权利敌对模式仅仅代表了权利观念生成初期的不成熟状态，面向未来的权利格局将必然是和谐共在的。

正确而全面的认识权利问题，是我们从政治哲学角度深刻透视和谐问题的重要组成部分。权利作为规范的法律用语，体现了社会现代化以来人格独立、政治发展与社会进步的基本趋势；权利同样离不开文化传统、道德观念、伦理意识等的共同滋养和维系,这是权利之现实性的重要体现。作为政治现代性的一个非常重要的方面,权利在其发展进程中也充分展现了其积极与消极并存的两面性。权利的未来发展需要遏制日趋膨胀的自我本位意识,并在与积极他者的交往互动中实现自我超越,站在促进共同体成员和谐互动的立场上权利才能得到真正的实现。"人伦关系的最简洁的表述是自我—他人。他人是一个坚硬的事实。显然,在纯粹的个人状态中,将不存在权利,也不需要权利。这表明,权利是在与他人的关系中存在的。"①权利理解的他者视角对于促进我们真正的法治化进程乃至最终实现善治具有极为重要的意义。积极而广泛地借鉴包括西方共同体主义在内的各种政治哲学思想对权利进行伦理阐释,是我们面对日益多元化、复杂化社会发展现实所作出的明智而审慎的选择,这也是我们促进社会和谐发展的重要保证。

---

① 詹世友:《论权利及其道德基础》,《华中科技大学学报》(社会科学版)2013 年第 1 期。

第 六 章

和谐理念引导下的中国问题反思

　　全球化时代的政治哲学带有普遍的人文关怀和强烈的实践指向,西方共同体主义很好地体现了这一点。西方共同体主义理论中虽未明确出现有关"和谐"理论话语,但在政治哲学理论构思和思想阐发中却渗透着浓重的和谐意蕴。立足我国社会发展实践,深入剖析西方共同体主义内涵的和谐思想,将有助于我们深入反思我国和谐社会建设进程中的诸多现实问题。

第一节　和谐转型:从现代性启蒙的观点看

　　我国当前正处于社会转型时期,从现代性启蒙的角度来看,就是从传统伦理社会向现代市民社会的转型。在整个社会转型的进程中,人的自我意识的发展以及由此而呈现出来的文化自觉是最为重要的因素,将从根本上影响到我国的经济市场化、政治民主化进程以及新时期社会主义文化的大繁荣、大发展事业。从现代性启蒙的角度考察我国社会的转型发展,能够厘清我国传统伦理社会的基本特质并更为清晰地呈现向现代市民社会过渡的积极因素和消极障碍,从而有助于我们在社会和谐转型的道路上走得更加自觉而从容。

一、现代性启蒙的历史考察:主体意识的不断生成

　　英文中"启蒙"是 enlightenment,其词根是"光"(light),用作形容词有"明亮"之意,用作动词有"点燃"、"使发光"之意;enlighten 意味着人通过开导与启发而摆脱无知、偏见与迷信,这一点在柏拉图的"洞穴假相"中得到了最为经典的诠释。汉语中"启"即打开,"蒙"即蒙昧;所谓启蒙也就是使初学者得

到基本的入门知识。由此可见,"启蒙"在中西语境中的基本含义是相同的。

18世纪的法国启蒙运动开启了对文艺复兴时期人类理性运动的复兴,包括伏尔泰、孟德斯鸠、狄德罗等一大批思想家在批判感性的基础上提出了理性启蒙的口号;而德国的启蒙思想家则以其特有的理性思辨提出了启蒙运动的新口号:"要有勇气运用你自己的理智。"(这口号最早由罗马诗人贺拉斯提出,在康德那里得到了全面的阐述)康德从卢梭的自由思想中吸取了人类的自主概念,相信人类的命运需要为自己立法,人类为自己确立的法则就是理性。康德将理性置于其哲学的核心位置,并认识到近代科学的世界观对道德与宗教所带来的威胁,因而如何规定科学的范围和理性的适应程度就成为德国启蒙思想的一个重要的问题。针对当时启蒙运动的争论,康德指出:"启蒙运动就是人类脱离自己所加之于自己的不成熟状态。不成熟状态就是不经过别人的引导,就对运用自己的理智无能为力。当其原因不在于缺乏理智,而在于不经过别人的引导就缺乏勇气与决心去加以运用时,那么这种不成熟状态就是自己所加之于自己的了。"①人类如何才能摆脱自己所加之于自己的不成熟状态? 宗教为人类提供了最为纯粹的根据,人可以不根据自己的理智判断就能够决定自己的行为规范,但这样显然与人类的理智能力形成了明显的矛盾。康德提出的解决方案是把人看作具有理性自主能力的人,而不是法国启蒙思想家所认为的机器,"必须永远要有公开运用自己理性的自由,并且惟有它才能带来人类的启蒙"。② 康德对"什么是启蒙"的回答是近代科学理性反思的起点。由霍克海默和阿多尔诺合著的《启蒙辩证法》代表了当代启蒙的开端,他们认为启蒙不仅仅是使人摆脱自我原先的未成年状态,而且是最终以主体的意识去支配和统治一切外在的、对象化的事物;以此理性的精神就以逻辑的、思辨的或者分析的方式对人类本能的、先天的自我进行着一种貌似合理的统治。米歇尔·福柯在康德启蒙概念的基础上强调了启蒙的批判性,他指出:"在某种意义上,批判是在启蒙运动中成长起来的理性的手册,反过来,启

① 康德:《历史理性批判文集》,何兆武译,商务印书馆1990年版,第23页。
② 康德:《历史理性批判文集》,何兆武译,商务印书馆1990年版,第23页。

蒙运动是批判的时代。"①西方的启蒙绵延了几百年依然在前行,正是这种启蒙不断地开启着人的智慧,发掘着人的潜能,推动着西方市民社会的不断完善和发展。

中国的启蒙思想开始于明清时期,当时主要是针对宋明理学对人性的压制与束缚而展开的批判。明代万历年间的李贽提出了"童心"以反对宋明理学的虚伪,他认为,古往今来的人都有一颗"童心"。所谓"童心"也就是人人都有的趋利避害的"私心",所谓的伦理道德不过是吃饭穿衣,是童心的集中表现。"人只有根据'童心'说话,所说的话才是真话;根据他的'童心'办事,所办的事才是真事;根据'童心'而生活的人,这个人才是真人。"②后来的黄宗羲、顾炎武、王夫之等人也分别以不同的方式传播了启蒙思想。这时的启蒙思想反映了刚刚在中国有所觉醒的市民阶层的利益要求,但是他们的声音在当时十分微弱。随着清王朝统治的稳固,启蒙主义思想转向沉寂。1840年后,民族危机和社会危机加深,西方学说传入,旧的传统纲常不断受到冲击,启蒙主义再次复兴,以龚自珍、魏源为代表的地主阶级改革派,以洪秀全、洪仁玕为代表的起义农民,以康有为、梁启超、严复为代表的资产阶级改良派和孙中山、章太炎为代表的资产阶级革命派,纷纷向扼杀人性、泯灭良知的传统伦理道德展开了新的冲击和批判。至此,真正现代意义上的启蒙在中国开始了。20世纪前半叶,围绕中国传统伦理道德向何处去以及新时代道德建设问题,形成了马克思主义、文化保守主义和自由主义三大伦理思潮。其中马克思主义伦理思想以李大钊、陈独秀等为代表,是五四时期中国具有共产主义觉悟的知识分子的理性选择;文化保守主义由"东方文化派"、"学衡派"和第一代"现代新儒家"组成,主张复兴中国传统文化,不经革命性改造和创造性进化,将东西文化结合起来,以杜亚泉、吴宓、梁漱溟等为代表;自由主义以胡适、程序经为代表,彻底否定传统,主张全盘西化,认为文化是道德的本质,所谓新道德就是西方化。这一个时期的思想论争对于国民精神的启蒙和新思想的传播起

---

① 汪晖、陈燕谷:《文化与公共性》,生活·读书·新知三联书店1998年版,第428—429页。
② 冯友兰:《中国哲学史新编》,人民出版社1999年版,第302页。

了极为重要的作用。改革开放以来,伴随着市场经济的深入发展,新的思想启蒙运动也随之展开。这次思想启蒙运动真正触及了中国社会的深层结构,是一场真正的社会(而非政治)运动,因为它带来了真正的个体自主意识的觉醒,而这正是新的市民阶层诞生的一个重要的因素,也是现代市民社会形成的一个重要的前提条件。可以说启蒙历来是中国知识分子阶层魂牵梦绕的一个文化命题,20世纪尤其如此。但是由于20世纪中国的思想启蒙运动不断地遭遇社会的或政治的事件的干预和阻挡,启蒙的任务远远没有完成。

西方的启蒙针对宗教教条、教会和教士,致力于从宗教神学中解放出来;而中国的启蒙则主要针对以儒家礼教为主的家族宗法制度及其陋习,致力于从封建礼教中解放出来。但东西方的启蒙都具有一个共同特点:启蒙就是使每一个人的内心都获得自由,真正确立起主体意识,这种个体的自主意识外化为一种个人作为社会主体成员的独立自主的法权状态,而这正是一个成熟市民社会的社会成员基本的身份认同。启蒙的过程就是从被动的主体认识走向主动的主体认识的历史自觉的过程,它推动着传统社会的现代化转型。我们正在进行的现代性启蒙的一个重要任务就是促成真正的市民社会在中国的诞生,从而为个人的真正发展创造良好的空间和环境。

二、现代性启蒙的社会根据:中国传统伦理社会的特质

中国传统伦理社会当中的个人基本上被消解在"家—国"的伦理整体当中,个人受到各种伦理纲常的规制和约束,因而个人的主体能动性以及各种潜能难以得到发挥。从明清以来的各种启蒙思想基本上都是针对这种种的规制和约束,以张扬个性、追求自由、展现自我价值为基本目标。有人将中国文化的基本特质定位为"从(服从、顺从)文化"或许不无道理。尽管中国社会已结束封建统治百年左右,但是在一般的社会民众当中各种封建伦理思想的影响依然相当严重。因此,剖析中国传统伦理社会的特征对于中国的现代性启蒙乃至公民社会的成熟发展具有极为重要的意义。

其一,重传统而轻创新。中国传统的思维方式重视先例,偏重于从过去的惯例和周期性发生的事实中引申出一套基准规则。深受传统道德影响的人一般都将先人的典籍看成是不可挑战的权威,人们的思想和生活总是受到典籍

的强烈制约,难以实现突破和创新。"君子有三畏,畏天命,畏大人,畏圣人之言。"(《论语·季氏》)连君子都在各种规制面前不敢越雷池一步,更何况普通的平民百姓!"四书"、"五经"在整个漫长的封建社会被奉为经典,视为颠扑不破的真理和人间生活的普遍准则和规范。这种畏天命、畏名人之言、畏先人之法,表现了一种对传统的盲从,缺乏一种反传统的独立意识和创新精神,这种强调经典权威的保守态度和尚古思想限制和束缚了人的自由思维和个性展现,这与现代社会发展的基本要求是大相径庭的。

其二,重秩序而轻个性。中国传统伦理社会是建立在以人的伦常秩序为主体轴心的儒学之上的。中国传统的人文精神主要表现在注重社会的人格,而不是注重个体的人格,人们习惯于将人看成是群体的分子,不是个体而是角色,并且认为人是具有群体生存需要,有伦理道法自觉的互动个体。中国古人侧重于内向探求,注重修身,由此出发以达到"齐家、治国、平天下"。但是,这种内倾性并不突出个体的地位:个体的自我认识和自我完善,其价值标准是伦常秩序。为达到这一目标,一方面需要摆脱现实的物质利益。"存天理,灭人欲"(《朱子语类》),去追求内心的完善;另一方面,外在的行为必须符合于"礼",即社会规范和道德规范,"非礼勿视,非礼勿听,非礼勿言,非礼勿动"(《论语·颜渊》)。这种注重君臣之义、父子之亲、夫妇之别、长幼之序、朋友之信等伦常秩序的思想倾向在维持社会稳定协调的同时,也严重地压抑了人的自由自主意识,使人们崇拜地位和权力,不利于独立人格的塑造和形成。

其三,重自律而轻他律。中国传统伦理是以儒家伦理为主导的,它重视道德主体的内在目的和品性人格的完善,是一种以自律为约束的良心主导型心性伦理。这种伦理认为,只要主体遵循道德规范,按照道德原则塑造自己,安伦尽份,反躬内求,便可达到人格的完善和精神的提升。人性中具备道德的一切要素和可能,道德目标的实现取决于自主的选择及自我的努力,而非外力所能左右。这种伦理倾向实质上是立基于血亲家庭和家族宗法关系基础上的,其核心是个人的主观意志,缺乏真正健康的普遍化的意志基础。"传统的社会结构和伦理实践的方式,似乎并不能达到普爱的理想,以家族为中心的社会,在一对一的实践方式中,自我或己永远是伦理实践的中心,推爱也必须由己出发,道德修养也必先'反求诸己',以己为中心的推爱,无论在事实上或理想上都跳不出差序的格局。"①这也就注定了这样的一套伦理规范是以强调父子、夫妇、兄弟、君臣和朋友关系为主的"私德"（熟人道德），而忽视了个人与社会大众关系的"公德"（陌生人道德）。现代成熟的市民社会是建立私人领域和公共领域分离的基础上的，而且尤其注重公共领域当中个体的责任观念和行为规范。在中国，公共领域的发育可以说是相当不成熟的，这也就注定了中国社会一直割不断与传统社会母体的脐带。

总之，中国传统伦理社会是一个具有共同的价值观念和行为模式的高度同质性的社会，生活在这种社会当中的个体缺乏基本的自觉自主的判断和行为能力，缺乏社会批判精神；正是这样的一种状况造成了在西方"后现代"的呼声此起彼伏的时候，中国依然徘徊在"现代性"之外。目前的中国前现代、现代、后现代三股思潮相互激荡，这主要是由于在全球化浪潮中面临着西方的强势话语，同时又不能摆脱根深蒂固的传统观念所造成的一种茫然不知所措而无法进行准确自我定位的表现。其实，中国目前仍处于传统伦理社会向现代市民社会的过渡阶段，也就是说仍处于现代性追求的历史背景之下。在这样的一种社会定位条件下，中国需要进一步推进国民启蒙，以顺利地实现向现代社会的转变。

三、现代性启蒙的社会追求：现代市民社会的实现

"市民社会"（Civil Society，也译为公民社会）最早在公元 1 世纪由西塞罗提出，是指一种区别于部落和乡村的城市文明共同体。洛克第一次将市民社会作为人类社会发展的一个逻辑阶段，即有政治的阶段。黑格尔则明确地将政治国家与市民社会进行区分，认为市民社会主要是代表个人利益。后来马克思主要在黑格尔的意义上来使用市民社会这个概念，主要指私人利益关系领域。哈贝马斯认为，市民社会是独立于国家之外的私人领域和公共领域，私人领域主要是以市场为核心的经济领域，公共领域则主要是社会文化领域。查尔斯·泰勒认为，市民社会界定了这样一些东西："即一个自治的社会网络，它独立于国家之外，在共同关心的事物中将市民联合起来，并通过他们的

---

① 韦政通：《伦理思想的突破》，四川人民出版社 1988 年版，第 15 页。

存在本身或行动,能对公共政策发生影响。"①总之,我们认为现代市民社会是一种具有全新价值理念的社会结构性共同体,它的建立将会引起我国社会伦理关系和道德生活模式的变革,甚至会影响到我国现代化建设进程的战略性选择和民族精神的建构。立足于我国的社会现实,分析西方市民社会的基本理念与规则将有助于我国市民社会的培育与发展。

其一,市民社会与市场经济相联系。市民社会的形成有赖于市场经济的建立与发展,同时又会推动市场经济的进一步成熟与完善。这具体体现在两个方面:第一,财产关系的明晰化。市民社会是以市场经济为基础的,必然要注重社会资源的流动和社会阶层的分化。所谓的财产权就是一种对所有物的占有、使用、收益和处分的权利,它是一项不以所有者履行任何社会义务为条件的权利。"财产权是人权、经济活动和法律活动的核心,也是市场经济得以运转的重要条件,它是实现其他权利的物质前提,它意味着每个人有权决定交易的条件,有权说'这个是我的'。"②可以说,中国人有财产观念但无财产权观念,这就决定了目前中国市场经济的不成熟和不完善,决定了中国目前仍无法摆脱传统伦理社会的羁绊而进入现代市民社会当中。第二,社会关系的契约化。市民社会的内在联系是一种内生于市场经济的平等自愿的契约性关系。这种契约关系以独立的利益主体的存在为前提,是一种源于私人权利的主体间性关系。"契约是不同意愿的结合,它是一定诺言的约定,是一种'合意',必须要以诚信为主观条件。"③市民社会强调诚信与契约,并以之规范和协调社会关系。

其二,市民社会与政治国家相互动。需要注意的是,市民社会与政治国家之间不是一种对抗性关系而是一种互动性关系,也就是说双方可以实现功能上的互补和彼此完善发展上的相互激励和促进。"如果我们看看达朗贝尔和狄德罗的百科全书,公民社会就是市场经济加上自我改造,国家只有能协助保

---

① 汪晖、陈燕谷:《文化与公共性》,生活·读书·新知三联书店 1998 年版,第 171 页。

② 李建华:《法治社会中的伦理秩序》,中国社会科学出版社 2004 年版,第 256 页。

③ 李建华:《法治社会中的伦理秩序》,中国社会科学出版社 2004 年版,第 257 页。

留这样的社会才是必要和合乎逻辑的。"①我们可以从两个方面来深化对这种互动关系的理解:一是自由民主的强化。在市民社会中,社会成员个体的财产关系、经济关系和私人关系占主导地位,市民生活、市民文化和市民利益得到发展和保障,因而能够充分展示社会成员个体的自由与个性。个性的增长、自由的扩大和利益的满足成为市民社会自由民主的重要体现。二是法治精神的弘扬。在市民社会中,法权高于任何的政治权威、经济权威和人格权威,法律是私人权利的维护和保障,法治原则是社会生活最基本的原则。当然市民社会所表现的分散的、个人的和特殊的利益要求,也可能会引发矛盾与冲突,在这种情况下只有以社会公共利益为目标、以社会公共权力为基础的政治国家才能有效地协调和解决市民社会中存在的各种问题。总之,现代社会的自由、民主与法治的实现及良性发展有赖于市民社会与政治国家的双向互动。

其三,市民社会的活动模式。这主要体现在两个方面:一是文化追求的多元主义。市民社会重视个性的发展和自我价值的追求与实现,并通过法律对这种个体利益与价值进行确认和保护,因而在文化(人的重要存在方式之一)上就必然会呈现出一种多元主义的倾向。这样的一种文化多元主义是个性张扬的体现,同时又为个性的进一步解放提供了条件。二是社会参与的自愿。市民社会中的每个成员根据自己的意愿或者自我判断而参与、加入某个社会群体或集团——这些群体或集团是以民间的形式出现的,并不代表政府或者国家的立场与利益,拥有自己的组织和管理机构,有独立的经济来源。这样的一些团体和组织在现代社会管理中越来越发挥重要的作用。这种社会参与的自愿化是以高度尊重个人的选择自由为前提的,并有助于社会成员个体责任观念的强化和自我管理习惯的形成。当然这样的一种生活方式和存在样式若走向极端化则不可避免地会出现许多西方当代思想家所强调的社会生活的"碎片化",我们在现代性追求和市民社会构建中应该有一种后现代的超越眼光和更宽广的视域。

因此,我们目前强调的现代性启蒙就是要参照西方现代化的基本模式和

---

① 陈乐民、史傅德:《对话欧洲:公民社会与启蒙精神》,晨枫编译,生活·读书·新知三联书店 2009 年版,第 15 页。

市民社会构建的基本理念和思路,在中国特有的文化背景和实际国情的条件下确立社会个体独立的法权状态,使中国尽快由传统的伦理社会过渡到现代市民社会,从而为社会个体的自由发展的价值实现创造更好的环境和条件。

四、当代中国背景下现代性启蒙的自我规定

当代中国仍处于现代性追求的历史背景之下,这种现代性概念的获得在很大程度上来源于西方:中国正是在朝向西方"现代"运行的方向转移的过程中获得界定自己"现代"的各种指标的。中国的现代性启蒙无法摆脱东西两套话语系统,在现代性的追求中应具有一种后现代的超越眼光:这是我们现代性启蒙的一个合理而准确的定位。在中国的现代性启蒙中,以下几个方面的问题是无法回避的。

其一,现代性启蒙的社会经济基础:市场经济的发展与成熟。中国的现代性启蒙应立足于当前中国市场经济发展的基本现实状况。市场经济是市民社会的内生主导动力,市场经济的充分发展培育了独立自主的市场主体、平等互惠的契约关系、自由独立的个性意识,界定了产权关系和社会资源以及个人财产的占有和分配原则,这些都是形成现代市民社会的必要条件。西方市民社会的确立和市场经济的发展带有很大的进化理性主义的特点;而在我国市场经济的发展过程市民社会的构建进程中,政府(国家)扮演了非常重要的角色,这就注定了我国的市场经济和市民社会的形成与发展具有建构理性主义的特征。西方的启蒙运动对于其市民社会和市场经济的发展具有很大的诱导性作用,我国的现代性启蒙在很大程度上需要在与市场经济的互动中获得发展。也就是说,伴随着市场经济在我国的不断完善和发展,个体的自主意识和权利观念会慢慢得到确立,现代性的启蒙运动就会得到进一步的发展和推进。

其二,现代性启蒙的制度规则建构:法治社会的培育与完善。中国的现代性启蒙应于中国目前的法治社会的建立与完善相伴而生,共同发展。西方通过启蒙运动确立自由、人权、平等、法治等观念,而我国长期以来人治的观念非常浓厚,现代法治的观念相对淡薄,社会的个体长期处于一种依附性的状态之下,无法真正确立起一种个人完全独立的法权状态。因而在我国目前的法治社会的培育和完善过程中,一方面需要健全各种法律和制度,以应对各种突发

的社会事件、协调社会各种利益关系;另一方面也是更为重要的一点就是进行法治的普及、宣传与教育,使普通的社会公众真正确立起现代法治意识和观念,这也应是我们强调进行现代性启蒙的一个极为重要的任务。

其三,现代性启蒙的观念层面变革:主体性批判意识和理性思维方式的确立。我们强调现代性启蒙要确立主体意识,而这种主体意识在很大程度上就体现为一种现代性的批判意识和理性的思维方式。批判性意识的确立是一个人自主自为性的体现,它产生于人对现有存在状况的不满,从而激发人对于完美状态的向往与追求。这样的一种批判意识在很大程度上有助于个人摆脱人性的依附和不成熟状态,不断实现人格的完善与发展。现代性启蒙不能急于求成而只注重用现成的学说对民众进行灌输,应结束启蒙的"理性缺位"时代,将启蒙看作是一场思维方式的历史性革命,建立启蒙的理性法庭:一是反省的批判的精神;二是通过理智,锲而不舍地追求真理和发现真理的意志;三是确立并严格依循以一贯之的分析、分解和结合、构建的认知方法。① 正是在这种意义上,"立人"成为启蒙运动的价值预设:"'立人'命题不但意味着从国民性入手进行启蒙的工作,同时它又指向这样的深度:达到能够超越一切羁绊的、真正自由的和理性的'自我'。"②就社会层面来看,个体批判性意识的增强在现代社会规制的约束和理性方式的引导下会整合形成强大的合力,从而极大地推动整个社会的完善与发展。

其四,现代性启蒙的主体因素:启蒙者自身的启蒙。综观中西启蒙运动就会发现,启蒙运动的主体是知识分子阶层。可以说,启蒙是整个知识分子群体实现自身社会价值的最重要方式。"其实启蒙的意义就在于启蒙主义者总是在自我批判,在公民社会中起了很大作用。就此意义而言,启蒙永远没有结束。启蒙结束的说法太简单化了。"③因而,在一个社会的启蒙运动中,作为启蒙者自身的知识分子的启蒙由于其在整个社会启蒙中的重要作用而不可避免地成为我们关注的一个重点。知识分子作为社会的启蒙者,承载着人格的自

---

① 参见姜义华:《理性缺位的启蒙》,上海三联书店 2000 年版,第 4—5 页。
② 张光芒:《启蒙论》,上海三联书店 2002 年版,第 46 页。
③ 陈乐民、史傅德:《对话欧洲:公民社会与启蒙精神》,晨枫编译,生活·读书·新知三联书店 2009 年版,第 143 页。

我塑造和人格塑造的双重任务,同时面临着人格的自我塑造和被塑造的抉择。自 19 世纪下半叶以来,中国的知识分子在进行社会变革尝试和对社会一般民众进行启蒙的同时,一直都没有放弃对自身的启蒙和文化改造,正是在这种相互论争和自我检讨中,慢慢地走向成熟。但是可以说直到今天,知识分子自我启蒙的任务远远没有完成。尤其在今天,在市场经济蓬勃发展的现代中国社会,面临着各种各样的诱惑,知识分子作为社会的启蒙者能否固守自己的品格、满怀对民族对社会的赤子之心成为社会公众关注的一个焦点。正如钱穆先生所言:"有了新的中国知识分子,不怕没有新中国。最要关键所在,仍在知识分子内在自身一种精神上之觉醒,一种传统人文中心宗教性的热忱之复活,此则端在知识分子之自身努力。一切外在环境,全可迎刃而解。"①我们认为,作为启蒙者的现代社会的知识分子首先应该成为社会良知的代言人,要有对国家、对社会、对人民的一颗赤子之心,要有厚重的历史责任感和社会责任感;其次应具备独立的人格和现代社会批判精神,敢于针对社会的不良现象进行激烈抨击和无情批判;再次应具备丰富的现代社会人文知识和自然科学知识,并以之对一般的社会民众进行敦敦地启发和教导。

其五,现代性启蒙的合理定位:对传统的扬弃而非抛弃。我们这里讲的传统是在中性意义上来使用的,主要是指上一代将活动方式、爱好以及信仰等等传给下一代的一种绵延不绝的状态。我们每个人都生活在传统当中,"传统是我们成为文化人的主要依据,每个人都籍着传统在社会里成长。……所以传统在这里不可能没有意义,它是人类赖以生存和追求理想的工具,传统究竟是导致社会的进步抑是退化,完全靠人自己。我们最大的问题不在传统,而在没有把创造力充分激发出来"。②康德讲的启蒙就是要摆脱人类的"不成熟状态",在某种意义上就是要通过启蒙把人所蕴涵的无限的想象力和无穷的创造力充分激发出来。这样的一种启蒙,一种想象力和创造力的发挥都是在传统当中来实现的,启蒙是对传统的重建和扬弃,而不是破坏和抛弃。"尽管启蒙哲学热衷于进步,并力图粉碎旧法律的框框,建立新的人生观,然而它所表

---

① 许纪霖:《20 世纪中国知识分子史论》,新星出版社 2005 年版,第 97—98 页。
② 韦政通:《伦理思想的突破》,四川人民出版社 1988 年版,第 6 页。

现出来的基本特征,却是屡屡返回那些哲学的老问题上去。……它在一切知识领域中与陈规、传统和权威的势力进行斗争。但它不认为这种斗争仅仅是否定和破坏;相反,它认为它是在清除旧时代的垃圾,从而使知识结构的坚实基础暴露出来。这些基础照它看来是不可移易、不可动摇的,它们跟人类本身一样源远流长。因此,启蒙哲学认为其任务不在于破坏,而在于重建。"①对于我国目前的现代性启蒙来说也是这样:虽然我们的现代化是以西方社会为参照系的,但是这样的一个过程无法脱离绵延了五千多年的文化传统。"民族传统对启蒙发展的内在推动力表现在三个方面:一是形形色色的非儒学派为启蒙文化提供了内在的逻辑生长点;二是对儒学思想本身进行价值重估和重构,使其发生现代性转换;三是承续并扬弃明末以来以'主情反理'为核心的人文主义文学精神。它们分别从精英文化与民间文化、主流文化与非主流文化的各个层面改变了传统文化的结构,构成了现代启蒙的思想资源,并表现出从'托古改制'到'以复古为解放'的运动规律。从某种意义上说,传统思想资源是对中国近现代启蒙的启蒙。"②我们的现代性启蒙是在传统文化的历史语境当中,通过参照西方社会的现代化发展模式对传统进行的批判地继承——扬弃,以促使人们不断地摆脱"不成熟状态",实现自身的自我完善与发展,并以此推动传统伦理社会向现代市民社会的转型,从而为人类的进一步发展创造更好的社会条件。

中国的现代性启蒙理应致力于塑造健全的人格,确立社会个体独立的法权状态,因而在传统伦理社会向现代市民社会的转变过程中必将起到极为重要的作用。然而,借用启蒙先师康德的一句话来形容中国目前的启蒙或许十分贴切——"如果有人要问:'我们目前是不是生活在一个启蒙了的时代?'那么回答就是:并不是,但确实是在一个启蒙运动的时代'。"③我们正处于这样的一个启蒙的时代,并且现代性启蒙对我们而言任重而道远!

---

① E.卡西勒:《启蒙哲学》,顾伟铭等译,山东人民出版社 1988 年版,第 227 页。
② 张光芒:《启蒙论》,上海三联书店 2002 年版,第 4—5 页。
③ 康德:《历史理性批判文集》,何兆武译,商务印书馆 1990 年版,第 25 页。

第二节　三位一体的和谐政治模式构想

社会和谐必然要求政治和谐,政治和谐内在地规定着社会和谐。在我们积极构建社会主义和谐社会的进程中,必须要正视并妥善处理政治和谐问题。我们在此提出我国三位一体的社会主义和谐政治模式问题——现代公民的法权意识、责权统一的服务型政府、充满包容性的社会氛围三者有机协调相互配合,从总体上展现为崇尚和谐的善治——并加以深入探讨,以期能丰富我们对于社会和谐的认识和理解,从而赋予我们营造和谐的更大力量。

一、总体性展现:崇尚和谐的善治

在经济全球化、政治民主化和文化多元化的当今时代,善治已经成为人类政治发展的理想目标和必然选择。目前中国正处于社会转型和政治转轨时期,国家与社会、市场、公民的关系正在发生深刻变革。随着改革开放的深入,我国政府加大了自身改革的力度,努力通过国家与社会、公民的相互合作和良性互动来营造新型治理格局,"善治"的理念正在逐步转化为现实。《中华人民共和国国民经济和社会发展第十二个五年规划纲要》提出,"坚持培育发展和管理监督并重,推动社会组织健康有序发展,发挥其提供服务、反映诉求、规范行为的作用"。① 这包含有较为明显的"善治"思想,我们看到长期以来为学术界所津津乐道的善治正在逐渐成为一项国家政治生活的重要议题,这对于完善我国和谐社会建设的思路具有重要意义。"从本质上说,善治是提出构建和谐社会重要思想的一个必然的政治归宿,这主要是因为:当单纯的政治管理转变为治理之后,追求善治就是一种具有根本性的政治诉求。"②我们所要构建的社会主义和谐社会的主体是作为社会大多数的人民群众,千方百计地满足每一个人追求人生幸福的现实需要和利益诉求,在推动社会进步中使

---

① 《中华人民共和国国民经济和社会发展第十二个五年规划纲要》,人民出版社 2011 年版,第 109 页。
② 欧阳英:《构建和谐社会的政治哲学阐释》,凤凰出版传媒集团、江苏人民出版社 2010 年版,第 322 页。

每一个人都能获得自由而全面的发展,使每一个人都过上有尊严、有价值的生活,这才是判断社会是否和谐的最终价值尺度。善治的提出,反映了我们的执政党追求和谐、实现民生幸福的最终价值诉求。

善治的提出,是对 20 世纪七八十年代国际公共管理发展变化的积极回应。20 世纪七八十年代,各国的公共管理进入一个新的发展时期——新公共管理阶段,并呈现出对于暴力因素的有效疏离和对公民权利价值诉求的积极接纳。自此,行政伦理和公共管理价值获得了关注和重视,公民社会的权利价值和民生性的世俗幸福价值成为了政府行为合法性的最终根据。政府必须要与包括各种社会团体在内的非政府组织、价值诉求日益多样化的公民个体形成有效互动,从而在不断发展的市民社会语境中促成一种积极主动、生机勃勃的政治生活。善治问题的提出,也是对我国历史上已有公共管理价值资源和历史积淀中的民本思想精华的重新发掘。作为中国传统文化主体的儒家思想中就有非常丰富的民本思想,儒家的仁政思想和德治理念及其所蕴涵的民本主义治理理路对我们今天的政府治理仍大有裨益。善治问题的提出,也是党和国家决心剔除以前在一些地方和部门存在的恶政毒瘤的一种努力。我们无法回避的事实是,在社会管理的中间层次和一些基层的地方或部门仍存在社会正义不张、社会价值阙如、治理思路非人道化的暴戾倾向等问题,甚至于某些部门或个人把一方或一门的中观性或微观性社会治理搞成了恶政。善治的提出表明了党和国家彻底治理地方恶政以维护人民根本利益的决心。

我们所倡导的善治(good governance)是使公共利益最大化的社会管理过程,其本质特征是政府与公民对公共生活的合作管理,是政治国家与市民社会的一种新颖关系,是两者的最佳状态。① 这是一种全新的国家治理理念,要求政府、社会、公民个体之间形成一种相互依赖、互助合作的和谐关系。政府在社会民众的共识和政治认同感中获得合法性,市民社会在开放宽容的良好氛围中获得成长空间,社会民众在对政治生活的积极关注和自觉参与中获得自我实现和存在价值。"善治社会里的公民有一种良好的积极的自我认同感、

---

① 参见俞可平:《权利政治与公益政治:当代西方政治哲学评析》,社会科学文献出版社 2000 年版,第 117 页。

归属感和自豪感。他们知道自己在社会中的位置和身份,不会产生一种失落感或压抑感,他们能够积极地参与社会生活或社会管理活动,他们以对自己所生活的社会或乡村做出贡献而感到满足和自豪。"①善治推崇包容性的社会发展模式,拒绝任何形式的社会排斥和不平等。善治推崇基于相互承认的人的全面而自由的发展,拒绝对人的任何形式的压抑与异化。善治是对法制的扬弃而非抛弃,要求我们不仅要制定更多的规则制度来外在地约束可能发生偏差的行为,而且要培育健全的人格来完善规则意识以实现自主自觉的实践行动——这是一种负责任的行动、一种具有积极回应性的行动、一种行之有效的行动! 我们必须看到,作为致力于实现公共利益最大化的善治,代表了社会整体发展的文明态势,彰显了社会和谐发展的内在要求和最终方向。

基于我国目前的社会发展现状,在推进善治、实现和谐的道路上,我们要努力让更多的公民更加深入地参与到公共政治生活中来。"中国需要推进国家—社会间的分权,也就是说,强化社会力量,扩大公民的参与。"②积极的政治参与表征的是公民的自我管理能力,这不仅能够有效表达公民的利益诉求,而且有助于协调复杂的利益矛盾,并能对政府形成有效的监督。在此,提高政府的责任意识、政治透明度和服务能力同样重要。政府的责任意识,是一种主动自觉的担当,是政府行为之公共性的呈现;政治透明度主要体现为政治信息的公开化,反映的是政治民主化的发展程度;服务能力是现代政府职能的集中体现,社会公共秩序的公平与否、社会公共产品的丰富与否都在考量着政府的服务能力。总之,我们既要看到善治是我国和谐政治模式的总体性展现,更要为推进善治、实现和谐进行更加深入的探索。

二、基础性要素:现代公民的法权意识

随着传统社会"伟大的存在之链"的松动,我们在一定意义上都成为了理性存在者,"理性存在者的本质是完全回归到自身的能动性(自我性、主体

---

① 张国清:《和谐社会研究:从政治学到政治科学》,人民出版社 2006 年版,第 21 页。
② 郑永年:《中国模式:经验与困局》,浙江出版联合集团、浙江人民出版社 2010 年版,第 163 页。

性)"。① 现代公民的法权意识就是这种理性存在者自我意识发展的结果。现代公民的法权意识既包括体现私人性与自主性之诉求的"私权意识",又包括内涵参与精神与奉献观念的"公权意识"。私权意识根源于市场经济的崛起,反映的是人类发展进程中自由独立对国家管制的超越之趋势。随着市场经济成为一种新的主导型的社会经济运行模式,作为个人化和独立性之彰显的私权意识势必获得发展。私权意识的觉醒带来公权意识的变化:公权来自于私权的让渡,公权的正当性来自于私人的授权。所以,对私权的强化和维护势必扩展为对公权的关注和监督。我们所谓的"公权意识"是随着经济市场化和政治民主化的进程而呈现出来的公共性视阈内的自我意识,这是一种自我与他者权利关系的自觉状态。私权意识与公权意识及其协调配合,构成了现代公民法权意识的主体。现代公民的法权意识是我国和谐政治模式的基础性要素。离开现代公民的法权意识,我们无从奢谈和谐政治模式。具体可对之做以下四个方面的扩展性理解:

其一,理性的规范意识。理性是一种审慎的生活态度,表征了立基于现实生活世界之上的人的合规律性和合目的性的存在方式(包括认知方式、行为方式、价值归宿、意义实现等多重意义);规范与"事实"相对,代表了人不满足于既成事实而实现一定价值理想的合理化趋向。我们在此提出"理性的规范意识",主要是针对我国传统政治文化中带有极强非理性色彩的、以个人意志为转移的"人治"现象。人治社会中并非没有法律以及法律的实施,而是缺少对法的明晰判断和自觉运用。这种对法的明晰判断和自觉运用,既来自于立法者和司法者,更应该来自于广大的普通公民。"法不仅指那些具有法的形式的规则,而且更是指一些具体的价值内容,一些与正义相匹配的品质。"②法内涵着普遍正义,这是与每一个生活于现代社会中的人都密切相关的。我们需要法的规则,更需要法的理念和法的意识;在现代公民教育中积极培育理性的规范意识,是我们在塑造社会主义和谐政治模式的进程中首先应该努力做好的。

---

① 费希特:《自然法权基础》,谢地坤、程志民译,商务印书馆 2004 年版,第 17 页。
② 徐贲:《什么是好的公共生活》,吉林出版集团有限责任公司 2011 年版,第 232 页。

其二,普遍的人类意识。我们要以人类性、世界性为价值尺度来约束自己和发展自己,并确立自身的人格和思想境界。尽管我们每个人都存在家庭出身、成长经历、经济地位、文化认同、民族归属、国家区划等方面的不同,但是随着全球普遍交往的达成我们应该培育一种普遍的人类意识:关注自我的他者之维,实现主体(容易导致客观化、工具性地看待周围一切)向行动者(在一种互动的共同体中实现和谐共契)的跨越。"一个既不愿意自闭于具体性中又不愿意迷失于抽象性中的政治,会向自己同样地提出最经验性的问题和最思辨性的问题,它将遍历人类的整个领域,考虑生活在世界上的人的不同时间、不同方面、不同地区。"①我们所提倡的社会主义和谐政治模式要平等地看待每一个个体,积极发挥其自主自觉性,使其摆脱自己加之于自己的不成熟状态,从而在勇于运用自己理智的过程中达成独立的自我实现! 我们今天提出的和谐世界理念的核心就是这种普遍的人类意识,这是任何一个生活在现代社会中的公民都应该具备的基本意识。

其三,深度的宽容意识。宽容是指一个人虽然具有必要的权力和知识,但是对自己不赞成的行为也不进行阻止、妨碍或干涉的审慎选择,宽容是个人、机构和社会都应该具有的共同属性。② 现代社会需要一种深度的宽容意识:这既非一种排他主义的不容异己,又非一种无原则的过度纵容,更非一种对现实的消极被动的漠不关心,而是一种对人类在彼此平等而又互有差异的基础上共同生活方式的积极认可。社会主义和谐政治并不是要(当然也不能)完全消除分歧与差别,关键是我们如何对待已经产生或可能产生的分歧与差别,这就需要我们每一个人都具有一种深度的宽容意识。这种宽容意识内涵着和而不同的理念,不是对他者的一种无条件的赞同和接纳,而是在平等交往中对他者存在的合理性的认可,并努力发现自我与他者之间的一致性和相通性。这种深度的宽容意识不仅仅体现为一种容忍他者观点和行为的理智思维,而且应渗透于现代公民的生活方式之中,贯穿于现代社会普遍交往行动的始终。

其四,开放的竞争意识。竞争是现代社会的普遍现象,充分发挥自己的聪

① 埃德加·莫兰:《人本政治导言》,陈一壮译,商务印书馆 2010 年版,第 72 页。
② 参见戴维·米勒、韦农·波格丹诺主编:《布莱克维尔政治学百科全书》,邓正来等译,中国政法大学出版社 2002 年版,第 820 页。

明才智,努力在他者的比较权衡中实现自我是我们每一个人的必然选择。但是,我们这里倡导的竞争展现的并非"他人就是地狱",而是坚持在优势互补基础上对个性的充分展现和对个体能力的充分发挥,这是本着一种建设性态度对合作精神积极吸收的现代竞争意识。只有这种开放的竞争意识才能保证一种正当的竞争行动的发生。正当的竞争既能保证个体智慧、才能的充分发挥从而实现个体价值,又能保证由竞争个体所组成的组织的生命力与创造力从而实现组织的优化升级。由此可见,开放的竞争意识及其所诱发的正当的竞争行动是现代社会发展的活力之源,也是现代社会从歧异与无序走向和谐与有序的动力所在。

三、主导性力量:责权统一的服务型政府

随着现代社会和谐发展进程的加快,政治暴力行为逐渐为民主参与行动所取代,政府所承担的阶级统治职能也在逐渐淡化。现代政府主要作为一种中性的社会设施而承担管理社会公共事务的职能,主要作为一种社会公共利益代表而在协调公共与私人以及私人相互之间的关系方面发挥作用。"政府的任务是为所有公民提供生存、稳定以及经济的和社会的福利。(这并不意味着政府直接运营或监督经济或社会。)"①政府要充分实现公共利益必须要化解好公共权力的公属(来源于并属于全体社会公民)与私掌(由一少部分人代为掌控和行使)之间的矛盾,从而保证权力的合法健康运行以实现最广大人民群众的根本利益。基于我们政府机构改革的现状,借鉴西方国家的政府改革经验,我们认为责权统一的现代服务型政府是我国政府改革的目标。这种责权统一的服务型政府将在我国和谐政治模式的构建中发挥主导性力量,我们可以从以下方面对之加以认识。

其一,理念上的人本政府。理念是行动的先导,现代政府作为现实的人的日常生活秩序的建构者和调控者其行为应该体现以人为本的基本理念:一切从人出发,以人为中心,把人作为观念、行为和制度的主体;所有人的解放和自由,人的尊严、幸福和全面发展应当成为个人、群体、社会和政府的终极关怀;

① 迈克尔·罗斯金等:《政治学》,林震等译,华夏出版社2002年版,第29页。

作为主体的个人和团体,应当有公平、宽容、诚信、自主、自强、自律的自觉意识和观念。① 现代政府要在化解社会矛盾、协调社会关系、促进社会和谐中发挥积极作用,首先要做的就是正视人的现实存在状态,关注每一个人的利益要求和发展愿望,积极弘扬人的自主意识和参与精神,拓展和扩充人们活动的自由空间,从而保障人的自由、平等、人权并实现人们的自由而全面的发展。

其二,体制上的权限政府。基于契约论的观点,政府的产生及其合法性来自于广大社会成员的普遍同意,所以"他们的权力,在最大范围内,以社会的公众福利为限"。② 现代政府的机构设置、组织形式及其相应的管理幅度等都要围绕着社会公众福利而作出明确的规定和限制,不能出现错位和越位的问题。政府系统内对行政权力依法设定限制而构成的权限,包括权力的大小、权力效力的空间范围和时间长度、权力作用力度等。政府的权限决定着政府能够做什么、能够做到什么程度、不能做什么、不能做到什么程度等。随着市场在国家宏观调控下逐渐对资源配置发挥越来越重要的基础性作用,政府权限的内容和形式必将发生相应的变化。"要加强对权力的有效监督和制约,坚决惩治和预防腐败,维护社会公平正义,提高政府公信力。"③随着我国政府机构改革的深化,我国政府的权限将会越来越清晰明确并趋向合理化,体制上日益合理的权限政府将在我国和谐政治模式的构建过程中发挥越来越重要的作用。

其三,机制上的法治政府。法治的政治结构"以政治共同体建构的道德原则奠基,以人民主权原则作为政治共同体得以形成的基本原则,以公民共和作为一切制度设计的基本精神,以人民授权人民代表制定共同体之共和的基本法律为政治共同体提供得以正常运转和长期维持的根据"。④ 法治政府是法治的政治结构的集中体现,是崇尚宪法和法律至上,强调公民权利本位,倡导"公民自治"并能实现有效治理的政府。"要加快建设法治政府,用法律法

① 参见张义忠:《服务型政府的人本维度》,《国家行政学院学报》2007年第5期。
② 洛克:《政府论》下篇,叶启芳、瞿菊农译,商务印书馆1964年版,第83页。
③ 《中国共产党第十七届中央委员会第五次全体会议文件汇编》,人民出版社2010年版,第90页。
④ 任剑涛:《政治哲学讲演录》,广西师范大学出版社2008年版,第372页。

规调整政府、市场、企业之间的关系,依法管理经济和社会事务,推进政府工作制度化、规范化、程序化。"①建构法治政府就是要让法治的精神贯穿于政府运行机制之中,严格约束政府权力的扩张与膨胀,积极吸纳广泛社会力量来强化监督问责机制,实现依法行政(可能造成简单化、形式化、抽象化的行政行为)向法治行政(有助于促成全面化、实质化、具体化的行政实践)的提升。"治国者必先受治于法",建设法治政府对于我们顺利实现社会和谐转型、促进政治和谐稳定发展具有重要意义。

其四,行动上的绩效政府。随着全球化背景中政府改革趋势的加强,现代政府的行政成本意识和公民监督意识也在不断增强,绩效管理作为政府再造的重要内容和根本性措施在政府部门中日益得到了广泛运用。正如戴维·奥斯本和特德·盖布勒所指出的,在平常时期政治注重观感和意识形态而不注意业绩,政治家的当选与否取决于选民和利益集团对他们的观感而非政府在提供服务上做得怎么样,但是我们现在已经不再处于平常时期。② 促进政府行动的绩效化是大势所趋。建设绩效型政府要以提升政府绩效为核心,以政府部门提高公共服务质量为目的,广泛运用现代信息技术,积极促进政府机构与社会组织、公民个体之间的沟通与交流,从而在良性的社会互动中实现全新的政府行为测评模式。

其五,后果上的责任政府。责任政府是民主政治时代的产物,是指"一种需要通过其赖以存在的立法机关而向全体选民解释其所作的决策并证明这些决策是正确合理的行政机构;同时,它还须符合责任政府的一般定义的要求"。③ 责任政府目前已经成为世界各国政府普遍追求的行政目标。虽然各国责任政府构建的具体过程不同,但大都主要是沿着"对谁负责"、"对何事负责"、"由谁负责"、"如何负责"的逻辑主线展开基本构架。民主问责制是现代责任政府建设的重要内容之一,政府接受公民的委托行使行政权力,公民则可

---

① 《中国共产党第十七届中央委员会第五次全体会议文件汇编》,人民出版社 2010 年版,第 89 页。

② 参见戴维·奥斯本、特德·盖布勒:《改革政府:企业家精神如何改革着公共部门》,周敦仁等译,上海译文出版社 2006 年版,第 98 页。

③ 戴维·米勒、韦农·波格丹诺主编:《布莱克维尔政治学百科全书》,邓正来等译,中国政法大学出版社 2002 年版,第 702 页。

以按照法定程序对政府的行政管理行为进行质询并要求其作出具体解释或明确答复。作为一种责任追究制度，民主问责制要求政府树立向社会公众负责的行政理念，将之内化到具体日常的政府行政行动之中，并最终体现在政府行政管理行动的结果之上。

四、背景性支撑：充满包容性的社会氛围

政治的运行与实践离不开社会的支持，我们所要致力于实现的和谐政治模式需要广泛而深厚的社会文化因素来加以滋养和奠基。结合我国目前社会发展的现实，营造一种充满包容性的社会氛围对于和谐政治模式的构建十分必要。社会转型所引发的问题与矛盾造成了人们对于未来的迷茫、恐慌与躁动，一种和谐精神主导下的充满包容性的冷静而理性的社会氛围有助于安抚焦躁的心灵、化解内心的不满、平衡狂乱的欲望。我们要"弘扬科学精神，加强人文关怀，注重心理疏导，培育奋发进取、理性平和、开放包容的社会心态"。① 我们所倡导的包容是以自我尊重和他者尊重为基础的积极接纳，并通过建立规范的疏导冲突与摩擦的渠道而调和可能存在对立的社会多元力量，从而激发广大社会成员普遍的创造力为促进社会和谐和政治发展贡献力量。充满包容性的社会氛围是我国和谐政治模式的背景性支撑，具体体现为以下几个方面。

其一，以社会稳定为前提。社会稳定是社会和谐的前提和基础，是指社会各个组成部分相互协调、良性运行的有序状态，涉及经济、政治以及社会价值观念等多方面的整合。我们现在正处于现代化飞速发展的时期，这也是一个由传统伦理社会向现代市民社会过渡的社会转型时期，旧的体系、模式、观念不断被破除和取代，我们难免在社会日新月异的变化发展面前产生困惑与茫然。我们所要营造的充满包容性的社会氛围首先应该是一种稳定的社会状态，稳定代表了一种确定性的家园之感，这是我们每一个身处现代性之中的人都需要的。因而，我们要顺利实现社会和谐转型，就必须保持社会的平安、稳

---

① 《中华人民共和国国民经济和社会发展第十二个五年规划纲要》，人民出版社 2011 年版，第 115 页。

定、有序。及时洞察社会各领域中容易引发不稳定的潜在因素,积极采取措施防患于未然,努力营造一种具有充分安全感的稳定环境,对于保证改革开放的成果、推进社会主义和谐社会建设,有着十分重要的意义。

其二,以多元协作为基础。多元协作强调自我与他者在彼此尊重基础上的相互关注,是我们推行改革开放和发展市场经济的必然选择。在全球化的趋势中大力发展市场经济,自然会产生诸多的利益群体并伴以复杂多变的观念体系。基于目前社会多元化的现实,我们需要社会普通民众彼此之间都能依据价值共识及其规则而相互适应与合作,从而形成一种以独立、有序、理性交往、宽容和自治为特征的现代公共领域。通过多元协作而形成的社会团结作为一种社会一体化的力量,通过自主的公共领域以及民主意见和意志在法治国家制度中的形成程序进一步释放出来,从而形成一种有力的综合力量,协助解决时下中国复杂的社会问题。① 我们在构建和谐政治模式的过程中,要倡导多元协作,反对独断和排他,在国家治理方面积极培育民主宪政的基本价值观,在执政党、政府、广大社会团体以及普通公民个体之间形成以责任、制衡、妥协、宽容为特征的良性互动关系,为社会主义和谐政治模式的形成奠定坚实的社会基础。

其三,以充分的创造力量发挥为动力。"改革创新是时代精神的核心。改革创新精神表现为一种突破陈规、大胆探索、勇于创造的思想观念,表现为一种不甘落后、奋勇争先、追求进步的责任感和使命感,表现为一种坚忍不拔、自强不息、锐意进取的精神状态。"②我国目前提出的创新型国家建设规划,既需要有利于自主创新的体制机制,更需要一种自由宽松的、有助于诱发与培养创新精神的社会氛围来激发全社会的创造力。真正的创新离不开深刻的理解力、积极的批判力、丰富的想象力,而所有这些的产生都需要一种能够孕育自主意识、发挥个性特征、激发创造潜能的社会氛围。在这样的氛围中,我们能够展开独立思考,作出独立判断,进行自由交流,最大限度地发挥每一个人的创造力,在全社会形成积极创新的良好风气,在积极创新之中顺利实现社会的

---

① 参见杨仁忠:《公共领域论》,人民出版社 2009 年版,第 344 页。
② 《社会主义核心价值体系学习读本》,学习出版社 2009 年版,第 46 页。

和谐转型和自由发展。

其四,以畅通的利益表达为保证。随着我国改革开放的不断深入和市场经济的进一步发展,社会结构日益分化,群体利益呈现多样化,公民对自身利益和权利的维护更加关注。公民利益表达的充分与否,直接关系到当代中国社会各阶层之间利益关系有效协调的实现程度。目前我国在公民利益表达诉求方面的缺失、不畅问题已经成为影响政治社会稳定的重要因素。因而,我们要"加强和完善党和政府主导的维护群众权益机制,形成科学有效的利益协调机制、诉求表达机制、矛盾调处机制和权益保障机制,切实维护群众合法权益"。① 我们必须要看到,畅通的公民利益表达渠道是我国当前社会必要的安全阀,能够有效地疏导社会各阶层的利益需求和情感表达,增进社会和谐和政治稳定。

其五,以成果共享共同发展为目标。利益分化是当前我们必须加以积极应对的社会现实问题。我们要"以十几亿人口为本,而不是以部分人口为本,提高十几亿人口的人均收入水平,提高他们的人力资本存量,提高他们的人类发展能力,提高他们的参与经济全球化机会,提高他们分享发展成果的能力"。② 我们要积极化解当前社会利益分配格局中的矛盾与冲突,促进社会的包容性发展,实现经济发展、改善民生、社会和谐的统筹兼顾和相互推动。包容性发展已经成为我国"十二五"时期社会建设的主导思想,相信我们一定能够在权利公平、机会公平、规则公平、分配公平的社会公平机制的保障下形成人人参与、共建共享的良好局面,让每一个人都过上更幸福、更有尊严的生活。

我国和谐政治模式的构建是一项重大的系统工程,内生于社会主义和谐社会发展的宏大背景之中,需要广泛动员一切有助于推动社会和谐的力量,共同参与、协调互动,塑造和谐共同体,为我们共同的美好未来展开积极筹划。

第三节　和谐发展:"中国模式"及其包容性

在当代世界发展中,中国探索出了一条既能融入国际社会、又可实现自主

---

①　《中华人民共和国国民经济和社会发展第十二个五年规划纲要》,人民出版社 2011 年版,第 110 页。

②　胡鞍钢:《中国:新发展观》,浙江人民出版社 2004 年版,第 211 页。

发展的"中国模式",这一模式以其独有的竞争力、效率和适应性越来越吸引着世人目光。尤其是在今天这样一个充满不确定性和不稳定性的缓和与未知动态并存的后危机时代,"中国模式"似乎已经真正成为还原世界多样性发展的重要力量。今天人们更多的是从一种正面的、积极的角度来讨论"中国模式",尤其是在饱受经济危机之苦的西方国家眼中,中国模式更是具有无比的魅力,甚至就是一个奇迹。其实,从历史上来看,西方人对中国的理想化并非始自当今,西方文化传统中的乌托邦情节使他们眼中的中国成为一种革命性的力量:能够揭示社会政治秩序的理想准则,让人意识到希望与现实之间的差异与距离,从而对现实提出疑问并动摇着意识形态的基础,树立起变革的尺度。[①] 对于我们而言,我们既要从西方人眼中的理想化中国形象中受到鼓舞从而增强实现中华民族伟大复兴的信心,又要以一种冷静理智的心态来对待所谓的"中国模式",这样我们才能真正找到一条和谐发展之路。

一、"中国模式"的形成与内涵

"中国模式"主要体现在其拓宽了民族国家走向现代化的途径,丰富了人类对社会发展规律和道路的认识,促进了全球化时代人类文明的多样性发展。这种对中国和世界都具有重要价值的"中国模式"并非一朝一夕而形成,它的形成历程浓缩了中国改革开放的发展史,见证了中国人民是如何走上一条实现民族复兴的和谐发展之路的。"中国模式"逐渐呈现,是多种力量共同作用的结果,浓缩了整个中华民族在中国共产党的领导下对中国特色社会主义发展道路所进行的积极探索和自主选择。具体而言,我们可以从以下几个方面来认识这一历史过程。

首先,中国三十多年的改革开放所取得的经济社会发展成就是"中国模式"得以呈现的根本原因。经过三十多年的发展,我国在经济、政治、文化和社会等各个领域都取得了举世瞩目的伟大成就,在推进经济更加发展、民主更加健全、科教更加进步、文化更加繁荣、社会更加和谐、人民生活更加殷实的社会主义建设道路上,我们通过不断的自主创新和主动选择找到了真正适合中

---

① 参见周宁:《想像中国:从"孔教乌托邦"到"红色圣地"》,中华书局 2004 年版,第 29 页。

国国情的发展模式。其次,西方国家对中国经济社会发展的持续关注推进了"中国模式"话语的出现。"中国模式"这个概念在西方国家那里很早就已经提了出来。1980 年在日本季刊《现代经济》上就刊登了一篇文章中多次提到"中国模式"(他们更多的是把 20 世纪 70 年代的"毛泽东战略"称为"中国模式")。1980 年 5 月 30 日,联邦德国《时代》周报刊登了一篇题为《北京的粗暴刺耳的声音——"中国模式"的结束》的访华观后感,其中心问题是改革开放初期北京大规模建设带来的问题。此时的"中国模式",更多的意指中国的改革开放模式,尤其是指中国的经济改革模式,其中很少涉及政治和文化层面的内容。2004 年 5 月,乔舒亚·库珀·雷默发表了《北京共识:提供新模式》,该文对中国经济改革的成就作了全面理性的思考与分析,并第一次对"中国模式"进行了比较系统的研究。西方社会对中国发展道路的持续关注成为"中国模式"话语形成的一个重要诱因。再次,全球化背景下的世界性金融危机为"中国模式"的发展壮大提供了契机。面对危机,西方的发展模式遭到质疑,而"中国模式"正好显示出它的优势,较好地回应了当今世界面临的一些根本性挑战,为解决世界难题提供了一些新的思路和范式。世界性金融危机的爆发暴露出西方模式的许多深刻弊端,这在为"中国模式"的崛起提供了机会的同时也为中国在全球化进程中赢得了宝贵话语权,同是也为"中国模式"的自我审视和创新发展创造了空间。身处后危机时代,若我们抓住机遇,加快实施转变发展方式战略就能够转危为机,若我们沉浸于"中国模式"的自我陶醉和自我膨胀之中则可能错失发展契机并陷入危机的旋涡之中。

综上所述,所谓"中国模式"就是自改革开放以来,整个中华民族在中国共产党的领导下为实现社会全面发展和人民的共同富裕,在融入全球化的进程中通过一系列的积极探索和自主选择而逐渐形成的一种相对稳定的和谐发展样态。"中国模式"是在中国改革开放所取得巨大成就的基础上,在西方国家对中国经济社会发展的持续关注中,在世界性金融危机所带来的不确定性慢慢呈现出来的。通过上述阐发论证,我们已经大概把握了"中国模式"的基本轮廓,我们可以从以下几个方面对其进行更深层次的挖掘。

一是全球化背景中的地域发展模式,这是在世界发展的宏观趋势中对"中国模式"的考察。"中国模式"是我国在全球化的大背景下形成和发展起来的具有中国特色的发展道路,解决的是"中国问题"。当然,这里需要注意的是,我们的特色并非特殊性,特色是体现为共性的普遍真理(譬如先进的科学技术)与体现为个性的中国国情的辩证统一。这里的"中国"是整体性的:第一,"中国模式"绝非部门的,如"中国的金融监管模式"、"中国的国企改革模式"等;第二,"中国模式"也不是区域的,如"温州模式"、"晋江模式"、"深圳模式"、"西部开发模式"、"东北振兴模式",等等。不能以偏概全,窥豹一斑,把某一部门的模式上升到"中国模式",也不能把某一区域的模式上升到"中国模式"。"中国模式"是符合全球化发展趋势并适合中国国情的特色模式。

二是多样性实践中的独特发展模式,这是在区域发展的横向比较中对"中国模式"的考察。"中国模式"是相对于其他一些国家和地区的发展模式而言的。从横向比较看,目前世界上主要的发展模式有四种:"盎格鲁-撒克逊"模式,即新自由资本主义模式,亦被称为美国模式;"莱茵模式",即社会市场经济模式,主要流行于欧洲大陆莱茵河流域的国家,德国是该模式的代表性国家;另外还有"日本模式"和"亚洲四小龙模式"。"中国模式"与上述模式相比,具有自身鲜明的特征。并且,"中国模式"也不同于以往苏联社会主义模式和社会主义发展史上其他社会主义模式,因而具有独特性。

三是纵向历史进程中的阶段发展模式,这是在我国社会进步的动态变化中对"中国模式"的考察。"中国模式"形成和发展的历史起点应该在1978年党的十一届三中全会,"中国模式"是在改革开放新时期逐步形成和发展起来的。这个时间段不能定位在新中国成立以来的60年历史,即使前30年和后30年具有十分紧密的联系。1949—1979年是人民共和国成立并实现独立自主的30年,1979—2009年是改革开放经济腾飞的30年。新中国的前30年与后30年是不能割裂开来,但前30年与后30年确实存在较大的差别。把中国革命、建设和改革统一纳入"中国模式"的做法,很容易使"中国模式"泛化,从而失去讨论"中国模式"的意义。因此,"中国模式"反映了中国特色社会主义发展道路从真正起步经初步发展直到相对成熟的特定历史阶段,具有一定的时代性。我们相信,随着我国经济社会的进一步发展,"中国模式"还会不断获得其新的内涵和规定。

四是多重因素整合的辩证统一模式,这是"中国模式"最为核心的规定性。从内涵规定上来看,"中国模式"体现了四个辩证统一:发展理念与发展实践的辩证统一;经济政治文化和社会发展的辩证统一;现实发展和未来发展的辩证统一;国内发展与国际发展的辩证统一。从具体内容上来看,"中国模式"是独特的经济模式、独特的政治模式和独特的社会模式的辩证统一,是指全方位、宽领域、多层次的发展模式。从学理探究上来看,"中国模式"挑战了西方经济学的"市场与计划两分",实现了市场与计划的有机结合;"中国模式"挑战了西方政治学的"民主与专制两分",实现了有效的民主集中制;"中国模式"挑战了西方社会学的"国家与社会两分",实现了国家与社会的基本协调。

五是吐故纳新的螺旋上升模式,这是"中国模式"能够保持旺盛生命力的灵魂所在。"中国模式"并非固定不变的机械构成,而是在对过去实践经验概括的基础上对未来发展原则的积极探索。"中国模式"是在中国特色社会主义发展进程中逐渐成形的,本身是一个批判继承和与时俱进的发展体系,这体现于对中国既定发展道路的不断扬弃之中;"中国模式"是在世界多极化、经济全球化的大背景下不断呈现的,本身是一个具有极大包容性和吸纳力的开放体系,这体现于对世界先进文明的勇于接纳之中。"中国模式"本身就蕴含着逐渐丰富和不断进步完善的发展之意。

二、"中国模式"的宏观选择

"中国模式"实质上是中国作为发展中国家在全球化背景下立足中国的特殊国情,从同时兼有发展中国家、转型国家、社会主义国家三重属性出发,以建立一个富强民主文明和谐的现代化国家为目标,在社会主义建设的伟大实践中逐步形成的一整套的发展战略和治理模式。现有的"中国模式"创造了过去三十多年的奇迹,但随着我国社会经济的进一步发展,它同样需要做新的提升,来适应新的经济基础,创造新的上层建筑,最终走向高端的可持续发展的模式。

其一,继续强化实践本位基础上的以人为本。"中国模式"的形成过程,就是在改革开放的实践中不断践行"以人为本"这一根本价值原则的过程。

我们在现代化建设的进程中,坚持实践第一,理论服务于社会实践;坚持让实践说话,不搞无谓的争论;坚持"摸着石头过河",着力推进实践基础上的体制、制度和理论创新。在这一伟大进程中,我们尊重人民首创精神,改革开放以来,几乎每一项关乎全局、影响深远的体制、机制和制度创新,都得益于人民群众的首创之功。在这一伟大进程中,我们努力让改革发展的成果惠及全体人民,切实保障人民群众的各项权益。"社会建设与人民幸福安康息息相关。必须在经济发展的基础上,更加注重社会建设,着力保障和改善民生,推进社会体制改革,扩大公共服务,完善社会管理,促进社会公平正义,努力使全体人民学有所教、劳有所地、病有所医、老有所养、住有所居,推进建设和谐社会。"①

其二,进一步优化主导型政府的各项职能。政府主导下的集中高效,这是"中国模式"的鲜明特色。这种主导型政府对政治、经济、社会具有重大的影响力,能够对整个国家生活产生举足轻重的作用。"国家在经济中通常发挥关键性作用,被广大人民当做社会的保护神和化身。虽然中国已经推行市场改革,但各级政府(中央政府和地方政府)在经济中仍然发挥着非常重要的作用。"②这种主导型政府具有自身的优势:一是资源集中优势,资源集中能够带来行动高效。政府集中掌握着较多资源,因而具备极强的行动力,譬如就我国的基础设施建设而言,政府具有很强的干预和协调能力,我国在过去三十多年积累下了发展中国家少有的基础设施规模。二是制度创新优势。西方的自由化体制有利于思维创新,而我们则具备制度创新的优势。中国的改革发展是试点式、带动式、辐射式的渐进发展,成功的试点就成为典型,成为基点,成为动力源。在我国,"试点—推广"机制主要是依靠政府的力量来推动的,试点效果好,就把试点的经验上升为理论而后加以推广;试点效果不好,则凭借政府的强力尽可能把负面影响加以限制。

其三,深入推进和谐稳定中的渐进式改革。稳定是"主导型政府"的根本保障,"稳定压倒一切"是我国一贯坚持毫不动摇的指导方针。在这一大政方

---

①　胡锦涛:《高举中国特色社会主义伟大旗帜 为夺取全面建设小康社会新胜利而奋斗》,人民出版社 2007 年版,第 37 页。

②　马丁·雅克:《当中国统治世界:中国的崛起和西方世界的衰落》,张莉、刘曲译,中信出版社 2010 年版,第 149 页。

针的指导下,我国的发展过程可以用两个词来形容,"摸着石头过河"与"循序渐进",可以说中国改革进程中进行了不断的实验和修正而没有在经济体制尤其政治体制上进行过剧烈变革。"北京进行了明显有效的工作来实现改革努力的核心目标:在从计划体制转向市场体制、同时进行所有相关的机构和管理改革的过程中保持了总体的政治稳定,并且在这个过程中极大地增加了经济产出、对外贸易和境外直接投资。"①戈尔巴乔夫对苏联实施了为期6年8个月的改革,在短时间内使苏联政治转型,但是经过一年半的政治斗争后,苏联解体了。我们没有进行这样激进的改革,而是吸取了苏联解体、东欧剧变的不成功教训,使所有变化和改革都在循序渐进中进行,维持了国内长久的有利于搞经济建设的稳定局势。这种稳定的局面最明显的表现就是,我国经济多年持续稳定的快速发展,GDP 从低水平向高水平迅速上升,即便是在金融危机的严重影响下,我们也保持了经济的稳定增长。

其四,坚持对内改革与对外开放的协调发展。我国在对内进行社会主义市场经济改革的同时,对外大量吸收了市场经济的优势和其他模式的经验,在此基础上形成了我国独特的引进、消化、吸收、创新的发展模式。在国内改革上,我们运用社会主义市场经济理论,大力推进市场化改革。在处理政府与市场的关系这个问题上,在大力培育和发展市场经济这只"看不见的手"的同时,政府这只"看得见的手"也从未停止过主导作用的发挥。政府既通过市场间接发挥作用,又在必要时进行直接的干预。在国际上,我国采取了对外贸易和对外资开放的模式,一方面向外资开放,引进先进技术、现代管理方法、先进知识以及外国资本,以帮助我们发展;另一方面通过渐进式地对外贸易,逐步兑现 WTO 的承诺,从而使中国逐步融入国际经济体系。在这种内外结合中,我国正成为世界主要进出口国和被投资国,并正在变成主要的对外投资国。

三、"中国模式"的未来发展

中国的现代化建设已经取得了举世瞩目的成就,作为中国现代化发展之

---

① 李侃如:《治理中国:从革命到改革》,胡国成、赵梅译,中国社会科学出版社 2010 年版,第 271—272 页。

路集中体现的"中国模式"已经形成并以其鲜明特色引起世人的高度关注。但是,这种现代化发展道路并非终极形态,仍需进一步健全和完善。我们要在认清中国实际和总结国外发展经验的基础上,用创新精神健全和完善中国模式,形成创新导向的中国模式。结合目前我国发展实际和这种创新性导向,我们需要注意以下几个方面的问题。

其一,政府权限与市场作用的均衡。在当今中国,市场经济所要求的不断放权与国家层面的社会稳定之间总体上还是存在一定的紧张关系。以市场为基础的经济发展方式,要求把经济决策地点转移到国家的较低层次,地方需要有开发其资源以保证经济成功的灵活性。与此同时,由于利益集团的存在与政府权力的寻租性等,难免出现利益关系的不协调,乃至引发社会的不安定。在现有的条件下,进一步推进政府管理改革(建立责权统一的服务型政府,主要体现为理念上的人本政府、体制上的权限政府、机制上的法治政府、行动上的绩效政府和后果上的责任政府)以理顺政府与市场的关系,是我们必须大力加以面对的。

其二,国际形势与国内发展的统筹。当今世界处于大变革和大调整之中,一个普遍联系、相互依存的世界正在形成。在这种大背景下,任何一个国家都不可能闭关自守,在世界潮流之外独立发展。只有把国内形势和国际发展统筹起来的"中国模式",才能从世界发展趋势中赢得更多的机遇、获得更广的空间、取得更大的优势,才能有效驾驭各种复杂局面并维护好我国的发展利益和安全利益,才能全面提高我国的综合国力、国际竞争力和抗风险能力,从而把中国特色社会主义的伟大事业继续推向前进。在化解国内发展难题时,要积极借鉴国际先进的经验,取长补短;在参与国际行动时,注意保持中国特色,在国际舞台上充分展现中华民族的文化软实力。"中国模式"要协调好民族化与全球化的关系,保证中国的发展与崛起适合人类文明发展的基本趋势,使"中国力量"成为推动世界和谐发展的重要组成。当前我们正处于一个充满变动与不确定的后危机时代,这更需要我们把国内建设、发展与变幻莫测的国际局势结合起来,统筹兼顾,这样才能在实现自身发展的同时为和谐世界的建设作出贡献。

其三,社会改革与民生幸福的兼顾。"中国模式"发展的顺利与否在很大程度上取决于社会公众的心理认同。在目前条件下,我们在健全法制以严惩腐败的同时,还要努力建立劳动与资本共享经济成果的制度以打破"国富民穷"的格局;通过落实《劳动法》和提高人力资本地位来切实落实"以人为本"的治国理念;实行国民收入倍增计划;提升产业结构,保护环境和资源;调整房地产业发展方式。① 鉴于目前形势,我们要切实践行以人为本理念:要为民之所想、解民之所难、供民之所需,真正实现社会经济的发展成果由人民普遍共享;要惩民之所恨、扬民之所善,切实维护社会最广大人民群众的根本利益;要提升人民群众幸福感、尊严感、安全感,努力维护社会的公平正义。

其四,经济发展与生态环境的和谐。中国经济模式的成功在一定程度上其实是以牺牲环境、生态和能源为代价的。多年以来,低技术水平、粗放型的发展模式已经使得我国环境承受能力达到了极限,不可持续的发展模式难以为继。然而,我国的现代化进程才刚刚开始,我国的农业人口还占中国大多数,我们还要推进现代化、城市化的发展,我们实现现代化的道路依然漫长。现实逼迫"中国模式"必须在环保、节能和气候变化等方面寻找新的可持续发展之路。正如李侃如教授所言:"总体来看,将持续相当一段时期的中国的改革努力应该可以造就对环境更友好的发展方式。当前进行的改革展现了如下的前景:更高的生产效率、更小比例的资源投入重工业、更合理的原材料和污染控制技术的价格、更密切的与国际社会及其环境资源的联系,等等。由于改革极大地增加了中国的财富,它正在产生出不断增长的要求更舒适、更少危险的生活环境的人们。中国已经到达了这个转折点:日益增长的环境意识实际上正在带来更多的预防和减轻污染的投资。"②因此,尽管困难重重,但我们应该信心依然。

后危机时代"中国模式"的前途命运将取决于我们自身的选择,不同的选择将决定不同的命运。是选择一味吹捧"中国模式"的优越性而遮蔽其中的缺陷和面临的挑战,还是选择虚心学习、认真总结,在不断调整和改造中继续

---

① 参见徐洪才:《大国金融方略:中国金融强国的战略和方向》,机械工业出版社 2009 年版,第 193 页。

② 李侃如:《治理中国:从革命到改革》,胡国成、赵梅译,中国社会科学出版社 2010 年版,第 298 页。

上升？如果采取理性态度而选择后者，我们有理由坚信"中国模式"将会在不断变革与调整中获得可持续发展，这将是实现中华民族伟大复兴的和谐发展之路。

第四节　危机时代的伦理思考

越来越多的人意识到我们正生活在一个缺乏安全感的危机时代。身处危机时代加深了我们对人类行为的理解：法律制度在对人类行为的激励和约束方面并非尽善尽美，道德伦理对人类行为的规范同样不可或缺。美国的次贷危机延伸为金融危机，进而形成全球性经济衰退，就是道德风险的充分体现。目前，危机已经进入了相对平缓的缓和期，但由于危机的根源仍未消除，我们仍处于一种充满不确定性和不稳定性的缓和与未知动态并存的状态之中，即所谓的"后危机时代"。面对这种不确定性，我们需要从伦理维度进行深刻的反思，更需要在反思的基础上作出我们的伦理选择。

一、澄清经济的伦理意蕴

"经济"反映的是人与人之间的一种关系，内涵着一定的伦理意蕴。"经济学"（economics）的字源学意义是家务管理的艺术，指的是精明管理家庭事务这一特定领域。在古希腊，经济行为只有作为人在家庭共同体中道德生活的一个方面时才是合乎理性的，它包含着两个方面："一方面，它包括履行有关婚姻、父母身份和奴役控制等共同体中的领导功能；另一方面，它也包括购置和管理财产（治产）。"①这里的"领导功能"既体现在组织生产过程之中，更是包含了家庭共同体的广泛理想——家主在确保家人明确相互权利和义务的基础上要确保这些权利和义务的实现。这里的"治产"，以被社会共同体认可的欲求作为评价标准，也就是说并不是任何行动都会导致经济行为。譬如，亚里士多德认为，牟利的生活（非以生活必需为目的的交易、商贩、雇工、放贷

---

① 乔治·恩德勒等主编：《经济伦理学大辞典》，李兆雄、陈泽环译，上海人民出版社2001年版，第584页。

等)以赚钱盈利为目的,并非家庭经济生活,而是一种违反自然、违反本性的生活方式。由此可见,经济的古典含义内涵着丰富的伦理意蕴:经济是一种伦理共同体的诸成员之间相互依赖、彼此和谐的有序生活状态。

著名经济学家阿马蒂亚·森在现代语境下发掘了经济的伦理内涵,探究了经济学和伦理学的内在关联。他认为,"经济学"有伦理学和工程学两个方面的根源:经济学的伦理学根源内涵着"伦理相关的动机观"(the ethics-related view of motivation)和"伦理相关的社会成就观"(ethics-related view of social achievement)这两个中心问题;经济学的工程学根源只关心最基本的逻辑问题,即确定人类的目标后寻求实现这些假设目标的最合适手段,根本不关心人类的最终目的是什么,以及什么东西能够培养"人的美德"或者"一个人应该怎样活着"等这类问题。[①] 阿马蒂亚·森看到了由于现代经济学与伦理学之间隔阂的不断加深而导致的经济学的严重贫困化问题,经济学只有通过更明确地关注构成人类行为和判断的伦理思考才能变得更具解释力,只有具有内在伦理旨趣的经济才能真正推进人类生活的幸福。

然而,现代化的进程凸显了人的个体化,个体的需要逐渐变成了一种没有内在目的只受外在限制的欲求,"家"所包含的伦理意义逐渐从经济中消失了,以分工为基础的生产和普遍交换为指向的市场取向成为近现代经济的题中之意。或者用阿马蒂亚·森的话来讲,人们更多地运用工程学的观点来分析和研究人的经济行为。于是,我们的政府和公共知识分子的一项最重要工作就是每天忙于为自私自利的理性经济人制定各种各样的规则和制度,然而规则和制度总是滞后于现实行为的,所以我们的行为总是亡羊补牢式的;尽管有所补救,但总是治标不治本。于是,千千万万的理性经济人,在全球化的普遍联系中产生了非理性的经济危机。面对危机,我们应该清醒地意识到,经济与伦理是内在关联的,"经济学问题本身就可能是极为重要的伦理学问题,包括苏格拉底的疑问'一个人应该怎样活着?'"[②]

---

① 参见阿马蒂亚·森:《伦理学与经济学》,王宇、王文玉译,商务印书馆 2006 年版,第 10—11 页。

② 阿马蒂亚·森:《伦理学与经济学》,王宇、王文玉译,商务印书馆 2006 年版,第 16 页。

二、加强政府的伦理导向

随着全球金融危机的发生,正统经济学由于倡导"市场原教旨主义"而遭到了人们的质疑和诘难。在这些质疑者和诘难者们看来,全球金融危机的成因是市场失灵和政府部门公共治理的不力。事实的确如此。若从更深层的价值基础来考察,自由资本主义发展中政府的消极不作为和政府在伦理导向上的貌似科学合理的价值中立取向实为引发危机的重要原因之一。

现代自由主义理论认为,国家或政府在个体诸善之间应该保持"价值中立"。正如威尔·金里卡所指出的:"当代自由主义理论的一个显著特征是其所强调的'中立'原则——国家不应当奖赏或惩罚各种有关良善生活的特定观念,而应当提供一种中立的构架,使人们能够在此构架中追求不同的和可能冲突的善的观念。"①也就是说,国家应当中立于公民个体所追求的所有的良善生活观念,平等地宽容它们;国家的任务在于制定和维持一些规则以使公民能够去过他们想过的生活;政治道德应当只关心权利,而让个人去决定他们自己的善。这种坚持国家价值中立的观念出于对国家深深的不信任,不相信国家能够自我约束,自觉公正地运用权力。国家的公共权力的确应该受到约束,但是我们不能走向另一个极端而使国家行动的空间无限压缩。倡导国家价值中立的自由主义及其政治实践已经引起了诸多的社会问题:犯罪率上升,毒品泛滥,家庭解体,有效的公共教育日渐崩溃,人们在公共和私人事务上更加贪婪和短视,政治参与意识的持续衰降和政治犬儒主义的不断攀升,等等。

国家价值中立的原则会瓦解公民个体对共同利益的共识,而要公民接受福利国家所要求的个体利益的牺牲,这种共识就必不可少。并且,作为公共利益之基础的公民的美德和善行不是与生俱来的,而是后天地、社会地形成的,是通过教育而获得的。公民的美德与自身价值观密不可分,一个具有美德的人知道什么是应该做的、值得做的,什么是不应该做的、不值得做的。在传统权威和神圣性消失以后,唯有现代国家才能引导公民确立正确的价值观使公

---

① Will Kymlicka,"Liberal Individualism and Liberal Neutrality",in *Communitarianism and Individualism*,Shlomo Avineri and others(eds.),Oxford University Press,1992,p.165.

民们达成善恶的共识，也唯有国家才能承担起对公民进行美德教育的公共责任。如果国家在这些方面保持中立而无所作为，让公民完全自发地、任意地作为，结果只能是社会碎片化的加剧，也将最终从根本上损害与我们每个个体都息息相关的公共利益。更进一步，自由主义所主张的价值中立，既不能促进公民美德，也无法保证公民的权利。在公民的公共生活和国家事务的参与问题上，自由主义既不鼓励公民积极参与国家政治生活，也不鼓励国家去积极争取公民参与政治生活。在泰勒看来，公民关心国家事务，参与政治生活，既是公民的责任，也是公民的美德，所以要倡导公民积极地参与社会公共生活，并且尽可能地扩展政治参与范围。只有积极地参与公共政治生活，才能实现公民个体自我价值和美德，也才能最终保障公民权利的实现。因为公共参与热情的降低与政治冷漠感的增强一起将导致专制主义的产生，这会从根本上危及公民权利。这种中立性的强调，使公民美德、崇高境界和英雄主义远离我们的生活，使各种价值和生活方式的评判变得无法实现，并从根本上否认人类公认的良善观念的共享性，最终我们将彻底堕入一种虚无主义之中。"现代人正在失去或已经失去价值判断的能力，因此也就失去了人性。自我满足、顺应欲望、寻求问题的简单解决、福利国家的整个计划，都是一种无能的标志，即不敢指望人类可能的完美或超越自我的境界。"①所以，我们的国家或政府不能继续在个体诸善面前继续保持沉默，必须高扬代表历史发展方向的道德价值观，以赋予人们的行为一种授权性的力量，这样我们才能在后危机时代看清前进的道路。我们必须坚信，"应当"（善）之中蕴涵着"能够"（行动的力量）！

因此，政府应在社会价值取向上起到主导和引领的作用。首先，以政府伦理提振发展信心。面对危机，首先要提振信心、坚定信心。这种信心，不是一种盲目乐观，不是一种侥幸心理，而是立基本于一定的经济基础、政治基础、群众基础之上的一种和衷共济、休戚与共的积极态度。政府的积极高效、清正廉洁、民本至上和忧患意识将成为化解危机之信心的重要来源。其次，借助政府伦理落实宏观经济政策。面对危机，政府大大提高协调力、执行力，这对坚持

---

① 艾伦·布卢姆：《美国精神的封闭》，战旭英译，凤凰出版传媒集团、译林出版社2007年版，第153—154页。

政府伦理提出了更高要求。要重视发挥伦理导向和教化的作用,促进政府调控和发挥市场机制作用的互动,确保宏观经济政策的落实。最后,通过政府伦理引导经济职能的履行。坚持政府伦理的引导与规约,校正政府调节的目标,规范政府调节的行为,增强政府调节的力度,提高政府调节的效应。

具体到经济政策和相关法律法规制定的层面,政府至少要兼顾以下三重伦理关系:一是以经济伦理约束涉及国家与国家之间的关系的政策与法规的制定,努力避免一些发达国家在处理与发展中国家关系时的"合法"剥削行为、掠夺性购买资源行为、危机转嫁行为、策略性汇率政策和游资投机行为等;二是以科学发展观规范涉及人与自然关系的政策与法规的制定,要有人类共同、长远的利益观念,要坚持人与自然和谐的原则,而不能搞人类沙文主义和人类中心主义;三是以道德价值引导涉及企业、公民相互之间关系的政策与法规的制定与执行,倡导企业的社会责任,塑造公民的道德意识,形成良好和谐的伦理互动关系。在危机所带来的动荡和混乱的情况下,政府应及时考查所制定的政策是否与人性相容、与社会相容、与民主相容、与生态相容,应以和谐性尺度对竞争秩序、社会福利政策等进行伦理评价。

三、重视企业的伦理责任

在全球性金融危机引发的"经济寒潮"面前,企业伦理责任成为社会关注的焦点。面对危机,我们看到:不负责任企业的唯利是图是金融危机产生的重要原因,这种不负责任的企业自身难以逃脱危机的重创;勇于肩负社会伦理责任的企业则能较好地应对冲击并让自身较快走出危机,而且还能成为危机破坏力的有效屏障。因此,在后危机时代,企业更应该采取勇于肩负社会伦理责任的态度和相应的措施,与政府和社会共度时艰,共创危机之后的繁荣。

企业伦理责任是指企业作为主体在社会生活中应承担的义务,以及对企业所选择的不良行为所承担的后果。强化企业伦理责任是一个社会必须面对的问题,一方面关系到企业自身发展的利益所在;另一方面,它又是影响和谐社会协调发展的一种价值观的精神因素体现。马克斯·韦伯从文化与伦理的角度考察了欧洲资本主义的产生和发展,认为资本主义精神促进了欧洲资本主义的产生与发展,而新教伦理是资本主义的精神来源。"事实上,这种伦理所追求的 summum bonum（至善），完全没有幸福主义的成分掺杂其中，更不用说享乐主义成分了，这一点至关重要。就是说，既要挣钱、而且多多益善，同时又要力避一切本能的生活享乐。它被十分单纯地看做了目的本身，以致从单独某个人的幸福或功利角度来看，它显得完全是超验的，是绝对无理性的。人活着就要去赚钱，就要把获利作为生活的最终目的。经济获利活动不再作为人满足自身物质需要的手段而从属于人了。它颠倒了我们所说的那种自然关系，从一种朴素的观点来看，它是极其无理性的，但却显然是资本主义的一项指导原则，这一点确凿无疑，而同样确凿无疑的是，它和一切没有受到资本主义影响的民族都不相干。与此同时，它又表达了一种与某些宗教观念密切相关的情感类型。"[1]新教伦理生成的伦理精神就是资本主义精神，这种资本主义精神是促使企业家与雇工之间关系和谐、共同奋斗的基石。韦伯笔下的资本主义精神实质是一种企业家伦理。"企业家"这个词，源于法文，意思是敢于承担起风险和责任，并开创和领导一项事业的人。企业家不仅要表现出决策能力、创造活力和求成动机，而且要准备在不确定的环境中制造并承担风险。企业家伦理是指那些涉及企业家地位的基本信念，这种基本信念肯定了企业家的社会角色理解和自我理解，在伦理要求与经济要求的矛盾地带确立了企业家的"商业道德"，并力图使其经受舆论批评的检验。[2]　目前我们要真正化解时代危机，必须从重新塑造企业家伦理开始。以企业家伦理来缓解乃至克服经济危机，将是我们的必然选择。

　　在现代语境下，企业家伦理主要体现为一种企业家精神。所谓的"企业家精神"是指企业家组织建立和经营管理企业的综合才能的表述方式，是一种重要而特殊的无形生产要素。现代企业家精神至少包含着创新精神、冒险精神、创业精神和宽容精神几个方面。企业家是企业形象的代言人和形象大使，他们的行为直接体现着企业的伦理形象，影响着员工的伦理态度，甚至影响着整个社会的道德风气。企业家要以高标准的道德规范自己的行为，避免

---

① 马克斯·韦伯：《新教伦理与资本主义精神》，阎克文译，世纪出版集团、上海人民出版社 2010 年版，第 185—186 页。

② 参见乔治·恩德勒等主编：《经济伦理学大辞典》，李兆雄、陈泽环译，上海人民出版社 2001 年版，第 531 页。

因为行为失范形成负面形象,给企业带来不应有的损失。企业家如果能够廉政奉公、廉洁自律、吃苦在前、享乐在后,急员工所急、想员工所想,必然会使员工产生敬佩感、信赖感和认同感,引导员工树立积极向上的企业理念和价值观念,形成为企业长期目标而奋斗的整体意志和自觉性。由企业家伦理人格所产生出的精神力量,作为特殊的感召力、渗透力和冲动力,直接作用于员工的情感心理,拉近与员工的距离,使他们自觉接受领导并规范行为,维护企业利益。因此,解决企业伦理责任问题,关键在于企业家的道德责任和社会对他们的激励约束。

只有具备了企业家精神,才可能对企业有具体层面的经济伦理要求,才可能进一步强调企业的社会责任。首先,企业的社会责任在于产品质量保证、纳税义务、诚信、市场行为合理合法等,通过自身的经济行为为社会经济的进一步发展、提高人们的物质生活水平作出应有的贡献。其次,企业应在遵纪守法方面作出表率,遵守所有的法律、法规,包括环境保护法、消费者权益法和劳动保护法;完成所有的合同义务,带头诚信经营,合法经营;带动企业的雇员、企业所在的社区等共同遵纪守法,共建法治社会。最后,企业的社会责任还内涵着一定的伦理责任。伦理责任是社会公众对企业的期望,企业应努力发挥资本优势,为发展教育、医疗卫生、社会保障等社会公共事业作出贡献。同时,企业还应注意不能使社会遭受自己的运营活动、产品及服务的消极影响。企业必须从企业确立生态道德责任的价值目标、培养员工生态道德素质、建立企业生态道德责任的系统工程这几个方面入手确立企业的生态道德责任,只有这样,我们的企业才能将经济活动、生态智慧和伦理关怀融为一体,最终才有可能实现与社会经济相协调发展。加速产业技术升级和产业结构的优化,大力发展绿色企业,增大企业吸纳就业的能力,为环境保护和社会安定和谐尽职尽责。

四、塑造非政府组织的伦理价值

非政府组织在今天的社会经济生活中发挥着越来越重要的作用。在今天,我们要看到维系非政府组织存在和发展的不仅仅是个体自主的权利意识,更应该是人们彼此之间的一种共同体意识(内涵着关怀意识、责任意识、参与意识、合作意识和奉献精神）。非政府组织是在利他主义的指导下和志愿奉献的基础上开展活动的,关注的往往是社会公共性的问题和人类共通性的问题。非政府组织让人们灵魂的升华找到出路,让人们更好地认识自我和认识社会;非政府组织丰富和改良着人们的文化生活,并创造出重要的良性的社会资本。后危机时代使我们更明确了非政府组织应该承担的公共伦理责任。这种公共伦理责任,是时代要求对非政府组织的深情呼唤,是非政府组织对社会需要的自觉回应。

强调非政府组织的公共伦理责任是历史发展到一定阶段的必然产物,这种公共伦理责任的焦点在于责任的社会性与公共性。近代所谓的公共伦理责任,更多的是针对掌握公共权力的公共部门尤其行政部门提出来的。在前资本主义时期,政府是不负有任何公共伦理责任的。随着商品经济的发展和民主政治体制的建立,"国家有责"的原则开始确立,政府及其工作人员负有责任的信念逐渐深入人心。到了现代社会,公众对政府的期望日益提高,政府面临的信任危机不断加深,对公共伦理责任及其保障机制的研究,成了公共部门研究的热门课题,对非政府组织的公共伦理责任的关注正是在这一大气候下形成的结果。"20世纪最后十年,似乎形成了一个广泛的共识,视非政府组织(NGOs)为良品——发展的领头羊,民主机构,赋予全球化以意义。NGOs曾被看做是活跃的市民社会的核心,它支持公共服务的传递,并推动1989年柏林墙倒塌后从未间断过的民主化进程。然而,2001年后,许多人企图构建不利于NGOs的情形。他们指出,NGOs正在削弱国家的权威与民主,并且与任何实际的公众没什么关联。随着NGOs越来越多地在公共政策中发出它们的声音,并主张在界定问题(全球热点)与解决方法(全球条约)上扮演关键的角色,对NGOs问责的需求也在日渐增长。"①概言之,非政府组织的公共伦理责任有以下三个方面的根源。

一是源于非政府组织的公益性质。非政府组织所诉求和依赖的是同情心和爱心等各种美德。当市场经济对人们的道德、价值观念带来巨大冲击的时

①　丽莎·乔丹、彼得·范·图埃尔:《非政府组织问责:政治、原则与创新》,康晓光等译,中国人民大学出版社2008年版,第3—4页。

候,社会需要通过非政府组织的慈善、公益与志愿精神来弥补市场经济的不足。然而,一旦非政府组织的腐败行为泛滥时,则不仅会影响非政府组织功能的正常发挥,还会加剧人们道德的沦丧。由于非政府组织的公益性质,其公共伦理责任的缺失必然造成极为严重的负面后果。因此,虽然营利机构的诈骗行为屡见不鲜,但非政府组织的类似行为却会招致千夫所指。二是源于非政府组织服务公众的伦理使命。非政府组织是民间社会组织,其公开宣称的伦理使命和价值观是民间公益性的。但在现实生活中,非政府组织能否真正是民意的代表以及在多大程度上能成为民意的代表,是很不确定的。非政府组织政治作用的日益增强被其他政治行动者视为挑战,他们质疑非政府组织有什么权力在政策制定中要求发言权。非政府组织有什么权力要求被当作是一个合法的行动者?凭什么把自己看作是人民的代言人?人们认为,非政府组织除了他们自己以外,谁也不代表,他们没有得到合法的授权,因为他们并不是由一群特定的选民选举产生。此外,由于非政府组织较之以前更依赖商业化激励手段促进募捐工作,这就意味着为了保持其公益性质或外在形象,它必须强化公共伦理责任。三是源于资源汲取的约束。非政府组织虽然没有公共权力,但却因为"慈善"、"公益"、"志愿精神"而拥有一定的资源,其在资源汲取上所面临的约束使得公共责任成为共同关注的核心问题。首先,非政府组织的资金来源和运作成本依赖于社会财富的二次分配,并往往在法律上享有一定的减免税待遇。因此,相对于企业组织来说,非政府组织的公共责任更显突出,更有必要加强自律与他律的结合。其次,对于主要依靠政府资助和公众捐赠的非政府组织来说,理应对资助者和捐赠者有所交代。最后,在资金来源上,非政府组织除了靠政府资助外,也搞一些营利活动,这是由于资源不足而采用经营行为作为补充;但是它既然是有了营利行为,那是否仍然算是非政府组织就值得置疑了。

非政府组织的公共伦理责任,是我们在后危机时代必须面对的一个重要问题。为了促进非政府组织的健康发展,为了彰显非政府组织独特的伦理魅力,必须形成以人为本,自律与他律相结合,激励与惩戒并重,以道德为支撑、产权为基础、法律为保障的非政府组织公共责任机制。只有受多重外在力量的监督,才能日益强化非政府组织的自我约束与监督机制。只有在良好的社会环境中,非政府组织受到的外部约束力才能转化为自觉的责任意识和内部自律机制。具体而言,我们可从以下三个方面来认识:一是发挥非政府组织在经济社会发展中的作用,譬如发挥民间资本作用以解决中小企业的融资困难,通过民间组织吸纳大量就业人员以缓解就业压力等;二是发挥社会组织在帮助弱势群体方面的作用,譬如协助政府提供公共服务,解决教育、医疗、环境、生存等方面的困难;三是政府与非政府组织要建立互信合作机制,并为其发挥作用创造良好的外部环境和条件,给予其充分的活动空间;四是进一步完善非政府组织问责机制①,以更好地发挥其积极作用。

五、强化个体的伦理使命

我们今天的社会经济生活主要依靠利益驱动和价值规律的杠杆来驱动,并借以实现社会资源的优化配置和最佳组合。在这种情况下,经济主体的行为必然带有强烈的功利性和自主性,并使人们的道德心境发生了巨大的变化:道德主体(在经济生活中就是经济主体)对道德对象(在经济生活中就是人与人之间物质利益关系)的关切度和依赖性比以前任何时候更直接了,对物质利益和感官享受的情感取向和心理偏执也比以前更强烈了。于是,在人们的内心世界中起支撑作用的精神信念和价值原则逐渐式微,人生的价值目标和终极关怀越来越淡化。原先行之有效的道德准则被潮水般涌来的市场经济冲击得支离破碎,而新的适应市场经济的道德律令又未能完整地建立起来。因而,在市场经济大潮中,人生价值和安身立命的精神家园丧失了。个人失去了更为宽阔的视野而代之以生活的平庸化和狭隘化以及变态和可悲的自我关注,"个人主义的阴暗面是以自我为中心,这使我们的生活既平庸又狭窄,使我们的生活更缺乏意义,更缺少对于他者和社会的关注"。② 崇高理想遭到了

---

① 有大量实际而重要的问责是 NGO 需要面对的,这也是其本身的责任:第一是组织层面的责任,包括决策及财务的透明、执行效率以及在法律限定的框架内以透明的方式操作;第二是嵌入到 NGO 使命中的责任,如推动穷人和儿童的权利、消除饥饿或者拯救环境;第三是面向影响着 NGO 或者参与到 NGO 活动中的不同利益相关者的责任。参见丽莎·乔丹、彼得·范·图埃尔:《非政府组织问责:政治、原则与创新》,康晓光等译,中国人民大学出版社 2008 年版,第4—5 页。

② Charles Taylor, *The Ethics of Authenticity*, Harvard University Press, 1991, p.4.

解构,所谓人生意义的追求变成了自我粉饰抑或充满意识形态韵味的政治口号。我们对终极目标和理想境界表现出了极度冷漠和无情鄙视,对世俗生活中的感官享受和功利人生表现出了极大的热情和神往。

进一步而言,现代人生活的一个重要特征是工具理性的盛行。目前,工具理性与价值理性的失衡,导致了工具理性对生活世界的侵蚀,使个体德性衰微于工具理性之中。在工具理性占统治地位的现代社会中,个体的价值差异不再呈现于个体自身的德性之中,而是淹没于市场经济的利益追逐之中。于是,利益的追逐而非德性成为了衡量个体价值的标准,并渗透到社会生活的各个方面,人的价值彻底被物化和客观化了。"即使人能够摆脱拜物教,超越外物对自己的奴役,也难以摆脱日益取得独立性、规则性、严密性的事务关系对自己的控制,自己也不得不适应这个似乎没有人性、令人无奈的事务系统。在这个已经形成了内在逻辑的系统的自我壮大和演化面前,作为其自我再生产的环节和基础,人势必陷入虚无。无奈、被否、被利用,成为某种存在借以维系自己的工具,如此感受这种关系的个人内心中,就逐渐培育起初步的虚无意识,并可能在厌倦、荒诞、自嘲中升腾,变成强烈的批判意识或犬儒意识。"①深层次的意义危机才是这个社会的根本危机。

我们还要看到,现代社会发展还是一个高风险、高变化的社会,这种风险与流动性也在消解着德性的力量,现代人不可避免地进入了一个风险与多元化的时代。现代风险社会最主要的特征就是肇事者越来越多,难以确定责任承当者。于是,道德责任在有罪过但找不到罪犯的"责任漂流年代"中被荒诞地消解了。与此同时,多元化社会一方面铸就了一种宽松的自由氛围,促进了各项事业的繁荣发展;另一方面也成就了社会的无序与错乱,这种无序与错乱在更深刻的层面上就表现为伦理道德观念的紊乱。这样的一种社会状态,在全球危机中更是起到了推波助澜的作用。

面对危机,我们需要反思自身的生活方式和价值理念,重建我们的精神家园。任何一种经济模式本身必定依附于一种道德伦理体系与人生价值理念,经济生活本身的规则与实现方式也正是同时代的道德伦理的基本体现。这次

---

① 刘森林:《物与无》,江苏人民出版社 2013 年版,第 303—304 页。

经济危机和金融危机的实质的确是精神的危机和信仰的危机。在危机中,信心的确比黄金更重要,但信心的基础是诚实,是信赖。越是处在欺骗的环境中,大家就越没有信心。道德危机有三种表现:第一个表现是人们失去了自己的职业操守和社会责任;第二个表现是不讲诚信、只讲利益,只有自我、没有他人;第三个表现是历史文化传统的削弱,民族向心力和凝聚力降低,共同体意识的衰减,社会日益呈现出一种碎片化的状态。

世界发展到今天,每个人都已成为地球村的村民,个人行为不仅影响自己,而且影响周围和世界。全球风险的出现以灾难的形式证明了人类共存的意义:在全球风险下,只有相互合作才能保持人类整体的延续和发展。因此,在后危机时代,我们必须努力培养共同体意识,即共同体中的单个主体在实现自身权益的同时要意识到其他主体的权益,尊重它的实现,并承认共同体是所有利益相关者在权利平等基础上的共同治理。就个人而言,自身的伦理使命具体体现在以下几个方面:一是作为劳动者的职业行为要有道德,就是对所从事的工作有责任感、主动创造精神和执行力,对所从事的职业以及自己的具体工作性质及其所产生的社会效应(包括良性效应和不良效应)有较好的认知,从而将自己的职业行为限制在良性区间之内;二是作为消费者,要理性消费、绿色消费,无论收入高低都要节约资源。任何浪费都是对整个地球和大气层的压力,都会增加人类可持续发展的困难;三是提倡对政府、企业及其他组织和个人不良行为的监督和制止,加强公共参与意识,不为不良行为提供方便,不参与危害社会经济运转的活动。

我们今天面临的危机其实是包含经济危机、政治危机、文化危机、道德危机和价值危机等在内的一场综合性社会危机。我们需要进行全方位的当事人式的"危机内反思",这种反思应以经济为原点而展开,涉及当代整个文化系统和价值体系,并在此种反思的基础上整合各种力量有针对性地提出有效对策以化解危机、寻找出路,从而在经济与伦理的和谐互动中创造我们的幸福生活。

结　语

面向未来的人文教育

人文教育是对人类根本生存状态的自我反思,渗透着人类不满足于日常现实生活的形而上追求,这是一个与人以及人类社会的发展相伴而生的永恒问题,尤其是近现代社会生活日益资本化以来显得愈益重要。近现代以来人们的社会生活发生了巨大改变,现代性作为一个绕不开的生活基本主题呈现出来:我们享受到了现代经济生活的日益丰盈和现代科学技术的快捷方便,我们也在承受如此种种而带来的困扰和纠结。现代性看似包罗万象,实则通过简单线性的思维方式淋漓尽致地呈现了传统社会遭到解构后现代社会生活的基本样态。面对现代性的种种问题,人文教育将是人类在危机中实现自我拯救的阿基里斯之踵。

一、现代性危机中的人文迷失

人是什么? 这是一个至关重要的问题,也是人文教育应该反思的根本问题。对这样一个问题的追索和探求,才能使我们无愧于"人"这个伟大而高贵的称呼,才能使我们获得摆脱野蛮和愚昧并走向文明和智慧的原动力。"要有勇气,才能认识你自己:认识你自己的精神,一旦你认识了它是什么样的,你就会承认它是多么地令人倾慕、非凡出众和罕有难得,除非你想欺骗自己。"①人,是唯一能够对其本身展开积极反思的存在物,并在这种自我意识的日趋完善中灵活游走于丰富的生活世界之中。古希腊德尔菲神庙上镌刻的"认识你自己"与苏格拉底的"自知我无知"是对人应有的自我认知的提示和警醒,柏

---

① 维柯:《论人文教育》,王楠译,上海三联书店 2007 年版,第 37 页。

拉图在《理想国》中通过一个"洞穴假相"的隐喻更是充分展现了一种自我去蔽的启蒙理想，由此开启的人文教育史无不围绕着"人是什么"这一根本问题而展开。然而，现代性的发展逐渐遮蔽了这一根本问题——近现代以来社会在貌似进步与发展的背后隐藏着人类自我反思能力的降低所带来的人文迷失。

在经历了文艺复兴和宗教改革的西方世界里，传统社会中对人的束缚和限制在普遍存在的对自由与平等的渴望和争取中遭到大大削减，人的尊严和价值在法律约定的保障下得到前所未有的凸显。然而，人权的吁求与捍卫并未能保证我们走上一条通往普遍幸福生活的康庄大道，因为与人权呼声同时崛起的还有强大的资本力量，资本在整个社会生活中的迅速膨胀不仅极大改变了我们生存于其中的客观物质环境，而且也在不断调整着我们的交往关系和人文境遇。马克思看到了资本主义生产关系在经济上的迅速崛起以及对人们原本相对匮乏的物质生活的巨大改善，但同时也敏锐地意识到资本主义的摧枯拉朽不仅体现在对封建城堡所代表的王权集中的粉碎方面，而且体现在对人类生存根基的严重威胁方面。"这个仿佛用法术创造了如此庞大的生产资料和交换手段的现代资产阶级社会，现在像一个魔法师一样不能再支配自己用法术呼唤出来的魔鬼了。"①差不多与马克思同时代的尼采更是以一种非理性的方式预告了现代性极端发展的后果——上帝死了以及由此而来的道德无政府主义。几十年后法国社会学家福柯"人死了"的呼喊，更是对尼采宣言的后现代回应。科学(尤其是自然科学)及其所代表的绝对理性在大踏步地前进，人文精神在科学理性面前唯唯诺诺、无所适从地陷入尴尬甚至悖谬的存在质疑之中，自然也越来越无力承担起提示和警醒科学发展的重任。我们看到，肇始于笛卡儿"我思故我在"的现代理性思维方式对确定性知识的追求达到了近乎疯狂的程度，我们在对对象化客体的认识、把握、占有、掌控和任意处置中充分展现着作为主体的力量和扩张性，我们在主客二元对立的思维逻辑中客观地对待我们周围的一切，我们在"人定胜天"的乐观和信心中把本属存在意义上的生活世界不断对象化，我们挥舞着理性的大旗在为世界除魅的世

①　马克思、恩格斯:《共产党宣言》，人民出版社 1997 年版，第 33 页。

俗化道路上一路高歌猛进。我们在将自然作为客体加以征服的道路上仿佛取得了绝对的胜利，但我们也由此背负上了沉重的发展代价，更为重要的是，我们似乎失去了更为根本的东西——明晰的自我意识以及自我在人世中审慎行动的实践智慧。

在现代社会生活中，日渐褪尽伦理意蕴的"经济"在对利益交换的关注和崇尚中成为了社会生活的核心，我们把对"人是什么"、"人应该如何存在"这类看似虚幻实则关乎人之根本的重要问题视为一种不经济的伪问题加以拒斥，我们在物质生活的追逐、职业选择的算计和日复一日的机械重复中迷失了自我，我们原本意义丰富的生活世界在注重手段—目的之简单逻辑的工具理性霸权支配下变的支离破碎：人的身体失去了多维的伦理承载而变成了一种可以客观化把握的对象，生命的充盈意义在简单的新陈代谢过程中日渐枯竭，有助于达成自我实现和彼此和谐的社会生活共同体彻底式微。当代著名政治哲学家查尔斯·泰勒曾经总结了现代性的三种隐忧：意义的失落、工具理性的霸权和人类根本自由的丧失。① 其实，这三种隐忧可以集中归结为一点，那就是人的迷失，这正是我们理解现代性危机的阿基米德支点。在传统社会中，"伟大的存在之链"预定着人类社会生活的和谐，在其中，人们的生活模式相对固定，活动方式相对单一，交往空间相对局限，人际关系相对平和，由此而来的是人们拥有一种稳定有序的社会价值观念和强烈的自我认同感；而近现代社会以来，随着传统价值体系的松动乃至崩溃，人们固有的生活模式被打破，原来尽管内涵着不平等但错落有致和谐稳定的身份关系格局被逐渐拉平，彼此之间的交往空间在现代科学技术催生的便捷交通和灵活信息的帮助下得到了极大扩展，受到市场与资本影响的人际关系在相互需要、注重交换的社会体系中变得复杂多变，如此造成了流动性社会状态中人们的自我认同危机，"我是谁"似乎成为每一个生活于现代世界中的个体人都无法回避的困惑，碎片化的精神困顿在普遍发生着。科技理性和市场逻辑使我们意义丰盈的生活空间在机械分割中被抽象化，我们在五彩斑斓的商品展览和看似精明的理性算计中迷失了自我，狄更斯笔下"最美好的时代与最糟糕的时代、智慧的年头与

---

① 参见 Charles Taylor, *The Ethics of Authenticity*, Harvard University Press, 1991, pp.2-12。

愚昧的年头、信仰的时期与怀疑的时期、光明的季节与黑暗的季节、希望的春天与失望的冬天、我们全都在直奔天堂与我们全都在直奔相反的方向"无比妥帖地揭露着我们当下前所未有的纠结感。这也正是我们在这里讨论的人文迷失问题。

二、我们时代的人文教育境况

美国保守主义思想家艾伦·布卢姆在《美国精神的封闭》中分析探讨了在美国年轻人当中存在的严重的价值虚无主义问题,"虚无主义及其伴随的生存绝望,在美国人看来几乎仅仅是一种姿态,但是随着来自虚无主义的语言成为他们教育的一部分,并且日渐渗入他们的日常生活,他们开始利用由这种语言所决定的方式追逐幸福"。[①] 其实,布卢姆的人文主义忧虑是美国的,也是世界的。这种价值虚无主义在真实的生活世界里体现为完全内在化的道德意识和"怎么都行"的行为方式,我们从中感受到的是一个无根时代里凉拌菜式的生存状态以及由此而来的精神面貌的日趋白板化——我们时代的每一个人仿佛都成了虚无主义深渊里的自由落体和现代性洪流中无所适从的浮萍。这种悲剧性的现代性命运与理性主义主导的教育模式密不可分,我们倾向于把知识具体化为可以理智掌握的客观目标加以机械传授,而把维系和支撑这些知识的诗歌、修辞、艺术等饱含想象力的人文修养弃如敝屣,或将之作为一种装点或修饰。理性主义主导的教育模式使我们的人文教育背离了"完善人格,提升境界"的本真状态,而被工具化、专业化、技术化为一种可以机械掌握的手段。这种被异化了的人文教育是现代性的产物,但也在加剧着我们生活的现代性:我们高扬的人本精神越来越失去了关注他者的和谐向度而在自我封闭的圆圈中被大肆渲染,我们坚持的道德标准似乎只能在原子化的个体自我中才能找到根据,我们追求的幸福生活日益沦落为无尽欲望的不断满足。

家庭本应是人文教育理念的孕育之地,可是与传统社会相比现代家庭所蕴涵的能够为人文教育提供支撑的伦理价值日渐式微,原本稳固的婚姻家庭

---

① 艾伦·布卢姆:《美国精神的封闭》,战旭英译,凤凰出版传媒集团、译林出版社 2007 年版,第 109 页。

关系面临着遭到解构的危险。"它(家庭)的基础仅仅是肉体的繁衍,但它的目的却是塑造文明的人。"①在人口流动性日益加快的当今时代,家庭似乎也难以作为一块培育温情的飞地而在现代社会的纷繁嘈杂中保持自身的宁静和祥和。我们满怀忧虑地发现:我们居住的房屋正在变大,但那也仅仅是身体寓所——形式上占有的物理空间——变得空旷而已;家庭成员彼此之间的心灵距离并没有随着物质生活的改善而缩短,相反却在拉大,作为身体寓所的房屋无法取代氤氲着默默温情的精神家园。我们挣扎在钢筋混凝土的物理框架内苦苦追寻着"在家的感觉",但我们却与真正的家园渐行渐远。

社会原本是一个践行人文教育理念的和谐共同体,可是在无节制的极端现代性的逼迫下日益沦落为一个满足彼此欲望的"需要的体系",原本丰富的社会伦理关系正在被简单化为线性的利益交换关系。生活在现代市场逻辑主导的社会中,我们感受到最多的是由日趋庞大的法律体系来维持的貌似平等公正的冷冰冰的权利关系。法律在坚定地捍卫着人与人之间的平等交换行为的同时也在无情压缩着伦理道德发挥协调作用的社会空间,仿佛个体自身才是现代人实现自我救赎的唯一救命稻草!在利益追逐的市场经济中,我们在维护自身的同时把生活中的他者视为绝对的异在而加以放逐,每一个非我似乎都成了需要加以控制和征服的竞争对手;我们在绝对对立中将他者加以客观化,也把在不知不觉中把自己置换成了劳碌而无聊的西西弗斯,似乎怎么也无法真正体验能够达成自我价值实现的闲暇境遇。

大学承载着人格养成之人文教育的重要使命,可是本应致力于实现"明明德、新民、至善"的大学却在现代功利化趋势中被降格为职业养成所,"面向市场"的呼声正在力图掩盖大学所坚守的"求真、向善、寻美"的人文担当。英语 university 中蕴涵的对"统一性"和"普遍性"的追求完全契合于我国传统文化中作为"成人之学"的大学理念,可是反观我们今天的大学发展中存在的诸般问题不能不引人深思:大学专业设置的细化确实培养出了越来越多的专业精深的技能型专家,却难以催生和滋养能够具有宏大视野和崇高境界的、能够

---

① 艾伦·布卢姆:《美国精神的封闭》,战旭英译,凤凰出版传媒集团、译林出版社 2007 年版,第 13 页。

引领人类开辟美好未来的大师级人物；学术研究的标准化甚至产业化着实使我们在科研成果的数字上信心满满，但其中能够与人类一起成长的传世作品却乏善可陈；大学的大楼之"大"顺应着现代性的扩张诉求被发挥到了极致，但那除了让人感叹现代技术的强大以外远没有幽远意境和儒雅学者更能启发人的健全心智、丰富人的想象力。大学不能仅仅注重客观知识的传输，更应该关注和培养受教育者的自我认知能力，并在此基础上实现知、情、意统一的人格完满。

现代市场经济的迅速发展催生了工具理性意识支配下的实利主义倾向，对人类社会生活之在、真、善、美、人等元问题展开的积极追索遭到了冷落、遗忘甚至遗弃，本来作为人类存在根据之理性呈现的人文教育在历史发展的吊诡中遭遇了合法性危机。仅存的人文遗迹也似乎成为了生活世界中的一种缺少了真正人文精神的"人文主义"点缀，抑或成了意识形态宣传中的一颗美丽的砝码。人文教育者在面对他者的职业询问时表现出来的或多或少的尴尬和掩饰，则让这一项与人类共同成长的最重要事业在今天这个号称"人类最进步的时代"面临着存忘绝续的艰难选择。市场逻辑主导下的现代社会生活遮蔽着对我们人类而言根本重要的问题，把形而上的人生追索和整全视阈加以无情消解，让人文教育背负上理性工具的沉重十字架而步履维艰。我们看到，人文教育在实际效用的步步紧逼下仓皇失措，并在经历着可能是它产生以来最大的认同危机。当我们以纯粹科学的目光来审视人文教育时，可能会发现这原来是一个彻头彻尾的"伪问题"，抑或只是一个可有可无的调味品而已。然而，事实真的是如此吗？

我们在节奏不断加快的现代生活中毫不吝惜地肆意挥洒着现代性的进步话语，仿佛一切都在按照我们的预想的图景大踏步前进，可是人生意义的困惑并没有随着我们步履的加快而有丝毫减退：欢腾的生活奔忙到底是为了什么？物质的丰裕为什么似乎并没有唯物地带来精神的充盈？为什么操劳忙碌的精神困顿在这样一个进步的时代有增无减？看似理性规划的人生为什么总是让我们时常遭遇非理性的尴尬？……所有这些都在拷问着我们今天的日渐脱离真实生活世界的人文教育。当我们的人文教育被置于与专业教育并列的地位甚至被专业化以后，我们自然很难使之与谋生技能和功利需要保持一定的距离,屈从于现实经济利益要求的人文教育实则背离了人格养成之根本宗旨。我们期待的人文教育并非游离于各种专业教育之外,而是应渗透于专业教育之中致力于实现受教育者的人格提升、品性修养和意义完满。

三、面向经典的再启蒙

人文教育的过程就是一个持续启蒙的过程。康德在被称为"第四批判"的《历史理性批判文集》中提到:"启蒙运动就是人类脱离自己所加之于自己的不成熟状态。不成熟状态就是不经别人的引导,就对运用自己的理智无能为力。当其原因不在缺乏理智,而在于不经过别人引导就缺乏勇气和决心去加以运用时,那么这种不成熟状态就是自己所加之于自己的了。"①由是观之,启蒙就是要勇于独立运用自己的理智来作出判断和抉择,要做自己行动的主人,不要被流行的意见所左右——我们在此所积极呼吁和倡导的人文教育的实质其实就是这样一种自我启蒙。勇于独立运用自己理智的自我启蒙,不是完全拒绝和排斥思想他者而将自身完全封闭在独白的世界里自我臆想,而是要在形而下的现实生活世界里保持一种形而上的情怀并以开放的心态积极面向人类存在的根本问题。立足现实的生活世界,对作为人类文明之浓缩的经典著述进行认真阅读和积极体悟,将是我们在现代性语境中达成自我启蒙的必然选择。

经典是经历了时间考验并历久弥新的,所触及的问题不会随着时代变迁而有所改变,故而经典呈现了人类对自身根本永不倦怠的追问,我们在接受和亲近经典中体味的是对人之为人的永恒观照。经典或许不能直接化解我们经验世界里面的现实困扰,但却是心智培育和人格养成的"为己之学"的重要参照,也是我们在今天这个浮躁的时代涤荡私欲与丑恶并滋养明晰世事之心灵的一汪清泉。"经过陶冶的心灵能洞察人与人之间、人的行为与动机之间的细微差异,形成真正的品位,而缺了伟大典籍的助益,心灵的陶冶是不可能的。"②经典不是放之四海而皆准的绝对真理,也并不能完全保证我们今天所

---

① 康德:《历史理性批判文集》,何兆武译,商务印书馆 1990 年版,第 23 页。
② 艾伦·布卢姆:《美国精神的封闭》,战旭英译,凤凰出版传媒集团、译林出版社 2007 年版,第 16—17 页。

坚信的自然科学所依赖的逻辑正确,但它却以一种超越时空的方式警醒着人们追逐实用功效之后的必要意义探究,并由此丰富人类创造新生活的想象力。经典是开放的,对一切封闭和狭隘的心灵说不,能够开阔人们的思想视野,并把包容精神的种子以博爱的方式在各种不同的文化土壤中播撒。经典以其特有的时空穿透力对抗着印刷资本主义催生的文化外衣遮掩下的各种商业出版物,并对现代学术产业化趋势中出现的众多学术产品保持了足够的鉴别力和批判力,从而让我们在今天这个虚无主义大行其道的时代看到了对自己生命有所定向的希望。经典著作是人类文明殿堂的拱顶石,也是人类自我发展趋向完满之途上的重要路标——亲近经典,阅读经典,走进经典,人类才能彻底摆脱现代工具理性掩盖下特定野蛮状态并走向真正的和谐与文明。

经典是我们进行人文教育的依据,因为经典开启了一片无限可能的意义空间,在其中人们获得了直面生命的自由想象和自由创造。"经典是人类在漫长的历史过程中创造的一种精神财富,是人类之为人类的根本标志,没有这样的精神财富,人类就没有今天的文明,甚至不可能存在到今天。"[1]经典以经典的方式呈现着这个世界的澄明之境,我们也必须以经典的态度——直面真、善、美等人类生活的永恒主题,在感同身受中领悟和践行经典以发现人性的不足并借此完善自我,而非如同对待娱乐消遣的时尚杂志那样在一笑了之后仍难掩心灵的寂寞与空虚,亦非如同对待现代学术工业产品那样在味同嚼蜡地阅读之后徒留感慨与无奈——来对待和阅读经典。我们这个时代存在着经典泛滥的趋向,那种在一夜之间迅速受到追捧的迎合了低级趣味和大众媚俗需求的畅销读物也时不时地获得"经典"的光环,但它所能维系的仅仅是片刻的赞誉和追逐而无法在对人类根本问题的观照中获得永恒的关注,这是一种对我们的人文教育贻害匪浅的"伪经典"。

人文教育离不开经典的普及,但是我们不能把经典简单地稀释成止息创伤和平复心态的心灵鸡汤,在淡和顺应的道路上一步步退居内心城堡以回避严酷的社会现实对我们提出的挑战;我们也不能狭隘地把经典置于市场交换关系之中来任意兜售,那样将是对经典的极大亵渎和对这个时代狂躁之风的

---

[1]　张汝伦:《哲学与人生》,上海文艺出版集团、中西书局 2012 年版,第 112 页。

助长,无益于我们冷静地思考自身的时代境遇。就经典的阅读而言,如果我们简单地将自身置于阅读主体的地位来将经典作为阅读客体加以知识上的占有,将无助于人文教育现状的改观和我们自身生存状态的完善;我们需要把经典当作人生来阅读,那将是一种水乳交融的存在论意义上的接受和体悟,也才能真正感受到孔子、柏拉图等至圣先师的人文启迪。经典之所以成为经典,必然有其坚持和捍卫,那是不可以随意曲解和偷换的,所以我们需要一种"我注六经"而非"六经注我"的方式来对待经典,在真正的面向(阅读和体悟)经典中求真、向善、寻美并由此丰富和完善自己的人生。

玛莎·努斯鲍姆认为,人文教育"能造就一个值得人类在其中生活的世界;它们能够使人们将其他人看做完整的人,有各自的思想和感情,应当受到尊重和同情;它们能够造就这样一种国家,它能战胜恐惧和怀疑,以支持富于同情心的、讲理的辩论"。① 这是对人文教育之现代意义的高度概括,也是以一种反讽的方式对当前流行的视适应市场经济之利益需求为唯一合理根据的功利主义教育模式的集中批判。我们希望的人文教育是一种意义丰满并维系人之批判力、想象力和同情力的理想主义的成人行动,它能够超越狭隘而简单的功利目的并有助于突破由过分关注个人自私、渺小之快乐而导致的虚无主义牢笼,让我们在一种对世界的整体把握中呈现出自我与他者之间的和谐关联。

---

① 玛莎·努斯鲍姆:《告别功利:人文教育忧思录》,肖聿译,新华出版社 2010 年版,第160 页。

参 考 文 献

英文部分

1.Charles Taylor, *Hegel*, Cambridge University Press, 1975.

2.Charles Taylor, *Hegel and Modern Society*, Cambridge University Press, 1979.

3.Charles Taylor, *Philosophy and the Human Sciences*, Cambridge University Press, 1985.

4.Charles Taylor, *Sources of the Self : The Making of the Modern Identity*, Harvard University Press, 1989.

5.Charles Taylor, *The Ethics of Authenticity*, Harvard University Press, 1991.

6. Charles Taylor, *Multiculturalism and " The Politics of Recognition "*, Princeton University Press, 1992.

7.Charles Taylor, *Philosophical Arguments*, Harvard University Press, 1995.

8.Charles Taylor, *Modern Social Imaginaries*, Duke University Press, 2004.

9.Charles Taylor, *A Secular Age*, The Belknap Press of Harvard University Press, 2007.

10. Michael J. Sandel, *Liberalism and the Limits of Justice*, Cambridge University Press, 1982.

11.Michael J.Sandel, *Liberalism and Its Critics*, Basil Blackwell Publisher Ltd. , 1984.

12.Michael Walzer, On Toleration, Yale University Press, 1997.

13.Ruth Abbey, *Charles Taylor*, Acumen Publishing Limited, 2000.

14.Ruth Abbey, *Charles Taylor*, Cambridge University Press, 2004.

15.Keith Graham, *The Battle of Democracy*, Wheatsheaf Books Ltd. , 1986.

16.Barry Holden, *Understanding Liberal Democracy*, Harvester Wheatsheaf, 1993.

17. Giovanni Sartori, *The Theory of Democracy Revisited*, Chatham House Publisher, Inc. , 1987.

18.F.A.Hayek,*The Constitution of Liberty*,Routledge and Kegan Paul Ltd.,1960.

19.Shlomo Avineri and others,*Communitarianism and Individualism*,Oxford University Press,1992.

20.Marshall,T.H.& Tom Bottomore,*Citizenship and Social Class*,Pluto Press,1992.

21.Arto Laitinen,*Strong Evaluation without Moral Sources:On Charles Taylor's Philosophical Anthropology and Ethics*,Walter de Gruyter,2008.

22.John Stuart Mill,*On Liberty*,Prentice-Hall,Inc.,1997.

23.Leo Strauss,*What is Political Philosophy*,The University of Chicago Press,1988.

中文部分

1.柏拉图:《理想国》,郭斌和、张竹明译,商务印书馆 1986 年版。

2.色诺芬:《回忆苏格拉底》,吴永泉译,商务印书馆 1984 年版。

3.亚里士多德:《尼各马可伦理学》,廖申白译注,商务印书馆 2003 年版。

4.亚里士多德:《政治学》,吴寿彭译,商务印书馆 1965 年版。

5.维柯:《论人文教育》,王楠译,上海三联书店 2007 年版。

6.霍布斯:《利维坦》,黎思复、黎廷弼译,商务印书馆 1985 年版。

7.洛克:《政府论》(下篇),叶启芳、瞿菊农译,商务印书馆 1964 年版。

8.卢梭:《论人类不平等的起源和基础》,李常山译,商务印书馆 1962 年版。

9.卢梭:《社会契约论》,何兆武译,商务印书馆 1980 年版。

10.卢梭:《论科学与艺术是否有助于使风俗日趋纯朴?》,李平沤译,商务印书馆 2011 年版。

11.康德:《历史理性批判文集》,何兆武译,商务印书馆 1990 年版。

12.孟德斯鸠:《论法的精神》(上、下册),张雁深译,商务印书馆 1959 年版。

13.邦雅曼·贡斯当:《古代人的自由与现代人的自由》,阎克文、刘满贵译,商务印书馆 1999 年版。

14.托克维尔:《论美国的民主》(上、下卷),董果良译,商务印书馆 1988 年版。

15.费希特:《自然法权基础》,谢地坤、程志民译,商务印书馆 2004 年版。

16.马克思:《博士论文》,贺麟译,人民出版社 1961 年版。

17.马克思、恩格斯:《共产党宣言》,中央编译局译,人民出版社 1997 年版。

18.《马克思恩格斯选集》第 1 卷,人民出版社 1995 年版。

19.A.麦金太尔:《追寻美德:伦理理论研究》,宋继杰译,译林出版社 2003 年版。

20.迈克尔·J.桑德尔:《自由主义与正义的局限》,万俊人等译,译林出版社 2001 年版。

21.迈克尔·桑德尔:《民主的不满:美国在寻求一种公共哲学》,曾纪茂译,凤凰出版传媒集团、江苏人民出版社 2008 年版。

22.迈克尔·桑德尔:《公正:该如何做是好》,朱慧玲译,中信出版社 2011 年版。

23.迈克尔·桑德尔:《金钱不能买什么:金钱与公正的正面交锋》,邓正来译,中信出版社 2012 年版。

24.迈克尔·桑德尔:《反对完美:科技与人性的正义之战》,黄慧慧译,中信出版社 2013 年版。

25.迈克尔·桑德尔:《公共哲学:政治中的道德问题》,朱东华等译,中国人民大学出版社 2013 年版。

26.迈克尔·沃尔泽:《正义诸领域:为多元主义与平等一辩》,褚松燕译,译林出版社 2002 年版。

27.迈克尔·沃尔泽:《论宽容》,袁建华译,上海人民出版社 2000 年版。

28.查尔斯·泰勒:《黑格尔》,张国清、朱进东译,译林出版社 2002 年版。

29.查尔斯·泰勒:《本真性的伦理》,程炼译,上海三联书店 2012 年版。

30.查尔斯·泰勒:《现代社会想象》,林曼红译,译林出版社 2014 年版。

31.丹尼尔·贝尔:《社群主义及其批评者》,宋琨译,生活·读书·新知三联书店 2002 年版。

32.尤尔根·哈贝马斯:《现代性的哲学话语》,曹卫东等译,译林出版社 2004 年版。

33.尤尔根·哈贝马斯:《后民族结构》,曹卫东译,上海人民出版社 2002 年版。

34.尤尔根·哈贝马斯:《包容他者》,曹卫东译,上海人民出版社 2002 年版。

35.尤尔根·哈贝马斯:《交往行为理论》(第一卷:行为合理性和社会合理性),曹卫东译,世纪出版集团、上海人民出版社 2004 年版。

36.哈贝马斯:《公共领域的结构转型》,曹卫东等译,学林出版社 1999 年版。

37.哈贝马斯:《在事实与规范之间》,童世骏译,生活·读书·新知三联书店 2003 年版。

38.哈贝马斯:《作为"意识形态"的技术与科学》,李黎、郭官义译,学林出版社 1999 年版。

39.齐格蒙特·鲍曼:《共同体》,欧阳景根译,江苏人民出版社 2003 年版。

40.齐格蒙特·鲍曼:《个体化社会》,范祥涛译,上海三联书店2002年版。

41.齐格蒙·鲍曼:《后现代性及其缺憾》,郇建立、李静韬译,学林出版社2002年版。

42.列奥·施特劳斯、约瑟夫·克罗波西主编:《政治哲学史》(上、下),李天然等译,河北人民出版社1993年版。

43.施特劳斯:《什么是政治哲学》,李世祥等译,华夏出版社2011年版。

44.艾伦·布卢姆:《美国精神的封闭》,战旭英译,凤凰出版传媒集团、译林出版社2007年版。

45.约翰·罗尔斯:《正义论》,何怀宏、何包钢、廖申白译,中国社会科学出版社1988年版。

46.约翰·杜威:《人的问题》,傅统先、邱春译,上海人民出版社1965年版。

47.斐迪南·滕尼斯:《共同体与社会》,林荣远译,商务印书馆1999年版。

48.汉娜·阿伦特:《人的境况》,王寅丽译,世纪出版集团、上海人民出版社2009年版。

49.罗伯特·达尔:《论民主》,李柏光、林猛译,商务印书馆1999年版。

50.科恩:《论民主》,聂崇信、朱秀贤译,商务印书馆1988年版。

51.伯林:《自由论》,胡传胜译,译林出版社2003年版。

52.雅各布·尼德曼:《美国理想》,王聪译,华夏出版社2004年版。

53.玛丽·安·格伦顿:《权利话语——穷途末路的政治言辞》,周威译,北京大学出版社2006年版。

54.阿克塞尔·霍耐特:《为承认而斗争》,胡继华译,上海世纪出版集团2005年版。

55.约瑟夫·皮珀:《闲暇:文化的基础》,刘森尧译,新星出版社2005年版。

56.迈克尔·欧克肖特:《政治中的理性主义》,张汝伦译,上海译文出版社2003年版。

57.埃德加·莫兰:《人本政治导言》,陈一壮译,商务印书馆2010年版。

58.埃德蒙德·胡塞尔:《欧洲科学危机和超验现象学》,张庆熊译,上海译文出版社1988年版。

59.阿兰·图海纳:《我们能否共同生存?》,狄玉明、李平沤译,商务印书馆2003年版。

60.塞缪尔·P.亨廷顿:《变化社会中的政治秩序》,王冠华等译,上海世纪出版集团 2008 年版。

61.约翰·凯克斯:《反对自由主义》,应奇译,江苏人民出版社 2003 年版。

62.E.卡西尔:《启蒙哲学》,顾伟铭等译,山东人民出版社 2007 年版。

63.查尔斯·拉莫尔:《现代性的教训》,刘擎、应奇译,东方出版社 2010 年版。

64.孔多塞:《人类精神进步史纲要》,何兆武、何冰译,生活·读书·新知三联书店 1998 年版。

65.卡尔·贝克:《18 世纪哲学家的天城》,何兆武译,生活·读书·新知三联书店 2001 年版。

66.罗伯特·N.贝拉等:《心灵的习性:美国人生活中的个人主义和公共责任》,周穗明等译,中国社会科学出版社 2011 年版。

67.乌尔里希·贝克、伊丽莎白·贝克-格恩斯海姆:《个体化》,李荣山等译,北京大学出版社 2011 年版。

68.戴维·哈维:《后现代的状况——对文化变迁之缘起的探究》,阎嘉译,商务印书馆 2004 年版。

69.S.N.艾森斯塔特:《反思现代性》,旷新年等译,生活·读书·新知三联书店 2006 年版。

70.保罗·利科:《承认的过程》,汪堂家、李之喆译,中国人民大学出版社 2011 年版。

71.伊恩·伯基特:《社会性自我:自我与社会面面观》,李康译,北京大学出版社 2012 年版。

72.文森特·奥斯特罗姆:《美国联邦主义》,王建勋译,上海三联书店 2003 年版。

73.雷蒙·阿隆:《社会学主要思潮》,葛智强、胡秉诚、王沪宁译,上海译文出版社 2005 年版。

74.弗里德利希·冯·哈耶克:《自由秩序原理》(上、下册),邓正来译,生活·读书·新知三联书店 1997 年版。

75.艾伯特·奥·赫希曼:《欲望与利益——资本主义走向胜利前的政治争论》,李新华、朱进东译,上海文艺出版社 2003 年版。

76.悉尼·胡克:《理性、社会神话与民主》,徐崇温译,上海人民出版社 1965 年版。

77.乔治·H.米德:《心灵、自我与社会》,赵月瑟译,上海译文出版社 1992 年版。

78.克莱·G.瑞恩:《道德自负的美国:民主的危机与霸权的图谋》,程农译,世纪出版集团、上海人民出版社 2008 年版。

79.乔万尼·萨托利:《民主新论》,冯克利、阎克文译,世纪出版集团、上海人民出版社 2009 年版。

80.乔治·霍兰·萨拜因:《政治学说史》(上、下册),盛葵阳、崔妙因译,商务印书馆 1986 年版。

81.涅尔谢相茨:《古希腊政治学说》,蔡拓译,商务印书馆 1991 年版。

82.塔基斯·福托鲍洛斯:《当代多重危机与包容性民主》,李宏译,山东大学出版社 2008 年版。

83.贝思·J.辛格:《实用主义、权利和民主》,王守昌等译,上海译文出版社 2001 年版。

84.L.W.萨姆纳:《权利的道德基础》,李茂森译,中国人民大学出版社 2011 年版。

85.A.J.M.米尔恩:《人的权利与人的多样性——人权哲学》,夏勇、张志铭译,中国大百科全书出版社 1995 年版。

86.塞缪尔·鲍尔斯、赫伯特·金蒂斯:《民主与资本主义》,韩水法译,商务印书馆 2013 年版。

87.古斯塔夫·勒庞:《乌合之众:大众心理研究》,冯克利译,广西师范大学 2011 年版。

88.保罗·霍普:《个人主义时代之共同体重建》,沈释译,浙江大学出版社 2010 年版。

89.鲁道夫·冯·耶林:《为权利而斗争》,郑永流译,法律出版社 2012 年版。

90.罗伯特·曼戈贝拉·昂格尔:《知识与政治》,支振锋译,中国政法大学出版社 2009 年版。

91.马丁·雅克:《当中国统治世界:中国的崛起和西方世界的衰落》,张莉、刘曲译,中信出版社 2010 年版。

92.李侃如:《治理中国:从革命到改革》,胡国成、赵梅译,中国社会科学出版社 2010 年版。

93.阿马蒂亚·森:《伦理学与经济学》,王宇、王文玉译,商务印书馆 2006 年版。

94.玛莎·努斯鲍姆:《告别功利:人文教育忧思录》,肖聿译,新华出版社 2010 年版。

95.迈克尔·罗斯金等:《政治学》,林震等译,华夏出版社 2002 年版。

96.戴维·奥斯本、特德·盖布勒:《改革政府:企业家精神如何改革着公共部门》,周敦仁等译,上海译文出版社 2006 年版。

97.戴维·米勒、韦农·波格丹诺主编:《布莱克维尔政治学百科全书》,邓正来等译,中国政法大学出版社 2002 年版。

98.彼得·赖尔、艾伦·威尔逊:《启蒙运动百科全书》,刘北成、王皖强编译,上海人民出版社 2004 年版。

99.乔治·恩德勒等主编:《经济伦理学大辞典》,李兆雄、陈泽环译,上海人民出版社 2001 年版。

100.尼古拉斯·布宁、余纪元主编:《西方哲学英汉对照辞典》,人民出版社 2001 年版。

101.刘梦溪:《论国学》,世纪出版集团、上海人民出版社 2008 年版。

102.吴冠军:《多元现代性——从"9·11"灾难到汪晖"中国的现代性"论说》,上海三联书店 2002 年版。

103.杨仁忠:《公共领域论》,人民出版社 2009 年版。

104.周保松:《自由人的平等政治》,生活·读书·新知三联书店 2010 年版。

105.洪涛:《逻各斯与空间——古代希腊政治哲学研究》,上海人民出版社 1998 年版。

106.高全喜:《论相互承认的法权——〈精神现象学〉研究两篇》,北京大学出版社 2004 年版。

107.佘碧平:《现代性的意义与局限》,上海三联出版社 2000 年版。

108.俞吾金:《意识形态论》,人民出版社 2009 年版。

109.王治河:《后现代哲学思潮研究》,北京大学出版社 2006 年版。

110.王治河主编:《后现代主义辞典》,中央编译出版社 2004 年版。

111.张容南:《一种解释学的现代性话语:查尔斯·泰勒论现代性》,上海世纪出版集团 2011 年版。

112.刘小枫:《刺猬的温顺》,上海文艺出版社 2002 年版。

113.汪晖、陈燕谷主编:《文化与公共性》,生活·读书·新知三联书店 2005 年版。

114.任剑涛:《政治哲学讲演录》,广西师范大学出版社 2008 年版。

115.应奇:《从自由主义到后自由主义》,生活·读书·新知三联书店 2003 年版。

116.李石:《积极自由的悖论》,商务印书馆 2011 年版。

117.张康之、张乾友:《共同体的进化》,中国社会科学出版社 2012 年版。

118.江宜桦:《自由民主的理路》,新星出版社 2006 年版。

119.曹卫东:《权力的他者》,上海教育出版社 2004 年版。

120.李佃来:《公共领域与生活世界》,人民出版社 2006 年版。

121.黄俊杰、江宜桦编:《公私领域新探:东亚与西方观点之比较》,华东师范大学出版社 2008 年版。

122.孙永芬:《西方民主理论史纲》,人民出版社 2008 年版。

123.刘瑜:《民主的细节》,上海三联书店 2009 年版。

124.何志鹏:《权利基本理论:反思与构建》,北京大学出版社 2012 年版。

125.孙向晨:《面对他者——莱维纳斯哲学思想研究》,上海三联书店 2008 年版。

126.李建华:《法治社会中的伦理秩序》,中国社会科学出版社 2004 年版。

127.冯友兰:《中国哲学史新编》,人民出版社 1999 年版。

128.韦政通:《伦理思想的突破》,四川人民出版社 1988 年版。

129.姜义华:《理性缺位的启蒙》,上海三联书店 2000 年版。

130.张光芒:《启蒙论》,上海三联书店 2002 年版。

131.许纪霖:《20 世纪中国知识分子史论》,新星出版社 2005 年版。

132.欧阳英:《构建和谐社会的政治哲学阐释》,凤凰出版传媒集团、江苏人民出版社 2010 年版。

133.俞可平:《权利政治与公益政治:当代西方政治哲学评析》,社会科学文献出版社 2000 年版。

134.张国清:《和谐社会研究:从政治学到政治科学》,人民出版社 2006 年版。

135.郑永年:《中国模式:经验与困局》,浙江出版联合集团、浙江人民出版社 2010 年版。

136.徐贲:《什么是好的公共生活》,吉林出版集团有限责任公司 2011 年版。

137.胡鞍钢:《中国:新发展观》,浙江人民出版社 2004 年版。

138.周宁:《想像中国:从"孔教乌托邦"到"红色圣地"》,中华书局 2004 年版。

139.张汝伦:《哲学与人生》,上海文艺出版集团、中西书局 2012 年版。

140.刘森林:《物与无》,江苏人民出版社 2013 年版。

141.张雪魁:《古典承认问题的源与流——从康德到马克思》,中国社会科学出版社 2013 年版。

索　引

后　记

著作完成，总有感慨万千。

这部著作浓缩了我数年来围绕和谐问题与西方共同体主义政治哲学展开的思考和研究，见证了无数个昼夜的阅读、沉思、琢磨和键盘敲击构成的一段真实生命历程。从选题确定、思路酝酿、资料查阅、文笔锤炼直到文稿形成，都融入了我大量的心血与付出，这不是一个简单程序化、标准化、技术化的制作过程，而是自身本真日常生活世界的自然延伸，也是在拒斥浮躁与功利中对严谨学术态度的笃定与坚守。

这部著作凝聚众多师友对我的指导与关怀，无论是一个鼓励的眼神，还是一句倾心的话语，都包含了无限的理解、包容、关爱与期待。他们是我可敬的老师、可信的朋友、可爱的学生……请允许我将他们的名字默默放在心里，感念命运让我们相识相知相惜，感谢这样一个充满活力的学术共同体给予我各种有形与无形的帮助与支持。同时，感谢曾经刊登本书部分内容的《马克思主义与现实》、《哲学动态》、《现代哲学》、《社会科学战线》等刊物。

特别感谢鲁东大学学科建设经费的资助和人民出版社钟金铃编辑为本书付出的大量工作。

韩　升

2015 年 3 月